BERLIN
KURZTRIP

Susanne Kilimann
Rasso Knoller
Christian Nowak

TRESCHER VERLAG

4. Auflage 2023

Trescher Verlag
Reinhardtstr. 9
10117 Berlin
www.trescher-verlag.de

ISBN 978-3-89794-630-9

Herausgegeben von Bernd Schwenkros und Detlev
von Oppeln

Reihenentwurf und Gesamtgestaltung:
Bernd Chill

Satz und Bildbearbeitung: Bernd Chill
Lektorat: Corinna Grulich, Katja Tegler
Stadtpläne und Karten: Carlos Borrell Eiköter,
Johann Maria Just, Martin Kapp, Bernd Chill,
unter Verwendung von Daten von
© OpenStreetMap-Mitwirkende/
www.openstreetmap.org

Alle Angaben in diesem Reiseführer wurden sorgfältig
recherchiert und überprüft. Dennoch können Ent-
wicklungen vor Ort dazu führen, dass einzelne Informationen nicht mehr aktuell sind. Gerne nehmen wir
dazu Ihre Hinweise und Anregungen entgegen. Bitte
schreiben Sie an **post@trescher-verlag.de**.

Titelbild: Am Brandenburger Tor (→ S. 58)
Vordere Umschlagklappe:
Bikinihaus am Zoologischen Garten
(→ S. 127)
Hintere Umschlagklappe:
Berliner Dom (→ S. 66)
Buchrückseite: Alexanderplatz, Fernsehturm und
Weltzeituhr (→ S. 72)

Blick durch die Skulptur »Berlin« zur Kaiser-Wilhelm-Gedächtniskirche

Vorwort

»Berlin ist mehr ein Weltteil als eine Stadt«. Dieses Zitat des Schriftstellers Jean Paul ist mehr als 200 Jahre alt – und es erscheint heute so aktuell wie eh und je. Etwa 3,7 Millionen Menschen aus über 190 Ländern leben in Berlin, und etwa 630 000 von ihnen haben keinen deutschen Pass. Berlin ist ein Meltingpot, Sinnbild dafür ist Kreuzberg, der Stadtteil, der im Innerberliner Multikulti-Vergleich weit vorne liegt. Auch in den heutigen Zeiten, in denen man Fremdes und Fremde vielerorts argwöhnisch beäugt, hat Berlin seine Toleranz bewahrt. Hier funktioniert das weitgehend konfliktfreie Nebeneinander meistens, das manchmal – wie beim »Karneval der Kulturen« – zu einem harmonischen Miteinander wird.

Mit der gleichen Nonchalance, die den Neuzugezogenen in der riesigen Stadt zuteil wird, begegnen Berliner auch ihren Gästen auf Zeit. Nicht immer werden Fremde in Berlin mit offenen Armen aufgenommen, mitunter schlägt ihnen ein schnoddriger und mauliger Ton entgegen. Grämen sollte man sich aber deswegen nicht, denn miteinander gehen die Berliner auch nicht anders um. Man trägt das Herz auf der Zunge und ist auf seine »Berliner Schnauze« auch noch stolz. Besucher, die auch nur ein bisschen an der rauen Oberfläche kratzen, stoßen aber schnell auf viel Freundlichkeit und Hilfsbereitschaft.

Berlin ist eines der meistbesuchten Ziele für Städtereisende in Europa. Das ist nicht überraschend, denn die Stadt hat ja auch einiges zu bieten. Brandenburger Tor, Museumsinsel, Reichstag, Schloss Charlottenburg – die Liste der Sehenswürdigkeiten ist lang. Dazu kommt, dass die Geschichte der deutschen Teilung und Wiedervereinigung hier viel plastischer ist als anderswo. Es sind aber auch die Restaurants und Kneipen, die Bars und Clubs sowie das schier unendliche kulturelle Angebot, das Gäste in Scharen lockt.

Ein bisschen an die Hand nehmen lassen sollte sich der Erstbesucher aber schon. Sonst verpasst er vielleicht das Beste. Denn im Gegensatz zu den meisten anderen Städten hat Berlin nicht nur ein Zentrum, um das sich die wichtigsten Sehenswürdigkeiten gruppieren. Je nach Sichtweise – und Wohnort des Befragten – wird der Besucher, der nach der »Stadtmitte« fragt, ans Brandenburger Tor, an den Alexanderplatz, an den Bahnhof Zoo oder an den Kurfürstendamm geschickt. Das »eine« Zentrum fehlt, dafür hat die deutsche Hauptstadt gleich ein Dutzend davon zu bieten. Jeder Stadtteil hat seinen eigenen Charakter und strahlt eine ganz eigene Stimmung aus. Und so kommt eine Fahrt durch die Hauptstadt in der Tat einer kleinen Weltreise gleich. Jean Paul hat das schon zu Beginn des 19. Jahrhunderts gewusst.

Wir, die Autoren dieses Bandes, wollen Sie auf dieser Reise begleiten und wünschen Ihnen viel Spaß in Berlin,

Susanne Kilimann, Rasso Knoller und Christian Nowak

Herausragende Sehenswürdigkeiten

Brandenburger Tor ▲
Ein Stadttor mit großer Vergangenheit, Berlins berühmtestes Wahrzeichen, einst im Grenzgebiet zwischen Ost- und Westberlin gelegenes Symbol der Teilung. Wer es durchschreitet, spürt den Hauch der Geschichte. → S. 58

Museumsinsel ▲
Fünf Museen der Spitzenklasse. Sie bergen unter anderem antike Schätze, griechische, römische, islamische Kunst, das berühmte Stadttor von Milet (Pergamonmuseum) und Werke der großen Maler des 19. Jahrhunderts (Alte Nationalgalerie). Die Museumsinsel gehört zum Weltkulturerbe der UNESCO. → S. 68

Fernsehturm ▼
Der Ort für den richtig großen Überblick. Aus dem Drehrestaurant »Sphere« in 207 Metern Höhe hat man die weiteste Aussicht über die deutsche Hauptstadt. → S. 73

Gendarmenmarkt ▼
Der vielleicht schönste Platz Deutschlands mit den anmutigen Zwillingsdomen und dem nach Schinkel-Plänen errichteten Konzerthaus. Kleines Manko: Gastronomie und Shopping im Umfeld sind hochpreisig. Echte Berliner trifft man deswegen am Gendarmenmarkt nur selten. → S. 81

Potsdamer Platz ▶
Ein bisschen New York in Berlin. Hier ragen seit Ende der 1990er Wolkenkratzer auf, einer davon ist der 101 Meter hohe Kollhoff-Tower mit Aussichtsplattform. Die spektakuläre Skyline gefällt nicht nur Architekten. → S. 98

Reichstag ▼
Im Reichstag schlägt das Herz der deutschen Demokratie. Und hier darf das Volk den Abgeordneten auf den Kopf schauen. Stararchitekt Norman Foster hat die neue Reichstagskuppel so entworfen, dass Besucher nicht nur weit über die Innenstadt, sondern auch hinab in den Plenarsaal blicken können. → S. 107

Schloss Charlottenburg ▼
Einst Sommersitz von Königin Sophie Charlotte; innen kann man dem Lifestyle der preußischen Königspaare nachspüren, draußen in der weitläufigen Parkanlage spazieren, die ein beliebtes Ausflugsziel der (West-)Berliner ist. → S. 131

Tiergarten
Im riesigen Park im Zentrum der Stadt glaubt man sich aufs Land versetzt. Sonnenanbetern gefällt es hier ebenso gut wie Füchsen und Kaninchen. Und mittendrin steht die Siegessäule und lockt, der guten Fernsicht wegen, auf ihre Empore. → S. 114

Gedächtniskirche
Im Zweiten Weltkrieg zerstört, ist die Ruine des Kirchturms heute ein Mahnmal gegen den Krieg. Das in der Nachkriegszeit neugebaute Kirchenschiff fasziniert im Inneren mit einem magischen blauen Licht. → S. 126

Das Wichtigste in Kürze

Information
VisitBerlin
www.visitberlin.de
Anfragen an: hallo@visitberlin.de
Berlin Tourist Info im Brandenburger Tor
Pariser Platz/südliches Torhaus
tägl. 10–18 Uhr
Berlin Tourist Info im Humboldt Forum
Schlossplatz, direkt im Portal V (Schlossplatz, Richtung Schlüterhof)
tägl. 11–19 Uhr
Berlin Tourist Info im Hauptbahnhof
Erdgeschoss/Eingang Europaplatz
tägl. 9–19 Uhr
**Berlin Brandenburg WelcomeCenter
im Flughafen Berlin Brandenburg**
Terminal 1, Ebene E0
tägl. 9–18 Uhr
Die Stadtteile Marzahn-Hellersdorf, Neukölln, Pankow, Reinickendorf, Spandau und Treptow-Köpenick betreiben zusätzlich **lokale Tourist-Informationen**. Mehr dazu unter www.visitberlin.de/de/touristinformationen-der-bezirke

Telefonnummern
Feuerwehr: 112
Polizei: 110
Vorwahl Berlin: +49/(0)30
Ärztlicher Bereitschaftsdienst: 116117 (kostenlos für gesetzlich Versicherte)
Zahnärztlicher Notdienst: 130231417
Sperr-Notruf Kreditkarten: 116116

Anreise
■ Mit der Bahn
Der **Hauptbahnhof** ist der wichtigste Verkehrsknotenpunkt Berlins. Vom Hauptbahnhof kann man das Regierungsviertel in wenigen Minuten zu Fuß erreichen – oder in S-Bahn, U-Bahn oder Bus umsteigen (**S3, S5, S7, S9, U5**). ► Karte D8.
Weitere Bahnhöfe mit Regional- und/oder ICE-Verbindungen:
Ostbahnhof, Start- und Endstation vieler ICE-Verbindungen in Ost-West-Richtung, S-Bahn-Anschluss (**S3, S5, S7, S9**). ► Karte F 12.

Bahnhof Spandau, ICE-Halt in Ost-West-Richtung, am Westrand Berlins (**S5, S9** Spandau, **U7** Rathaus Spandau).
Bahnhof Gesundbrunnen, Regionalbahnhof im Norden, ICE-Halt auf der Nord-Süd-Strecke, S- und U-Bahn-Anschluss (**S1, S2, S25, S26, Ringbahn S41/42, U8**). ► Karte B9.
Bahnhof Südkreuz, im Bezirk Tempelhof-Schöneberg, wird von Regional- und Fernzügen (auch ICE in Nord-Süd-Richtung) angefahren, S-Bahn-Anschluss (**S2, S25, S26 Ringbahn S41/42**). ► Karte J8.
Bahnhof Zoologischer Garten, früher der Hauptbahnhof von West-Berlin, heute machen hier nur noch Regionalbahnen Halt, S-und U-Bahn-Anschluss (**S3, S5, S7, S9, U2, U9**). Wer hier aussteigt, ist in wenigen Minuten am Kurfürstendamm. ► Karte F6.
Bahnhof Wannsee, im Südwesten, Regionalbahn zum Beispiel nach Potsdam, Dessau oder Magdeburg, S-Bahn-Anschluss (**S1, S7**).
Bahnhof Friedrichstraße, Regionalbahnhof in der City, S- und U-Bahn-Station (**S1, S2, S25, S26, S3, S5, S7, S9, U6**). ► Karte E9.
Bahnhof Potsdamer Platz, Regionalbahnhof im Herzen der Stadt, S- und U-Bahn-Station (**S1, S2, S25, S26, U2**). ► Karte F8.
Weitere Regionalbahnhöfe sind **Charlottenburg** (► Karte F4), **Alexanderplatz** (► Karte E10) und **Lichtenberg** (Osten).
Von all diesen Bahnhöfe ist die Innenstadt mit U- oder S-Bahn mit einem Einzelfahrschein erreichbar (Tarifgebiet AB, 3 Euro).
Auskünfte zu Verbindungen und Tarifen im Bahnhof oder unter www.bahn.de, **Telefonauskunft**: 0180/6996633 (20 Cent/Minute aus dem deutschen Festnetz).
Mitfahrbörse für Bahnreisende: www.mitbahnen.de.

■ Orientierung im Hauptbahnhof
Für viele Stadtbesucher fängt die Herausforderung bereits am Berliner Hauptbahnhof an. Der rühmt sich zwar, ein in vielerlei Hinsicht ultramoderner Verkehrsknotenpunkt zu sein, stellt für ortsunkundige Reisende aber durch seine Dimensionen in Verbin-

dung mit einem geradezu schnitzeljagdartigen Ausschilderungssystem eine gewisse Herausforderung dar.

Wer mit den Strukturen des Hauptbahnhofs vertraut, gut zu Fuß und ohne schweres Gepäck unterwegs ist, kann den Übergang von ganz unten nach ganz oben oder umgekehrt in wenigen Minuten meistern. Alle anderen sollten eine **Viertelstunde Umsteigezeit** für den Hoch-Tief-Übergang einplanen. Denn vor den gläsernen Aufzügen gibt es zu Stoßzeiten längere Warteschlangen.

Regional- und Fernverkehr: Wer mit einem Zug des Regional- oder Fernverkehrs anreist, kommt am Berliner Hauptbahnhof entweder im 2. Untergeschoss oder auf der glasüberdachten Hochebene an. Die beiden Ausgänge befinden sich naturgemäß im Erdgeschoss – und damit in der mittleren Etage des gläsernen Terminals. Die ist – egal ob man aus der Tiefe oder von oben kommt – über Treppen, Rolltreppen oder auch mit dem Aufzug zu erreichen.

Vor dem nördlichen Ausgang am Europaplatz befinden sich die Haltestellen diverser Buslinien. Der gegenüberliegende Ausgang Washingtonplatz ist der richtige, wenn man das Regierungsviertel und das Brandenburger Tor erreichen will. Taxifahrer bieten vor beiden Bahnhofsausgängen ihre Dienste an.

S-Bahn: Die S-Bahnen verkehren im Hauptbahnhof ausschließlich auf der oberirdischen Ost-West-Trasse, am Doppelbahnsteig Gleis 15/16 (2. Obergeschoss).

Die S-Bahnen am Gleis 15 fahren in östliche Richtung – und ganz gleich in welche S-Bahnlinie man hier steigt, den Bahnhof Friedrichstraße, den Alexanderplatz, den Ostbahnhof und die Station Ostkreuz steuern alle an, erst danach fächern sich die Linien auf. Die Fahrzeit vom Hauptbahnhof zum »Alex« beträgt sechs Minuten, für die Strecke bis Ostkreuz braucht die Bahn 16 Minuten. Die S-Bahnen am Hauptbahnhof Gleis 16 fahren in westliche Richtung und halten am Bahnhof Zoologischer Garten, den man nach sechs Minuten erreicht.

U-Bahn: Der Zugang zur U-Bahn findet sich im 1. Untergeschoss. Hier verkehrt die Linie **U5** – seitdem der Lückenschluss geschafft und die neuen Stationen zwischen Brandenburger Tor und Alexanderplatz eröffnet sind, pendelt sie durch die Berliner Mitte über den Alexanderplatz nach Hönow im Nordosten Berlins.

■ Mit dem Bus

Eine preiswerte Alternative zur Bahn stellen die Fernbusse dar. Start und Ziel ist meist der **Zentrale Omnibus-Bahnhof** (ZOB) am Funkturm, nahe dem Messegelände ICC, Masurenallee 4–6, Tel. 30100175, Fahrplanauskünfte unter https://zob.berlin. ◑ **U2** Kaiserdamm, **Ringbahn S41/42, S46** Messe Nord/ICC, Karte F3.

Einzelne Busunternehmen haben mittlerweile viele weitere Abfahrtstellen in Berlin, z. B. Terminals des Flughafens BER, am Alexanderplatz, am Ostbahnhof oder am Bahnhof Südkreuz. Alle Abfahrtstationen sind mit einem Einzelfahrschein AB erreichbar, nur der Flughafen BER liegt im Tarifgebiet C (für die Fahrt in die Innenstadt: Fahrschein ABC, 3,80 Euro).

Günstige Angebote bieten die Vergleichsportale **www.buslliniensuche.de** oder **www.fernbusse.de**.

Im Hauptbahnhof: Wohl dem, der weiß, wie er runterkommt

■ **Mit dem Flugzeug**

Zahlreiche Airlines steuern die deutsche Hauptstadt an. Nach jahrelanger Verzögerung durch Pannen bei der Bauausführung ging im Herbst 2020 das Terminal 1 des neuen **Flughafens BER** in Betrieb. Im Frühjahr 2022 konnte auch T2 eröffnet werden. Damit konzentriert sich der gesamte Luftverkehr der Hauptstadtregion an einem Standort vor den Toren Berlins. Der alte Flughafen Berlin-Schönefeld wurde als Terminal 5 eingegliedert.

Allgemeine Informationen und eine Übersicht über Abflüge und Ankünfte unter **www.berlin-airport.de**.

■ **Verbindung vom Flughafen BER, Terminal 1/2 (ABC-Tarif)**

➲ Am schnellsten und bequemsten ist die Anbindung zwischen den Terminals 1 und 2 und der Berliner City mit dem **Flughafen-Expresszug**, kurz **FEX**, der den BER mit den Berliner Bahnhöfen Ostkreuz (15 Min. Fahrtzeit) und Hauptbahnhof (ca. 30 Min. Fahrtzeit) verbindet. Der **FEX** fährt zweimal pro Stunde.

Alternativ können die **Regionalbahnen RE7** oder **RB14** (jeweils im Stundentakt) genutzt werden. Ebenfalls im Stundentakt verbindet der **RB22** die Terminals 1 und 2 mit Potsdam (Haltestationen s.u.).

➲ **RE7** (Wünsdorf-Waldstadt–Dessau): ab Terminal 1/2 über Lichtenberg (**S5, S7, S75, U5**), Ostkreuz (**S3, Ringbahn S41/S42, S5, S7, S75, S8, S85**), Ostbahnhof (**S3, S5, S7, S9**), Alexanderplatz (**S3, S5, S7, S9, U2, U5, U8**), Friedrichstraße (**S1, S2, S25, S26, S3, S5, S7, S9, U6**), Hauptbahnhof (**S3, S5, S7, S9, U5**), Zoologischer Garten (**S3, S5, S7, S9, U2, U9**), Charlottenburg (**S3, S5, S7, S9**), Wannsee (**S1, S7**).

➲ **RB14** (Flughafen BER–Nauen) wie **RE7** bis Charlottenburg, dann weiter nach Spandau (**S3, S9**).

➲ **RB22** (Königs Wusterhausen–Berlin Friedrichstraße): ab Terminal 1/2 über Ludwigsfelde-Struveshof, Saarmund, Potsdam Golm, Potsdam Park Sanssouci, Potsdam Charlottenhof, Potsdam Hbf. (**S7**), Griebnitzsee (**S7**), Wannsee (**S7**), Zoologischer Garten (s.o.), Hauptbahnhof (s.o.), Friedrichstraße (s.o.).

➲ Die **Expresslinien X7** und **X71** pendeln zwischen **allen Terminals** und dem U-Bahnhof Rudow (**U7** durch Innenstadtbezirke nach Spandau). Die Busse fahren im 10-Minuten-Takt, Fahrtdauer von Terminal 1/2 zum U-Bhf. Rudow ca. 20 Minuten.

AirportShuttle BER1 verbindet Terminal 1/2 mit dem Rathaus Steglitz (ca. 35 Min. Fahrtzeit), **BER2** verkehrt zwischen allen Terminals (T1/2, T5) und Potsdam Hbf. (Fahrtzeit ca. 55 Min.).

■ **Verbindung vom Flughafen BER, Terminal 5 (ABC-Tarif)**

➲ **Bus X7** bis Rudow (**U7**-Endstation, Fahrtrichtung Rathaus Spandau; 10 Min.), von dort weiter Richtung Neukölln, Kreuzberg, Schöneberg und City-West.

➲ **Bus X71** bis Rudow (**U7**-Endstation, Fahrtrichtung Rathaus Spandau; 15 Min.), von dort weiter Richtung Neukölln und Tempelhof-Schöneberg.

➲ **S-Bahn S9** bis Treptower Park (Anschluss an **Ringbahn S41/S42, S8, S85**) oder bis Warschauer Straße (Anschluss an **S3, S5, S7, S75, U1, U3**; 25 Min.)

➲ **S-Bahn S45** bis Südkreuz (Anschluss an **S2, S25, S26, Ringbahn S41/42, S46**). **Achtung:** vom (S-)Bahnhof Schönefeld zum Terminal 5 sind es ca. 10 Min. Fußweg.

➲ **Terminaltransfer:** Passagiere, die von den Terminals 1/2 zum Terminal 5 (oder umgekehrt) wechseln müssen, steigen im Bahnhof (unter Terminal 1, oder in Gegenrichtung Bahnhof Terminal 5) in die im 10-Minuten-Takt verkehrenden S-Bahnen **S45** oder **S9** (Ticket: Kurzstrecke, 2 Euro). Für den Transfer sollten mind. 20 Minuten eingeplant werden.

➲ **Tickets:** FEX, Regional- und S-Bahnen können mit VBB-Tickets (Tarifbereich ABC, 3,80 Euro) genutzt werden. Tickets gibt es bei der Tourist-Info in Terminal 1, an den

Automaten an den Abfahrtstellen oder über die BVG-Ticket-App (Apple Store, Google Playstore).
Für die AirportShuttles kommt zum Standardtarif ein Aufschlag von 7 Euro (Rathaus Steglitz) bzw. 6 Euro (Potsdam Hbf.). Die Tickets gibt es beim Fahrer.

■ **Mit dem Auto**
Alle Autobahnen für den Fernverkehr leiten auf den **Berliner Ring** (A 10), von dem aus verschiedene Zubringer in die Stadt führen. Auf dem Ring ist immer mit Staus zu rechnen.

In der Berliner Innenstadt (innerhalb des S-Bahn-Ringes) gilt die **Umweltzone**, in der ausschließlich Fahrzeuge mit grüner Plakette fahren dürfen.
www.berlin.de/umweltzone
Citynetz Mitfahrzentrale, Joachimsthaler Str. 14, 10719 Berlin (nahe Bahnhof Zoo, ▸ Karte F6), Tel. 01805/19444.
www.citynetz-mitfahrzentrale.de
Mitfahrgelegenheiten vermittelt auch die Internetplattform **www.blablacar.de**.

Orientierung

Öffentliche Verkehrsmittel
Berlin hat ein sehr gut ausgebautes öffentliches Nahverkehrsnetz. Mit S- und U-Bahnen, Bussen und Straßenbahnen lässt sich jedes Ziel in der Stadt und an der Peripherie einigermaßen schnell und bequem erreichen. Im Prinzip jedenfalls. Unübersichtliche Stationen, mangelhafte Beschilderungen, Zugausfälle, Bauarbeiten und Schienenersatzverkehr können Ortsunkundige allerdings auf eine harte Probe stellen.

■ **Tarifzonen und Tickets**
Berlin ist in drei Nahverkehrszonen eingeteilt. Zone A ist die Innenstadt innerhalb des inneren S-Bahn-Rings, Zone B das restliche Stadtgebiet, Zone C das Umland, das mit der S-Bahn zu erreichen ist. Angeboten werden AB-Tickets (3 Euro, 4er-Ticket ab 9,40 Euro, Tageskarte → S. 18), BC-Tickets (3,50 Euro) und ABC-Tickets (3,80 Euro). Ein Zwei-Zonen-Ticket lässt sich durch einen Anschlussfahrausweis (1,80 Euro) ergänzen. Mit einem ABC-Ticket kann man z.B. von der City nach Potsdam oder zum Flughafen BER fahren. Grundsätzlich gelten diese Fahrscheine für S- und U-Bahnen, Busse und Straßenbahnen sowie die BVG-Fähren; sie haben 120 Minuten Gültigkeit, innerhalb dieser Zeit kann beliebig oft um-

gestiegen und die Fahrt unterbrochen werden. Hin- und Rückfahrten sind allerdings nicht gestattet.
Kinder bis zum 6. Lebensjahr fahren gratis mit, bis zum 14. Lebensjahr fahren sie zum ermäßigten Fahrpreis (AB 1,90 Euro). Für Fahrräder müssen Extra-Tickets gelöst werden (2-Std.-Ticket AB 2,10 Euro, 24-Std.-Ticket 5 Euro). Fahrräder dürfen in S-, U- und Straßenbahnen, aber nur in den gekennzeichneten Waggons, mitgenommen werden.
Kurzstreckenticket: Für kurze Touren gibt es das Kurzstreckenticket (2 Euro) – mit dem bis zu drei S- bzw. U-Bahn-Stationen (mit Umsteigen) oder bis zu sechs Bus- oder Tram-Stationen (ohne Umsteigen) zurückgelegt werden können.
Verkaufsstellen: Fahrscheine, die für alle Verkehrsmittel gelten, bekommt man auf jedem U- oder S-Bahnsteig am Automaten. *Achtung:* Vor Fahrtantritt müssen die Fahrscheine entwertet werden! Auch beim Busfahrer kann man einen Fahrschein kaufen, dieser ist dann bereits entwertet. In jedem Fall muss ein gültiger Fahrschein beim Einstieg in den Bus vorgezeigt werden. In der Straßenbahn, die mit Ausnahme einer Linie im Wedding nur auf dem Gebiet des ehemaligen Ostberlin verkehrt, bekommt

man Tickets am Automaten in der Bahn, die nicht mehr entwertet werden müssen. Statt am Automaten kann man die Tickets auch an den Verkaufsstellen der Berliner Verkehrsbetriebe (BVG) erwerben – z.B. am Flughafen, im Hauptbahnhof und an größeren Stationen – z.B. am U-Bahnhof Wittenbergplatz. Zudem bieten mehrere hundert Lotto-Annahmestellen und Kioske überall im Stadtgebiet das ganze Sortiment an Einzel- und Zeitfahrkarten an.

Tageskarten: Ist man den ganzen Tag auf Achse, lohnt ein Tagesticket, mit dem man bis 3 Uhr des Folgetages durch die Berliner Nacht pendeln kann. Für 8,80 Euro können ein Erwachsener und bis zu 3 Kinder (6–14 Jahre, AB-Bereich) durch die Stadt fahren. Bis zu fünf Personen bekommen eine Tages-Kleingruppenkarte für 25,50 Euro.

■ Angebote für Touristen

WelcomeCard: Speziell für Touristen gibt es die **WelcomeCard**. Die gilt 48 Stunden (24 Euro), 72 Stunden (34 Euro), vier Tage (41 Euro), fünf Tage (47 Euro) oder ganze sechs Tage (50 Euro). Inhaber der Card bekommen bei Stadtrundfahrten, in Museen und anderen kulturellen Einrichtungen einen Preisnachlass von bis zu 50 Prozent. Über entsprechende Rabatt-Adressen informiert das Faltblatt, das samt Stadtplan zur WelcomeCard gehört. Die bekommt man bei den Berlin Tourist Infos, an den S-Bahn-Verkaufsstellen und in vielen Hotels, kann sie aber auch über das Touristenportal www.visitberlin.de bestellen.

Wer zum Beispiel auch einen Ausflug nach **Potsdam** plant, ist mit der ABC-Variante der WelcomeCard (ab 28 Euro) gut bedient. Die ist auch für Familien besonders attraktiv, weil neben einem Erwachsenen bis zu drei Kinder unter 15 Jahren kostenlos mitfahren können.

Die **72-Stunden-WelcomeCard** ist auch in einer Plus-Variante zu haben. Damit können an drei aufeinanderfolgenden Tagen die Museen der Berliner Museumsinsel kostenfrei besucht werden (AB-Bereich 52 Euro, ABC 55 Euro).

Ebenfalls für den City-Bereich (Tarifzone AB) gibt es die **City Tour Card** – sie ist etwas günstiger als die WelcomeCard und lohnt, wenn man nur ein abgespecktes Sightseeingprogramm plant (auf Eintritte gibt es nur 30% Ermäßigung): für 48 Stunden 19,90 Euro, 72 Stunden 29,90 Euro, vier Tage 38,90 Euro, fünf Tage 43,90 und sechs Tage 45,90 Euro.

Das **BVG-Kundentelefon** kann man unter 030/19449 erreichen. Unter dieser Nummer werden auch Auskünfte zu Fundsachen erteilt, **S-Bahn-Kundentelefon** unter 030/29743333, Fahrpläne unter www.bvg.de oder www.vbb.de. Das **Fundbüro der S-Bahn** kann man unter Tel. 29743333 erreichen.

■ Bahnhof Friedrichstraße

An diesem Bahnhof halten die **S-Bahnen in Ost-West-Richtung** – also die Bahnen, die Ostkreuz, Alexanderplatz, Friedrichstraße, Hauptbahnhof und Zoologischer Garten verbinden (**S3, S5, S7, S9**) – am hochgelegenen Bahnsteig. Die **S-Bahnen Richtung Norden und Süden** (**S1, S2, S25, S26**) fahren hingegen von der unterirdischen Bahnhofsebene ab. Will man zum Beispiel zum Potsdamer Platz, bietet sich ab Friedrichstraße die **S1** mit Endstation Wannsee an. Etwas diffizil gestaltet sich auch der Übergang von der S-Bahn zur **U6**. Der U-Bahn-Eingang findet sich nämlich nicht im Bahnhof, sondern außerhalb des Gebäudes an der Friedrichstraße bzw. Georgenstraße.

■ Ringbahn

Das Grundgerüst des innerstädtischen Nahverkehrs ist die Ringbahn, eine S-Bahn-Anlage, die unter anderem die Stationen Westkreuz, Südkreuz und Ostkreuz verbindet. Auf ihrer 37 Kilometer langen Strecke umrundet sie in einer Stunde den gesamten Innenstadtbereich. Der S-Bahn-Ring stammt noch aus Kaiserzeiten. Durch den Bau der Berliner Mauer wurde die Verbindung unterbrochen, und erst seit 2006 fahren die Bahnen wieder den ganzen Ring. Weil die S-Bahnen auf der gesamten Strecke oberirdisch fahren, ist Ringbahnfahren gleichzeitig eine Sightseeingtour für kleines Geld – und weil die Strecke so unterschiedliche Bezirke wie Neukölln, Prenzlauer Berg, Moabit und Wilmersdorf verbindet, ist die Bahn auch ein Panoptikum, in dem man Mode-, Sprach- und andere Sozialstudien betreiben kann. Die **S41 fährt den Rundkurs im Uhrzeigersinn** (Pfeil auf der Zugzielanzeige rechtsherum), die **S42** gegen den Uhrzeigersinn (Pfeil auf der Zugzielanzeige linksherum). Hat man sich mal vertan, lässt sich der Kurs an jeder Station korrigieren. Die Ringbahn in Gegenrichtung fährt jeweils auf der gegenüberliegenden Seite des gleichen Bahnsteigs ab.

Taxi

Die Funktaxi-Zentralen sind unter folgenden Telefonnummern erreichbar:
Funk Taxi Berlin: 261026
Würfelfunk: 210101
City-Funk: 210202
Quality Taxi: 263000
Taxi Berlin: 202020
Über die aktuellen Tarife informiert:
www.taxi-in-berlin.de

■ Fahrrad

Überall in der Innenstadt und an touristisch stark frequentierten Orten findet man **Fahrrad-Verleihstationen**. Die Leihgebühr beträgt rund 10–15 Euro pro Tag, z. B. bei:
www.callabike.de
www.nextbike.de
www.donkey.bike
www.li.me/de
Fahrradstation, Auguststr. 29, 10119 Berlin, www.fahrradstation.com; ab 15 Euro pro Tag. ► Karte D10. Weitere Station: Dorotheenstr. 30, 10117 Berlin, Tel. 2151566.
Take a Bike Berlin, Neustädtische Kirchstr. 8, 10117 Berlin, Tel. 20654730, www.takeabike.de; ab 12,50 pro Tag. ► S- und U-Bahn Friedrichstraße, Karte E9. Viele weitere **Fahrradläden**, **Hotels** und auch **Souvenirläden** bieten Leihräder an. Der ADFC bietet einen **Berlin-Stadtplan für Radfahrer** an: http://adfc-berlin.de

www.bbbike.de hilft bei der Routenplanung (auch als App).

■ Adressen in Berlin

Wer in Berlin erstmals eine neue Adresse, sei es mit dem Stadtplan, sei es mit dem Navi ansteuert, sollte im Hinterkopf haben, dass es etliche **Straßennamen mehrfach gibt**. Orte, die bis zur großen Gebietsreform von 1920 eigenständig waren, haben die Straßennamen beibehalten, als sie Teil von Groß-Berlin wurden. Auch die Berliner **Hufeisennummerierung** kann für Irritationen sorgen. Nach diesem System aus preußischen Tagen erhielt das erste Gebäude auf der rechten Straßenseite (vom Stadtschloss stadtauswärts) die Nummer eins, dann wurden die Häuser auf der rechten Seite bis zum Ende der Straße durchnummeriert. Linksseitig wurde die Nummerierung in entgegengesetzter Richtung bis zum Anfangspunkt fortgeführt. Das hat zur Folge, dass sich die niedrigsten und die höchsten Hausnummern in nächster Nachbarschaft finden. Das System wurde ab 1929 durch wechselseitige Nummerierung abgelöst, die bereits vorhandenen Hausnummern blieben aber bestehen. Berlin bietet eben Abwechslung – auch dort, wo man sie nicht unbedingt erwartet.
Stadtrund- und Schiffsfahrten → S. 178.

Am S-Bahnhof Alexanderplatz

Ein, zwei und drei Tage in Berlin

Ein Tag in Berlin

Touristen, die nur einen Tag in Berlin bleiben, werden sich vermutlich auf das historische Zentrum der Stadt beschränken. Ein Spaziergang vom Hauptbahnhof zum Alexanderplatz deckt die größten Sehenswürdigkeiten der Stadt ab.

Vom **Hauptbahnhof** (→ S. 104) kommend, überquert man die Spree, passiert das Regierungsviertel mit dem **Reichstag** (→ S. 107), durchquert das **Brandenburger Tor** (→ S. 58, unmittelbar daneben das Holocaustmahnmal), und biegt in die Prachtstraße **Unter den Linden** (→ S. 62) ein. Man passiert unter anderem die **Friedrichstraße** (→ S. 85), hier Möglichkeit zu einem Abstecher zum **Checkpoint Charlie** (→ S. 85) und zum Gendarmenmarkt (→ S. 81), die **Oper** (→ S. 63) und die **Humboldt-Universität** (→ S. 64). Am Schloßplatz biegt man Richtung **Berliner Dom** (→ S. 66) und **Museumsinsel** (→ S. 68) ab – besonders die Alte Nationalgalerie lohnt den Besuch – und geht weiter bis zum **Hackeschen Markt** (→ S. 87) und zum **Alexanderplatz** (→ S. 72). Rund um den Hackeschen Markt findet man viele Kneipen und Restaurants. Am Ende des Spaziergangs bietet sich noch ein Ausflug in den **Prenzlauer Berg** (→ S. 136) an – vom Alexanderplatz erreicht man die Eberswalder Straße mit der U2 in 5 Minuten.

Strecke: Hauptbahnhof–Reichstag/Regierungsviertel–Brandenburger Tor (Möglichkeit zu einem Abstecher zum Potsdamer Platz)–Holocaustmahnmal–Unter den Linden–Friedrichstraße (Abstecher Gendarmenmarkt/Checkpoint Charlie)–Schloßplatz–Berliner Dom–Museumsinsel–Hackescher Markt–Alexanderplatz

Zwei oder drei Tage in Berlin
■ Erster Tag

Wenn Sie zwei Tage in der Hauptstadt zur Verfügung haben, dann bietet sich am ersten Tag Sightseeing in der Mitte Berlins an. Schauen Sie sich das **Brandenburger Tor** (→ S. 58), **Reichstag** (→ S. 107) und **Regierungsviertel** (→ S. 103), das **Mahnmal für die ermordeten Juden Europas** und die Straße **Unter den Linden** (→ S. 101, 62) an und besuchen Sie ein Museum auf der **Museumsinsel** (→ S. 68). Anschließend noch ein Besuch im **Dom** (→ S. 66) und ein Blick auf das **Schloss** (→ S. 65), bevor Sie den Tag am **Hackeschen Markt** (→ S. 87) und seinen Nachbarstraßen ausklingen lassen (viele Restaurants, Cafés, Kinos). Vielleicht haben Sie ja auch noch Muße für einen Theaterbesuch – vielleicht im **Maxim-Gorki-Theater** (→ S. 64) oder im **Deutschen Theater** (→ S. 195)?

■ Zweiter Tag

Für den nächsten Tag bietet sich ein Abstecher in das »alte« West-Berlin an. Wie wäre es mit einem Bummel durch das berühmte **KaDeWe** (→ S. 125) mit seiner spektakulären Lebensmittelabteilung im 6. Stock, danach ein Abstecher zur **Gedächtniskirche** (→ S. 126), eventuell ein Mittagessen im **Neni** (→ S. 181), dem hippen Restaurant im 25hours-Hotel, wo man wie in einem Glashaus sitzt, auf den kriegszerstörten Turm der Gedächtniskirche und auf die Tiere im Zoologischen Garten schauen kann. Danach geht es ins **Schloss Charlottenburg** (→ S. 131) – Fotofans bieten sich die Ausstellungen in der **Galerie C/O Berlin** (→ S. 120) im Amerika-Haus als Alternative an und/oder ein Besuch im **Museum für Fotografie** (→ S. 120) mit der Newton-Dauerausstellung. Wer Samstag oder Sonntag auf Sightseeingtour ist, kann auch einen Bummel über den **Trödel- und Antikmarkt auf der Straße des 17. Juni** (→ S. 54, 121) machen. Hauptschlagader des Westens ist der **Kurfürstendamm** (→ S. 127), den prachtvolle Gründerzeitbauten flankieren – ohne einen Ku'damm-Bummel ist ein Besuch im Westen nicht komplett. Abends Lust auf Jazz & Co? Das **Quasimodo** (→ S. 129) in der Kantstraße ist immer eine gute Adresse. Oder darf es lieber Musical oder Operette sein? Dann sind Sie gleich in der Nachbarschaft, im **Theater des Westens** (→ S. 128), am richtigen Ort.

■ **Dritter Tag**

Nachdem man die ersten beiden Tage auf relativ kurzen Wegen Kunst, Kultur und Architektur im westlichen und östlichen Zentrum der Hauptstadt erkundet hat, kann man sich am dritten Tag mehr der grünen Seite Berlins widmen. Nach dem Blick von der **Siegessäule** könnte dies ein Spaziergang durch den **Tiergarten** und eine Pause im Biergarten sein. Vielleicht danach in den **Zoo** oder doch lieber ins **Aquarium**. Im Sommer kann man auch hinaus nach **Wannsee** fahren und Berlins bekanntestes Freibad besuchen. Oder gemütlich über die **Pfaueninsel** spazieren. Auch der **Botanische Garten** wäre eine Möglichkeit. Deutlich

mehr Trubel herrscht im **Mauerpark**, von dem es nicht weit zu den Kneipen, Läden und Restaurants der Schönhauser Allee ist. Für einen Ausflug nach **Potsdam** sollte man den ganzen Tag einplanen.

In luftiger Höhe: Restaurant auf dem Fernsehturm

Die schönsten Aussichtspunkte

Э Mitte

Berliner Dom Der Aufstieg zum Kuppel-umgang ist trotz der 270 Stufen und lediglich 50 Metern Höhe ein Erlebnis. Kein Aufzug! → S. 66

Reichstagskuppel Panoramablick von der Glaskuppel. → S. 107

Fernsehturm Höher geht es nicht: Aussichtsplattform in 203 Metern Höhe, Restaurant Sphere in 207 Metern.→ S. 73

Dachterrasse Park Inn Hotel Nicht die Dachbar des Hotels am Alexanderplatz, nur eine Aussichtsterrasse im 40. Stock. Es gibt ein paar Liegestühle und die Möglichkeit, Getränke zu kaufen. → S. 179

Panoramapunkt im **Kollhoff-Tower** am Potsdamer Platz. Mit dem schnellsten Aufzug Europas geht es auf 100 Meter Höhe. Mit Ausstellung und Café. → S. 99

Э Tiergarten/Charlottenburg

Siegessäule Blick über den Tiergarten von der Aussichtsplattform in 50 Metern Höhe (285 Stufen, kein Aufzug). → S. 122

Cafeteria Skyline TU Hier gibt's von Montag bis Freitag Frühstück für Frühaufsteher,

mittags auch warme Speisen und dazu immer den fantastischen Rundblick aus dem 20. Stock. → S. 179

Funkturm Teilweise verglaste Aussichtsplattform in 120 Metern Höhe. → S. 179

Э Andere Bezirke

Kreuzberg, im Viktoriapark. Mit Park, Wasserfall und Biergarten. → S. 153

Müggelturm Der Aussichtsturm an Berlins größtem See ist zwar nur 30 Meter hoch, steht aber auf einem fast 90 Meter hohen »Berg«. → S. 165

Glockenturm Olympiastadion Ganz im Westen der Stadt bringt ein gläserner Aufzug Besucher auf den 77 Meter hohen Turm. → S. 179

Teufelsberg Mit knapp 120 Metern ist der Trümmerschuttberg die zweithöchste Erhebung Berlins. → S. 171

Grunewaldturm Vom Backsteinturm auf dem Karlsberg bietet sich ein schöner Blick über die Havel. → S. 179

Skywalk Marzahn Nur für Schwindelfreie ist die Aussichtsplattform mit einem Gitterboden am 23-stöckigen Plattenbau. → S. 180

Berlin. Es lebt dort ein so verwegener Menschenschlag beisammen, daß man mit der Delikatesse nicht weit reicht, sondern daß man Haare auf den Zähnen haben und mitunter etwas grob sein muß, um sich über Wasser zu halten.

Johann Wolfgang von Goethe, 1823

Spreebogen mit Reichstag

ANNÄHERUNG AN BERLIN

Berlin: Zahlen und Fakten

Geografische Lage: 52°31'12'' nördlicher Breite, 13°24'36'' östlicher Länge

Fläche: 892 km²; Flächennutzung: Gebäude- und Freifläche 41,3 %, Betriebsfläche 0,7 %, Erholungsfläche 11,4 %, Verkehrsfläche 15,3 %, Landwirtschaftsfläche 4,7 %, Waldfläche 18,1 %, Wasserfläche 6,7 %, sonstige Fläche 1,9 %

Länge der Stadtgrenze: 234 km

Größte Ost-West-Ausdehnung: 45 km

Größte Nord-Süd-Ausdehnung: 38 km

Höchste Punkte: Arkenberge (120,7 m), Teufelsberg (120,1 m) Großer Müggelberg (114,7 m)

Höchstes Gebäude: Fernsehturm am Alexanderplatz (368 m)

Längster Fluss im Stadtgebiet: Spree (45 km). Im Westen Berlins durchfließt die Havel die Stadt und bildet mehrere Seen.

Größter See: Müggelsee: 7,5 km²

Einwohner: 3,77 Mio. (2020)

Bevölkerungsdichte: 4108 Einw./km².

Ausländeranteil: Anfang 2020 waren von den 3,7 Mio. Berlinern 2,45 Mio. Deutsche ohne Migrationshintergrund, etwa 775 000 Ausländer und etwa 545 000 Deutsche mit Migrationshintergrund. Es haben somit etwa 1,32 Mio. Menschen ausländische Wurzeln. In Berlin leben Menschen aus mehr als 190 Staaten.

Arbeitslosenquote: 8,5 % (Mai 2022)

Hochschulen: 4 Universitäten, 7 Fachhochschulen, 4 Kunsthochschulen und 28 private Hochschulen

Studierende: 135 400

Politik: Berlin war schon mehrmals die Hauptstadt deutscher Staaten. Zunächst Hauptstadt der Markgrafschaft und des Kurfürstentums Brandenburg, wurde die Stadt an der Spree später Hauptstadt des Königreichs Preußen und des Deutschen Reiches. Ost-Berlin war die Hauptstadt der Deutschen Demokratischen Republik. 1989 fiel die Mauer zwischen den beiden Stadthälften, und seit 1991 ist Berlin die Hauptstadt Deutschlands. Die Regierende Bürgermeisterin, seit Dezember 2021 Franziska Giffey von der SPD, hat eine Doppelfunktion inne, da Berlin ein Stadtstaat ist. Er vertritt Berlin als Land der Bundesrepublik Deutschland, damit ist der Regierende Bürgermeister einem Ministerpräsidenten gleichgestellt, außerdem übt er die Funktion eines normalen Bürgermeisters aus, da Berlin gleichzeitig eine kreisfreie Stadt ist.

Stadtwappen: Das Landeswappen zeigt auf weißem oder silbernem Schild einen aufrecht schreitenden schwarzen Bären mit roter Zunge und roten Krallen. Auf dem Schild befindet sich eine goldene, fünfblättrige Laubkrone, deren Stirnreif als Mauerwerk mit einem geschlossenen Tor in der Mitte ausgestattet ist.

Partnerstädte: Insgesamt gibt es 17: Brüssel, Budapest, Buenos Aires, Istanbul, Jakarta, London, Los Angeles, Madrid, Mexiko-Stadt, Moskau, Paris, Peking, Prag, Taschkent, Tokio, Warschau und Windhuk. Neben den offiziellen Städtepartnerschaften gibt es mit vielen weiteren Städten eine projektbezogene Zusammenarbeit.

Telefonvorwahl: 030

Autokennzeichen: B.

Das Berliner Wappen

Die Berliner

Flughafen BER: Ein Besucher der Stadt hat sich nach langem Flug durch die Passkontrolle und den Zoll gequält und steht jetzt an der Bushaltestelle. Er steigt ein, zückt einen 50-Euro-Schein und möchte ein Ticket kaufen. »Ham set nich noch jröhser?«, schnauzt ihn der Fahrer an, gefolgt von bösen, verständnislosen Blicken. Kein weiteres Wort. Es ist genug gesagt. Offenbar hat der Schriftsteller Theodor Fontane (1819–1898), der vielleicht profundeste Kenner der Stadt, einen Vorfahren des besagten Busfahrers gekannt. Wie sonst hätte er schon 1878 schreiben können: »Mit der Ortseitelkeit hängt zusammen, daß auf den Fremden gar keine Rücksicht genommen wird. Überall in der Welt kommt man dem Fremden entgegen und macht seine Interessen zu den seinigen oder gibt sich wenigstens das Ansehen davon. … Das kennt der Berliner nicht.« In einer anderen Stadt hätte man den Fremden vielleicht auch zum Wechseln des großen Scheines weggeschickt, aber man hätte es vermutlich mit freundlicheren Worten getan. Dem Berliner aber sind übertriebene Freundlichkeit und die allzu häufige Verwendung der Worte »bitte« und »danke« fremd. Dazu nochmals Fontane: »Das Berliner Wesen, das einem auf der Straße und in der Kneipe, überhaupt im alltäglichen Leben entgegentritt, ist anfangs ungenießbar; Schärfe, Unverschämtheit, Lieblosigkeit bringen den Fremden um.« Immerhin, im selben Absatz schreibt er weiter: »Aber hinter diesen trostlosen Erscheinungen, die sich aufdrängen, gibt es wohltuende, die sich verbergen und die man kennenlernen muß, um nicht voll ungerechter Vorurteile uns wieder zu verlassen«.

Berlin ist die einzige Stadt, in der man stolz darauf ist, im Rufe der Unfreundlichkeit zu stehen. »Berliner Schnauze« nennen das die Einheimischen selbstbewusst, und die Gäste begegnen ihr mit einer Mischung aus Respekt und Furcht. Da hilft es nur, es den Berlinern gleichzutun. Theodor Fontane verrät auch wie. Wer ein richtiger Berliner werden wolle, müsse lernen, einen anderen anzurempeln und ihn dann mit den Worten »Pass besser uff!« zurechtzuweisen. Meyers Konversationslexikon schrieb 1890: Der Berliner ist »leicht aufbrausend, zum Streit geneigt, rechthaberisch und spottsüchtig.« Aber ähnlich wie Fontane verkennt auch das Lexikon nicht, dass sich unter der rauen Schale ein weicher Kern versteckt. Denn dort heißt es weiter: »Von Natur ist der Berliner gutmütig, leicht gerührt, in hohem Grad wohltätig und unter Umständen großer Opfer fähig.« Die von den Lexikonschreibern angesprochene Opferbereitschaft sollte viele Jahrzehnte später auf eine harte Probe gestellt werden. Erst im Zweiten Weltkrieg und dann zu Zeiten des Kalten Krieges, als die Mauerstadt West-Berlin isoliert und allein dastand, verloren die Berliner weder Humor noch Optimismus. Egal, ob bei der Blockade von 1948/49, als die Sowjets alle Zufahrtswege zur Stadt sperrten und Berlin nur aus der Luft versorgt werden konnte, 1953 der Aufstand der Arbeiter im Ostteil der Stadt oder der Mauerbau im Jahre 1961 – egal, was das Schicksal ihnen auferlegte, immer behielten die Berliner ihren Überlebenswillen. Bei Fontane hatte es einige Jahre gedauert, bis er mit Stolz sagen konnte, dass er Berliner sei, bis er sich vom harten Kritiker zum Fürsprecher der Stadt entwickelte. Wahrscheinlich darf man dem Dichter gar nicht böse sein, denn es braucht schon einige Zeit, bis man durch die raue Schale zum weichen Kern der Berliner durchdringt.

Seit dem Zweiten Weltkrieg, in dem Berlin zum Teil bis heute nicht verheilte Wunden davongetragen hat, dauert es ohnehin eine Weile, bis man die herbe Schönheit der Stadt erkennt. Doch die Suche lohnt sich in beiden Fällen – sowohl bei der Stadt als auch ihren Bewohnern. 1990, nach der Wiedervereinigung der beiden deutschen Staaten, wurde Berlin im Einigungsvertrag quasi über Nacht zur Hauptstadt des Landes, 1991 beschloss dann eine knappe Bundestagsmehrheit, dass auch der Parlaments- und Regierungssitz nach Berlin verlegt werden solle, und im Sommer 1999 wurde dieser Beschluss dann vollzogen. Die Moneten sind knapp, heute ebenso wie zu Fontanes Zeiten, Berlin ist hoch verschuldet. Aber Geld ist schließlich nicht alles. Trotz des Schuldenberges zweifelt kaum jemand an, dass Berlin eine würdige Hauptstadt ist. Weltläufig und weltstädtisch gibt man sich, und mit der ihnen eigenen Toleranz haben die Berliner einen großen Anteil daran, dass ihre Heimatstadt viel mehr ist als nur die größte aller deutschen Städte. Multikulti ist nicht umsonst ein Wort, das man immer mit Berlin in Verbindung bringt. Insgesamt leben etwa 780000 ausländische Bürger aus 190 Staaten in Berlin.

Da bleibt zu hoffen, dass die heutigen Berlinbesucher schneller zu einem positiveren Urteil über die Stadt kommen als einst Fontane, denn immerhin mussten 16 Jahre vergehen, bevor er seine Aussage »… der Durchschnitts-Berliner ist unausstehlich …; er ist immer laut, eitel und zudringlich« in die folgende Lobeshymne verwandelte: »Und dann diese wunderbaren Leute. Jeder ein Original, die vermickerten, die wie Kranke aussehen, ebenso wie die forschen und stattlichen.«

Bloß nicht …

➋…**vergessen, den Fahrschein zu entwerten**
Sie haben lange am Fahrkartenautomaten gestanden und endlich herausgefunden, welches Ticket das richtige ist. Jetzt nur noch zahlen und rein in die U-Bahn. Halt! Erst entwerten – das machen Sie an dem gelben oder roten Kästchen, das (hoffentlich) in der Nähe des Kartenautomaten steht. Keine Regel ohne Ausnahme: Wer seinen Fahrschein in der Straßenbahn oder im Bus kauft, muss ihn nicht entwerten.

➋ … **auf Berliner machen**
Wer sich als Fremder im Berlinern versucht, erntet schon mal einen Spruch. Gegrinst wird über Gäste, die den Fernsehturm als »Telespargel« oder das Kanzleramt als »Waschmaschine« bezeichnen. Das sagen in Berlin nur die Fremdenführer.

➋… **Pfandflaschen wegwerfen**
Eine Pfandflasche ist kein Müll, sondern ein Wertgegenstand. In Berlin leben viele arme Menschen, und viele von ihnen sind als Flaschensammler unterwegs. Damit sie nicht im Dreck rumwühlen müssen,

stellt man Pfandflaschen neben den Sammelbehälter.

➋… **mit dem Auto ins Stadtzentrum fahren**
Innerhalb des S-Bahn-Rings findet man nur schwer, und wenn, dann einen teuren Parkplatz. Besonders als Ortsfremder hat man es in der Berliner Innenstadt nicht leicht.

➋… **den Blick schweifen lassen**
Auf Berliner Gehwegen geht es teilweise reichlich turbulent zu – besonders seitdem sich immer mehr rasend-radelnde Lieferdienste und E-Roller-Fahrer dort tummeln. Also: Augen auf und Kollision vermeiden!

➋ … **am Montag ein Museum besuchen**
Die meisten Museen in Berlin sind am Montag geschlossen. Ausnahmen findet man auf www.berlin.de/museum/montag.

➋ … **auf dem Flohmarkt am Mauerpark nach Schnäppchen suchen**
Berlin ist die Hauptstadt der Flohmärkte. Das sind perfekte Orte, um Schnäppchen zu machen. Nur an einem geht das nicht – der Flohmarkt am Mauerpark ist inzwischen leider eine Touristenfalle. Hier zu bummeln, macht immer noch Spaß, günstig einkaufen kann man aber schon lange nicht mehr.

Die Marienkirche aus dem Jahr 1250 zählt zu den ältesten Kirchen Berlins

Berlins Geschichte

Die Hohenzollern kommen

Im 13. Jahrhundert, als sich die neuen Siedlungen an der Spree entfalten, herrschen die Askanier über die Mark Brandenburg. Das ostsächsische Fürstengeschlecht stirbt 1320 mit dem noch jungen Markgrafen Heinrich II. aus. Nach einem Intermezzo der Wittelsbacher macht Kurfürst Sigismund im Jahr 1411 den Burggrafen Friedrich VI. (1371–1440) von Nürnberg zum neuen Herrn über die sumpfig-sandige Mark Brandenburg. Damit beginnt ein über 500 Jahre währendes Kapitel, in dem die Hohenzollern zunächst als Kurfürsten, später als Könige und schließlich als Kaiser die Geschicke Berlins, der Mark, des Königreichs Preußens und zuletzt des deutschen Kaiserreichs bestimmen. Erst 1918, mit Flucht, Exil und Abdankung von Wilhelm II. nach dem Ersten Weltkrieg, wird diese Ära enden.

Es geht voran – die Ära des Großen Kurfürsten

1640 kommt Friedrich Wilhelm an die Macht. Er herrscht nicht nur über die Mark Brandenburg, ihm untersteht auch das Herzogtum Preußen, das durch verwandtschaftliche Beziehungsgeflechte in die Einflusssphäre der Hohenzollern gelangt ist. 48 Jahre lang wird der Mann, den die Nachwelt den »Großen Kurfürsten«

nennen wird, regieren. In dieser Zeit wird die gebeutelte Stadt erneuert, vergrößert und verschönt. Den Verbindungsweg zwischen dem Stadtschloss und dem damals noch vor den Toren der Stadt gelegenen Tiergarten, dem kurfürstlichen Jagdrevier, lässt Friedrich Wilhelm im großen Stil ausbauen und mit Nussbaum- und Lindenreihen säumen. Noch heute ist die Straße Unter den Linden neben dem wesentlich jüngeren Kurfürstendamm die bekannteste Prachtstraße Berlins.

Um sein rückständiges Land auf Zukunftskurs zu bringen, lässt der Herrscher der Mark Brandenburg in Frankreich verfolgte Protestanten anwerben. Friedrich Wilhelm sichert ihnen Religionsfreiheit und manch andere Privilegien zu. Rund 12000 Glaubensflüchtlinge – die sogenannten Hugenotten – folgen dem Ruf an die Spree und bringen mit, was hier dringend benötigt wird: Bildung und handwerkliches Können.

Berlin wird königlich

Nach dem Tod des Großen Kurfürsten übernimmt mit seinem Sohn Friedrich ein eher kleiner Mann mit großem Geltungsbedürfnis die Macht. Mit den Titeln »Kurfürst der Mark Brandenburg« und »Herzog von Preußen« will er sich nicht bescheiden. Friedrich macht sich im Jahr 1701 durch Selbstkrönung in der Königsberger Schlosskirche zum »König in Preußen« und wenig später gelingt es ihm auch, beim deutschen Kaiser durchzusetzen, dass Preußen, bis dato Herzogtum, als Königreich anerkannt wird. Somit kann Friedrich I. schon bald den Titel »König von Preußen« führen. Während seiner Regentschaft entfaltet sich eine rege Bautätigkeit. Das Schloss wird großzügig neugestaltet, in unmittelbarer Nachbarschaft zu seiner Residenz lässt der König das Zeughaus als repräsentatives Waffenarsenal errichten. Auch für den Bau von Schloss Charlottenburg muss die Staatskasse großzügige Mittel freigeben.

Unter den Linden im Jahre 1691

Verschwendung war gestern – Berlin unter dem »Soldatenkönig«

Als Thronfolger Friedrich Wilhelm I. nach dem Tod des Vaters 1713 das Zepter übernimmt, ändert sich vieles in der Residenzstadt an der Spree, auch und vor allem der Regierungsstil. Der neue Mann auf dem Thron sieht sich mit einer prekären Haushaltslage konfrontiert. Friedrich Wilhelm I. steuert entschieden dagegen. Er kürzt die Ausgaben für den Hof drastisch, entlässt Scharen von Höflingen, Günstlingen und Lakaien. Die Steuereinnahmen fließen jetzt vor allem in den Aufbau von Manufakturen und in den Ausbau der Armee. Der Regent führt 1717 die allgemeine Schulpflicht in Preußen ein und begründet die preußische Bürokratie, deren Markenzeichen eine penible Rechnungskontrolle ist. Für seine Leibgarde lässt Friedrich Wilhelm I. in ganz Europa »Lange Kerls« anwerben.

Kriege, Eroberungen und große Gedanken – Berlin unter Friedrich II.

1740, genau 100 Jahre nach dem Amtsantritt des Großen Kurfürsten, tritt wieder einer an, den die Nachwelt als »Großen« bezeichnen wird – Friedrich II. Als Kind und Jugendlicher leidet der spätere Regent unter dem militärischen Drill seines Vaters. Der musisch begabte junge Mann unternimmt sogar einen Fluchtversuch, um sich dem Einfluss des brutalen Vaters zu entziehen. Als er den Thron besteigt, schafft Friedrich II. umgehend die Folter in Preußen ab. Der neue Regent hat eine Vorliebe für Literatur und Philosophie – zumindest, wenn die Verfasser der großen Ideen aus dem französischen Kulturkreis kommen. Der Preußenkönig ist mit Voltaire und anderen Geistesgrößen seiner Zeit befreundet. In dieser Zeit kommt auch Gotthold Ephraim Lessing nach Berlin. Die preußische Hauptstadt wird zu einem Zentrum der Aufklärung.

Durch seine Eroberungskriege treibt der Schöngeist auf dem Preußenthron aber auch den Aufstieg seines Königreiches in die Liga der europäischen Großmächte voran. Von Feldzügen und Regierungsgeschäften erholt er sich an seinem Lieblingsort, dem von seinem Lieblingsbaumeister Georg Wenzeslaus von Knobelsdorff erbauten Potsdamer Schloss Sanssouci. Aber auch in Berlin lässt Friedrich der Große eindrucksvolle Repräsentationsbauten errichten: Die Staatsoper Unter den Linden, die Alte Bibliothek, die dem Pantheon in Rom nachempfundene St.-Hedwigs-Kathedrale am Bebelplatz und die heutige Humboldt-Universität, ursprünglich als Palais für Friedrichs Bruder Heinrich gebaut.

Napoleon und die Industrialisierung

Am 27. Oktober 1806 marschieren Napoleon und seine Soldaten durch das Brandenburger Tor in die Stadt und besetzen Berlin. Der Preußenkönig, inzwischen sitzt Friedrich Wilhelm III. auf dem Thron, ist vor Napoleons Truppen in den äußersten Zipfel seines Reiches, nach Ostpreußen, geflohen. Die verheerende Niederlage und die Schwäche des Königs verleihen den Modernisierern im Staat

Auftrieb. Sowohl die Leibeigenschaft als auch die »Erbuntertänigkeit« – die Verpflichtung der Bauern, zeitlebens für ihren Gutsherrn zu arbeiten – werden abgeschafft. Offiziell herrscht nun freie Berufswahl in Preußen.

Um 1800 beginnt auch das Industriezeitalter in Berlin, zunächst zaghaft. In den 1820er Jahren siedeln sich Eisengießereien und Maschinenbaubetriebe auf den freien Flächen im Norden, vor den Toren der alten Zollmauer an. An der Chausseestraße vor dem Oranienburger Tor baut August Borsig seine Maschinenbauanstalt. Ab 1838 verbindet eine Eisenbahnlinie Berlin mit Potsdam und sorgt für neue wirtschaftliche Impulse. Maschinen- und Waggonbaufabriken, Eisen- und Gussstahlwerke schießen jetzt wie die Pilze aus dem Boden. Zu Tausenden strömen Arbeitskräfte vom Land zu den neuen Produktionsstandorten, die unter anderem auf den freien Flächen im Osten vor dem Frankfurter und im Südosten vor dem Schlesischen Tor entstehen.

Die Märzrevolution

Soziale Not und die Ideen der französischen Revolution, die sich auch in den deutschen Staaten immer weiter ausbreiten, heizen das gesellschaftliche Klima in der Mitte des 19. Jahrhunderts an. Im März 1848 kommt es zur gewaltsamen Konfrontation zwischen aufbegehrenden Bürgern und den königlichen Truppen. Der Platz vor dem Berliner Stadtschloss wird zum Schauplatz blutiger Kämpfe. Hunderte verlieren ihr Leben, und der König sieht sich gezwungen, den gefallenen Revolutionären die letzte Ehre zu erweisen. Auch zu politischen Zugeständnissen sieht sich Friedrich Wilhelm IV. gezwungen. Er gewährt Pressefreiheit und führt das Dreiklassenwahlrecht ein. Während bisher nur der Adel ein gewisses politisches Mitspracherecht hatte, ist nun ein Großteil der Männer in Preußen ab dem 25. Lebensjahr stimmberechtigt und entscheidet mit über die Zusammensetzung des Preußischen Landtags. Das Gewicht jeder einzelnen Wählerstimme ist allerdings abhängig von der Höhe der entrichteten Steuern.

Kaiserreich und Gründerjahre

1871, nach dem Sieg über Frankreich, schließen sich die deutschen Kleinstaaten zu einem Nationalstaat unter der Führung Preußens zusammen. Noch im französischen Versailles lässt sich der preußische König zum deutschen Kaiser Wilhelm I. krönen. Berlin wird Hauptstadt des Deutschen Reiches und erlebt einen beispiellosen Wirtschaftsaufschwung. Das Kapital, das durch die französischen Reparationszahlungen in die deutsche Hauptstadt fließt, zieht einen Boom von Gründungs- und Modernisierungsaktivitäten nach sich. In den Jahren nach der Reichsgründung wird die 1867 begonnene Ringbahn fertiggestellt, Berlin bekommt eine Kanalisation, 1879 wird die Technische Hochschule gegründet.

Die Zuwanderung erreicht neue Rekorde. 1877 überschreitet die Einwohnerzahl Berlins die Millionengrenze. Neben Arbeiterquartieren entstehen auch neue vornehme Wohngebiete mit der typischen Gründerzeitarchitektur, die vor bürgerlichem Selbstbewusstsein nur so strotzt. Der »Neue Westen« – die Gegend rund um den Kurfürstendamm – wird zum bevorzugten Wohngebiet für Kaufleute,

Das Reichstagsgebäude stammt aus dem Jahr 1894

Industrielle und Bankiers. Anfang des 20. Jahrhunderts hat Berlin bereits 1,9 Millionen Einwohner – die 23 Vororte noch gar nicht mitgerechnet. 1902 nimmt die erste Berliner U-Bahn zwischen den Stationen Warschauer Brücke und Knie (heute Ernst-Reuter-Platz) ihren Betrieb auf.

Der Erste Weltkrieg und das Ende der Monarchie

1914 zieht Deutschland in den Ersten Weltkrieg. Während der vier Kriegsjahre wird die Versorgung der Millionenstadt immer schwieriger, das soziale Elend nimmt dramatische Ausmaße an. Im September 1918 gibt die deutsche Militärführung den Krieg verloren. Dennoch soll die Flotte zu einem weiteren Gefecht gegen die Briten auslaufen. Die kriegsmüden Matrosen meutern, und ihr Aufstand greift schnell auf andere Bevölkerungsgruppen über. In Berlin kommt es, wie in fast allen größeren deutschen Städten, zu gewaltsamen Konfrontationen zwischen revolutionären Gruppen, Polizei und Militär. Die Aufständischen fordern eine umfassende politische Neuordnung. Anfang November 1918 erreichen die revolutionären Unruhen einen Höhepunkt. Weil auch weite Teile des Militärs nicht mehr hinter ihm stehen, rückt der Kaiser von seinem Vorhaben, die Revolution niederzuschlagen, ab. Wilhelm II. verlässt Berlin und flüchtet ins niederländische Exil. Am 28. November dankt er offiziell ab.

Weimarer Republik

Am 9. November 1918 wird in Berlin gleich zweimal die Republik ausgerufen: Einmal durch den SPD-Abgeordneten Philipp Scheidemann, der sich von einem der Westbalkone des Reichstags an die Massen wendet. Kurz darauf ruft Karl Liebknecht, Sozialdemokrat vom linksrevolutionären Flügel der Partei, auf

Das Stadtschloss um 1920

dem Balkon des Berliner Stadtschlosses die »freie sozialistische Republik« aus. Im Januar 1919 wird eine Nationalversammlung gewählt, die der neuen Republik eine Verfassung geben soll. Am 24. Januar wird das Dreiklassenwahlrecht abgeschafft und durch ein allgemeines Wahlrecht für Männer und Frauen ersetzt. Die Führer der radikalen Linken, Karl Liebknecht und Rosa Luxemburg, können die politische Neuordnung Deutschlands nicht mehr mitgestalten. Am 15. Januar 1919 werden beide von Freikorpsoffizieren verschleppt und ermordet.

Im Sommer 1919 kommen die Volksvertreter zusammen, um eine Verfassung für die erste deutsche Republik zu erarbeiten. Weil die politischen Unruhen in Berlin nicht enden wollen, weichen sie nach Weimar aus. In den ersten Jahren hat die junge Republik mit den unmittelbaren Folgen des Ersten Weltkrieges, mit Hyperinflation, Putschversuchen und politischen Morden zu kämpfen. Zwischen 1924 und 1929 erlebt sie Jahre relativer Stabilität. Die Weltwirtschaftskrise ab Ende 1929 und der Aufstieg der Nationalsozialisten bereiten der ersten deutschen Demokratie ein jähes Ende.

In den zwanziger Jahren entfaltet sich in der Metropole an der Spree ein neues Lebensgefühl, das die Epoche zwischen den Weltkriegen prägt, stärker als irgendwo sonst in Deutschland. Die Gesellschaft befindet sich im Vergnügungsrausch – man will feiern, tanzen –, und sei es ein Tanz auf dem heißen Vulkan. Mit Bubikopf, Stirnband, Federboa und langen Perlenketten stürzen sich Frauen ins plötzlich erstaunlich freizügige Nachtleben.

NS-Diktatur und Zweiter Weltkrieg

Inflation, Massenarbeitslosigkeit, Streiks und Straßenkämpfe bestimmen Anfang der 1930er Jahre den Alltag in Deutschland. Allein in Berlin gibt es rund 600 000 Arbeitslose. Aus den Reichstagswahlen im Juli 1932 geht die NSDAP mit 37 Prozent der Stimmen erstmals als stärkste Partei hervor. Politische Ränkespiele führen dazu, dass es bereits im November 1932 Neuwahlen gibt. Es werden die letzten freien Reichstagswahlen sein. Diesmal kann die NSDAP 33 Prozent der Stimmen auf sich vereinen. Die SPD kommt auf 20 Prozent, die KPD fährt knapp 17 Prozent der Stimmen ein. Am 30. Januar 1933 wird Adolf Hitler von Reichspräsident Hindenburg zum Reichskanzler ernannt.

In der Nacht vom 27. auf den 28. Februar 1933 bricht ein Feuer im Reichstagsgebäude aus. Wer die Brandstifter waren, hat die Geschichtsforschung bis heute nicht eindeutig klären können. Für die Nazis ist der Reichstagsbrand 1933 ein willkommener Anlass, um die politische Opposition systematisch auszuschalten. Sie machen die linken Kräfte im Land für die Tat verantwortlich. Schon am 28. Februar erlässt Reichspräsident Hindenburg die »Reichstagsbrandverordnung«. Sie setzt die in der Weimarer Verfassung verankerten Grundrechte außer Kraft. Damit können die Nazis ihre politischen Gegner auch »ganz legal« verfolgen, und die Macht der NSDAP ist binnen kürzester Zeit fest im Staat verankert.

Am 5. März 1933 wird schon wieder neu gewählt. Es sind die letzten Reichstagswahlen, bei denen mehr als eine Partei um die Wählergunst wirbt. Frei sind die Wahlen aber schon deshalb nicht mehr, weil es während des Wahlkampfes zu Übergriffen auf Anhänger der linken Parteien durch NSDAP-Anhänger kommt und sich führende Politiker von SPD und KPD nach dem Reichstagsbrand »in Schutzhaft« befinden. Die Hitler-Partei kann im Verbund mit den Konservativen eine knappe Mehrheit erzielen.

Am 10. Mai 1933 finden auf dem Opernplatz (heute Bebelplatz) und in vielen anderen Städten groß inszenierte Bücherverbrennungen statt, bei denen die Werke namhafter Autoren, deren Gedanken nicht ins Weltbild der Nazis passen, in Flammen aufgehen. 1935 werden die »Nürnberger Gesetze« erlassen, die sexuelle Beziehungen zwischen jüdischen und nichtjüdischen Menschen unter

Das Mahnmal für sechs Millionen ermordete Juden

Strafe stellen. Durch eine Reihe weiterer Gesetze werden dem jüdischen Teil der Bevölkerung in Berlin und in ganz Deutschland nach und nach sämtliche Bürgerrechte entzogen – bis hin zur systematischen Verfolgung und Ermordung.

1936 richtet Berlin olympische Sommerspiele aus. Das Großereignis gibt Hitler Gelegenheit, sich vor den Deutschen und vor der Weltöffentlichkeit selbstherrlich zu inszenieren. Am 9. November 1938, in der Reichspogromnacht, werden überall in Deutschland jüdische Geschäfte und Einrichtungen zerstört. Auch in Berlin gehen die meisten Synagogen und viele jüdische Geschäfte in Flammen auf.

Am 1. September 1939 beginnt mit dem Angriff Deutschlands auf Polen der Zweite Weltkrieg. Der Terror gegen die jüdische Bevölkerung nimmt neue Ausmaße an. Ab Herbst 1941 werden tausende Berliner Juden vom Bahnhof Grunewald in die Vernichtungslager gebracht. Bis 1945 werden von hier aus mehrere zehntausend Menschen in Deportationszügen nach Auschwitz und in andere Konzentrationslager deportiert. Anfang 1942 kommen die führenden NS-Größen in einer Villa am Wannsee zusammen und legen fest, wie die Deportation und systematische Ausrottung der gesamten jüdischen Bevölkerung Europas durchzuführen ist (Wannseekonferenz). Im Februar 1943 proklamiert Propagandaminister Joseph Goebbels den »Totalen Krieg«.

Ab November ist auch die deutsche Hauptstadt massiven Bombenangriffen durch Briten und Amerikaner ausgesetzt. In Berlin konzentriert sich aber nicht nur die Macht des Nazi-Regimes. Berlin wird auch zum Zentrum des Widerstandes, der sich um Oberst Graf Schenk von Stauffenberg formiert. Als Stauffenbergs Attentat auf Hitler in der ostpreußischen Wolfsschanze am 20. Juli 1944 scheitert, werden zahlreiche Mitverschwörer im Bendlerblock am Landwehrkanal, dem Sitz des Oberkommandos von Wehrmacht und Marine, verhaftet und sofort erschossen oder zum Selbstmord gezwungen.

Am 16. April 1945 leitet die Sowjetarmee ihren Angriff auf Berlin und damit das Ende des NS-Regimes ein. Hitler und andere Nazi-Größen haben sich bereits seit Wochen im »Führerbunker« nahe der Reichskanzlei verschanzt. Auch in dieser aussichtslosen Lage soll die Stadt noch verteidigt werden. Zahllose Soldaten und Zivilisten, die sich dem »Führerbefehl« widersetzen, werden von Hitlers fanatischen Kommandos erschossen. In zähen und verlustreichen Straßenschlachten kämpfen sich die Soldaten der sowjetischen Armee ins Zentrum der deutschen Hauptstadt vor. Am 30. April können sie auf dem Reichstag die Rote Fahne hissen. Hitler begeht Selbstmord. Am 2. Mai strecken auch die letzten Wehrmachtsverbände der Stadt ihre Waffen. Am 8. Mai 1945 ist der Krieg für Deutschland offiziell vorbei. Im sowjetischen Hauptquartier in Berlin-Karlshorst wird die Generalkapitulation unterschrieben.

Nachkriegszeit und Kalter Krieg

Am Ende des Zweiten Weltkrieges ist Berlin eine Trümmerlandschaft. Entsprechend der Vereinbarung der Alliierten wird die deutsche Hauptstadt in vier Sektoren aufgeteilt und gemeinsam von den Besatzungsmächten USA, Großbritannien, Frankreich und der Sowjetunion verwaltet. Im Juli kommen die alli-

Das Brandenburger Tor nach dem Zweiten Weltkrieg

ierten Regierungschefs im Potsdamer Schloss Cecilienhof zusammen, um über das weitere Schicksal Deutschlands zu beraten. Schon bald kommt es durch die weltanschaulichen Gegensätze zwischen Ost und West zu neuen Konflikten. Bereits 1946 spricht man vom »Kalten Krieg«. In Berlin spaltet sich der sowjetische Sektor immer stärker vom Rest der Stadt ab. Auf Druck der sowjetischen Militärverwaltung schließen sich die linken Parteien SPD und KPD zur Sozialistischen Einheitspartei SED zusammen.

Im Juni 1948 kommt es unter anderem wegen der Streitigkeiten um die westdeutsche Währungsreform zur sowjetischen Blockade der Westsektoren. Doch schon einen Tag später wird die Luftbrücke organisiert. Elf Monate lang werden britische und amerikanische Flieger die Bewohner Westberlins vor allem mit Lebensmitteln, Kohle und Rohstoffen für die Berliner Wirtschaftsbetriebe versorgen.

Ab 1949 gibt es offiziell zwei deutsche Staaten. Am 23. Mai wird die Bundesrepublik gegründet. Bonn ist Regierungssitz und hat dabei den Status einer vorläufigen Hauptstadt. Berlin als Ganzes ist nach dem bundesdeutschen Grundgesetz Teil der Bundesrepublik. Bonn versucht, zumindest den Westteil der Stadt eng ans Bundesgebiet zu binden und unterstützt die Bastion des Westens mit beträchtlichen Subventionen.

Am 7. Oktober 1949 wird die Deutsche Demokratische Republik gegründet. Ost-Berlin ist die Hauptstadt des sozialistischen Deutschlands – und die soll nach dem Willen der Staatsführung vom steinernen Symbol der Preußenmonarchie befreit werden. Die Stalinallee (ab 1961 Karl-Marx-Allee) wird ab Anfang der 50er Jahre zur ersten sozialistischen Straße Deutschlands ausgebaut. Am 16. Juni 1953 treten jedoch gerade an dieser Prestige-Baustelle Bauarbeiter in den Streik. Ihr Protest richtet sich gegen die »Normerhöhung«, mit der die Staatsführung die

»Rosinenbomber« aus der Zeit der Luftbrücke an der Fassade des Technikmuseums

Arbeiter zu noch mehr Leistung bei gleichem Lohn zwingen will. Am 17. Juni weiten sich die Streiks zu einem landesweiten Volksaufstand aus, der von den sowjetischen Truppen niedergeschlagen wird. Mehrere hundert Menschen kommen dabei ums Leben, Tausende werden verletzt. Die Bundesrepublik macht den 17. Juni ab 1954 zu ihrem Nationalfeiertag (bis 1990).

Mauerbau und Teilung

Bereits 1952 lässt die DDR einen fünf Kilometer breiten bewachten Sperrgürtel an der äußeren Stadtgrenze Westberlins errichten. Westberlinern wird somit die Einreise ins Umland – das gänzlich zum Territorium der DDR gehört – verboten. Innerhalb der Stadt dürfen die Sektorengrenzen aber noch in alle Richtungen überschritten werden. Tausende Berliner pendeln täglich zwischen Berlin-Ost und Berlin-West. Das ändert sich schlagartig mit dem Beginn des Mauerbaus am 13. August 1961. Hintergrund ist die andauernde Fluchtbewegung von Ost nach West. Rund 3,5 Millionen Menschen flüchten zwischen 1945 und 1961 aus der sowjetischen Zone und dann aus der DDR. Entgegen den Aussagen des DDR-Staatsratsvorsitzenden Walter Ulbricht, der noch im Juni 1961 beteuert hatte, »niemand hat die Absicht, eine Mauer zu errichten«, riegeln Volksarmee und Polizei den Ostsektor in der Nacht zum 13. August zunächst mit Stacheldrahtrollen ab. Die provisorische Sperre wird zur Mauer mit scharf bewachtem Todesstreifen. Grenzsoldaten haben die Anweisung, auf Republikflüchtlinge zu schießen. Bereits im August 1961 wird der erste Ost-Berliner Flüchtling durch die Schüsse der DDR-Wachposten tödlich verletzt. Im Januar 1963 besucht der sowjetische Partei- und Staatschef Nikita Chruschtschow Ost-Berlin. US-Präsident John F. Kennedy kommt im Juni desselben Jahres nach Berlin und versichert jubelnden West-Berlinern auf dem Balkon des Schöneberger Rathauses in seiner berühmten »Ich-bin-ein-Berliner«-Rede die Solidarität der USA.

1989 – die Mauer fällt

In der DDR kann die Staatsführung Kritik an der politischen Situation und an den Lebensbedingungen lange Zeit mit Hilfe ihres Spitzel-Apparates der Staatssicherheit (Stasi) im Keim ersticken. Ende der 1980er aber gewinnt der Widerstand Konturen. Immer wieder gehen DDR-Bürger zu unangemeldeten Demonstrationen auf die Straße und fordern freie Wahlen, Meinungs- und Pressefreiheit. In den ersten Monaten des Jahres 1989 stellen mehr als 100 000 DDR-Bürger einen Ausreiseantrag. Im Mai bekommt der »Eiserne Vorhang« Löcher. Das »sozialistische

Skulptur eines flüchtenden DDR-Soldaten in der Brunnenstraße in Mitte

Bruderland« Ungarn öffnet seine Grenzen und ermöglicht dadurch Tausenden DDR-Bürgern die Ausreise in den Westen. Am 7. Oktober 1989 begeht die DDR ihren 40. Jahrestag, zu dem auch der sowjetische Staatschef Gorbatschow nach Ost-Berlin kommt. Tausende Ost-Berliner versammeln sich zu Protesten, die von den Sicherheitskräften gewaltsam aufgelöst werden. Trotzdem beteiligen sich überall in der DDR immer mehr Menschen an den Bürgerrechtsdemonstrationen. Die SED-Führung steht derart unter Druck, dass sie am 9. November 1989 neue, großzügige Visaregelungen für Reisen in den Westen zusichert. Man rechnet mit einem Ansturm auf die Genehmigungsbehörden. Stattdessen strömen die Menschen zu den innerstädtischen Grenzübergängen. Unter dem Druck der Massen öffnen die Grenzsoldaten die Übergänge. Die Berliner Mauer fällt – nach 28 Jahren.

Einheitsfragen

Am 18. März 1990 finden die ersten und einzigen freien Wahlen zur Volkskammer der DDR statt. Am 1. Juli tritt der Vertrag über die Wirtschafts-, Währungs- und Sozialunion in Kraft, und am 23. August beschließt die Volkskammer den Beitritt der DDR zur Bundesrepublik. Am 12. September unterzeichnen die vier Siegermächte des Zweiten Weltkriegs und die beiden deutschen Staaten den Zwei-plus-Vier-Vertrag, der die bei Kriegsende verlorene Souveränität Deutschlands wieder herstellen soll. Am 3. Oktober 1990 wird mit einem Staatsakt in Berlin die Vereinigung der beiden deutschen Staaten vollzogen.

Regierungssitz ist anfangs noch Bonn. Am 20. Juni 1991 entscheidet der Bundestag, dass Regierung und Parlament vom Rhein an die Spree ziehen sollen. Doch es dauert noch etwa ein Jahrzehnt, bis die Bundesbehörden umziehen können.

Die 90er – Technobeats für Ost und West

In der Rückschau erscheinen die 90er Jahre in Berlin wie eine große Party. Nach Teilung und Wiedervereinigung hat sich die Stadt am Ende des Jahrtausends zusammengetanzt – Ost und West, mitgerissen von Techno-Beats. 1991 öffneten die ersten neuen Gesamtberliner Clubs ihre Pforten, unter anderem der »Tresor«, der zum Inbegriff der neuen Berliner Ausgehkultur wurde. Das Gebäude – bis zum Zweiten Weltkrieg das Bollwerk einer Bank zur Aufbewahrung monetärer Werte – lag zu Mauerzeiten im Grenzstreifen, wo es für niemanden mit Ausnahme der DDR-Grenzer zu erreichen war. 1991 zog die Techno-Szene ein, hinter meterdicken Mauern tummelte sich junges Publikum aus allen Stadtteilen im Trockeneisnebel auf dem Dancefloor. Dank der ebenfalls neuen Modedroge Ecstasy dehnten sich Partynächte bis weit in den nächsten Tag. Vermutlich hätten auch die jüngeren Vertreter der alliierten Streitkräfte noch eine Weile mitgetanzt – 1994 aber hieß es Abschied nehmen. Die einstigen Siegermächte zogen ihre Truppen aus der neuen Bundeshauptstadt ab.

In den 90ern heißt die größte Parade »Loveparade«. Alljährlich feiert die Techno-Szene eine riesige Open-Air-Party im Tiergarten. Jahr für Jahr bricht das Megaevent Teilnehmerrekorde. 1999, auf dem Höhepunkt, feiern 1,5 Millionen Raver rund um die Siegessäule ihr rauschendes Fest. Die Verhüllung des Reichstags durch die Verpackungskünstler Christo und Jeanne Claude im Sommer 1995 trifft ebenfalls den Nerv der Zeit. Auf der Wiese vor dem Reichstag kosten Tausende die Sommersonne und das Lebensgefühl dieser Übergangsepoche aus, in der aus der wiedervereinten Mauerstadt die gesamtdeutsche Kapitale wird. Nach

Immer sehr beliebt: Die Aussichtsplattform des Fernsehturms

drei Wochen werden die Hüllen wieder abgenommen, und das Reichstagsgebäude wird Baustelle, kernsaniert und fit gemacht für den Einzug des Deutschen Bundestages. 1999 bezieht das gesamtdeutsche Parlament sein neues Domizil. Ungleich größer ist die Baustelle am Potsdamer Platz, wo Berlin seine verkehrstechnische Mitte zurückbekommt. Berliner und Besucher bestaunen die größte innerstädtische Baustelle Europas. Die schnelle Verwandlung des Areals, das gerade noch Grenzstreifen-Ödland war, ruft auch viele Kritiker auf den Plan. Es wird um Einhaltung der »Berliner Traufhöhe« gestritten. Die Hochhäuser kommen trotzdem. Im Jahr 2000 wird das Sony Center eröffnet, keine klassische Schönheit, aber der architektonisch interessanteste Teil des neuen Potsdamer Platzes.

Spektakuläre Bauprojekte können nicht darüber hinwegtäuschen, dass es wirtschaftlich nicht so gut läuft. Die Metropole an der Spree verliert Mitte der 90er einen Großteil ihrer alteingesessenen Industrieunternehmen – durch den Wegfall der (West-)Berlinförderung und den Zusammenbruch der Großkombinate im Ostteil der Stadt. Einige Unternehmen bevorzugen Standorte im Umland. Der Versuch der damaligen Regierungschefs, Eberhard Diepgen (CDU/Berlin) und Manfred Stolpe (SPD/Brandenburg), Berlin und Brandenburg zu einem Bundesland – mit Potsdam als Hauptstadt – zu vereinen, scheitert 1996 am Votum der Brandenburger.

2000er – die Zeitenwende

Mit Anbruch des neuen Jahrtausends vollzieht sich für die Hauptstadt eine Zeitenwende. »Spreeathen« wird zur Hauptstadt der Start-ups. Vor allem in den Jahren zwischen 2006 und 2010 erlebt Berlin eine neue »Gründerzeit«. Branchen mit innovativen Nischenprodukten und Dienstleister beleben verlassene Industriestandorte. Das Image der coolen Trendstadt und die im nationalen und internationalen Vergleich immer noch sehr günstigen Mieten locken kreative Köpfe aus dem In- und Ausland an die Spree. Eines der neuen Vorzeigeprojekte ist der 2007 eröffnete EUREF-Campus auf dem Gelände des stillgelegten Gasometers in Schöneberg. Rund 150 Unternehmen mit insgesamt 3500 Beschäftigten widmen sich hier den Zukunftsthemen Energie, Mobilität und Nachhaltigkeit.

2006, nach knapp achtjähriger Bauzeit, geht auch der neue Hauptbahnhof an den Start – rechtzeitig zur Fußballweltmeisterschaft. Das Großereignis versetzt das ganze Land in einen nie dagewesenen Fußballrausch. Überall und vor allem in der Hauptstadt, wo das Finale ausgetragen wird, feiern Fußballfans unterschiedlicher Nationen gemeinsam. Das Land erlebt sein »Sommermärchen«. Bilder von einem neuen, jungen und sympathischen Deutschland gehen um die Welt.

Eine bessere Werbung hätte es für Berlin als Touristenziel nicht geben können. Immer mehr Reisende aus dem In- und Ausland schauen sich die deutsche Hauptstadt an. Innerhalb von zehn Jahren steigt die Gästezahl von sieben Millionen (2006) auf über zwölf Millionen (2016) Das Image der Partyhauptstadt Berlin wird auch durch den Regierenden Bürgermeister Klaus Wowereit (SPD) in die Welt getragen, der für seine Stadt den Slogan »Arm, aber sexy« geprägt hat. Auch nachdem der weniger charismatische Michael Müller 2014 den partyaffinen »Wowi« im Amt des Regierenden Bürgermeister abgelöst hat, setzt sich der Trend fort. 2019, das Jahr vor der Corona-Krise, bescherte Berlin mit

14 Millionen Besuchern erneut einen Rekord. Pandemiebedingt brachen die Besucherzahlen mit 4,9 Millionen im Jahr 2020 und 5,1 Millionen 2021 massiv ein.

Der Tourismusboom der Vor-Corona-Jahre stieß nicht bei allen Berlinerinnen und Berlinern auf Gegenliebe. Grund für den Unmut, der Touristen vor allem in Form von Graffitis entgegenschlägt, sind nicht nur von Sightseeingbussen verstopfte Straßen. Bewohner beliebter Szenekieze erlebten, wie sich Wohnraum verknappt und Preise in ungekanntem Ausmaß steigen, weil Wohnungen lieber lukrativ als Unterkünfte an Urlauber anstatt an Dauermieter vergeben werden. 2014 erließ der Senat ein Gesetz, das diese Entwicklung eindämmen soll. Seither dürfen komplette Wohnungen nur noch unter Auflagen an Touristen vermietet werden – andernfalls drohen Geldstrafen.

Der Freiraum für die kreative Alternativszene wurde vor allem in den 2000er und 2010er Jahren immer knapper. »Mediaspree«, eines der größten Investitionsprojekte der Stadt, noch in den 90ern geplant, nahm nach 2000 zunehmend Gestalt an. Auf Filetgrundstücken an den Spreeufern, die zu DDR-Zeiten im Todesstreifen an der Mauer lagen, entstanden Hotels, Geschäftsflächen, Büro- und Wohngebäude fürs große Budget. Alte Gebäude wie die um 1900 errichtete ehemalige Marmeladenfabrik an der Köpenicker Straße (Nr. 10) oder die alte Singer-Nähmaschinenfabrik (Köpenicker Straße 9) wurden luxussaniert, aufgestockt und in Penthousewohnungen umgewandelt. Andere Altbauten werden architektonisch neugestaltet wie der Industriepalast am Schlesischen Tor mit seinem Überbau aus Stahl und Glas und dem spektakulär herauskragenden vierten Stockwerk.

Für die meisten der Beachclubs, die in der Nachwende-Ära die brachliegenden Uferareale »bespielt« haben, kam das Aus. Sie mussten ihre Domizile räumen und finanzkräftigeren Playern Platz machen. Gegner dieser Entwicklung wollen die »Mediaspree«-Projekte stoppen, mit Protesten und Klagen vor Gericht. Vor allem die East Side Gallery an der Oberbaumbrücke wollten sie erhalten als das, was sie ist – ein Mauer-Denkmal, das jederzeit frei zugänglich sein sollte. Doch die Investoren konnte nichts mehr aufhalten. Immer mehr der Bausegmente der einstigen »Hinterlandmauer« mussten für neue Luxusappartementblöcke weichen.

Für Spott im In- und Ausland sorgte das Projekt Großflughafen Berlin-Brandenburg. Der BER, der die Stadtflughäfen Tegel und Schönefeld ersetzen soll, stand 2013, nach siebenjähriger Bauzeit, kurz vor der Eröffnung, als eklatante bauliche Mängel festgestellt werden – vom unzureichenden Brandschutz bis zu falsch bemessenen Rolltreppen. Weitere sieben Jahre sollten ins Land gehen, bis der Airport, der den Namen Willy Brandts trägt, im Herbst 2020 den Betrieb aufnehmen konnte. Im Sommer 2021 konnte auch ein weiteres Berliner Großbauprojekt Eröffnung feiern, das rekonstruierte Stadtschloss. Der Wiederaufbau des 1950 gesprengten Schlosses wurde nach der deutschen Wiedervereinigung beschlossen. Als Humboldt Forum beherbergt der Bau in der historischen Mitte Berlins nun das Ethnologische Museum, das Museum für Asiatische Kunst und die Ausstellung »Berlin global«. Die Humboldt-Universität präsentiert aktuelle Forschung.

2021 zog mit der SPD-Politikerin Franziska Giffey erstmals eine Frau als Regierungschefin des Bundeslandes Berlin ins nahegelegene Rote Rathaus ein. Als Regierende Bürgermeisterin steht Giffey, einst Bürgermeisterin des Bezirks Neukölln, einem rot-rot-grünen Bündnis vor.

Blick von der Michaelbrücke auf Rotes Rathaus und Fernsehturm

Architekturerbe

Die **Nikolaikirche** (→ S. 76) in Berlin-Mitte ist eines der ältesten erhalten gebliebenen Gebäude Berlins. Die dreischiffige Kirche wurde zwischen 1230 und 1250 erbaut und gehört heute zur Stiftung Stadtmuseum Berlin.

Prägender für das heutige Stadtbild Berlins sind aber spätere Perioden: Die Häuser der Gründerzeit während des späten 19. Jahrhunderts, die funktionale Moderne in den 20er Jahren des 20. Jahrhunderts, die monumentalen Bauten der Nationalsozialisten wie etwa der Flughafen Tempelhof und das Olympiastadion, die Architektur der Nachkriegszeit in Ost und West als Dokument der Teilung der Stadt und der Bauboom nach Wiedervereinigung und wiedererlangtem Hauptstadtstatus.

Welch wichtigen Beitrag die **Berliner Moderne** zum Städtebau geliefert hat, verdeutlicht auch, dass 2008 sechs Wohnsiedlungen aus dieser Zeit von der UNESCO auf die Welterbeliste gesetzt wurden. Es sind dies die **Gartenstadt Falkenberg** in Treptow (1913–1915 erbaut von Bruno Taut), die **Schillerpark-Siedlung** in Wedding (1924–1930 erbaut von Bruno Taut und Franz Hoffmann), die **Hufeisensiedlung** in Britz (1925–1931, Bruno Taut und Martin Wagner), die **Wohnstadt Carl Legien** in Prenzlauer Berg (1928–1930, Bruno Taut und Franz Hilliger), die **Weiße Stadt** in Reinickendorf (1929–1931, Bruno Ahrens, Wilhelm Büning und Otto Rudolf Salvisberg) und die Siedlung **Siemensstadt** in Charlottenburg und Spandau (1929–1931, Otto Bartning, Fred Forbat, Walter Gropius, Hugo Häring, Paul Rudolf Henning und Hans Scharoun).

Historische Gebäude der Charité

Kuppel der St.-Hedwigs-Kathedrale

Preußische Architektur prägt die **Museumsinsel** (→ S. 68). Viele herausragende Baumeister wie Karl Friedrich Schinkel, Carl Gotthard Langhans, Georg Wenzeslaus von Knobelsdorff, Johann Arnold Nering oder Friedrich August Stüler haben an ihrem Bau mitgewirkt. Vollendet wurde das architektonische Ensemble der Museumsinsel allerdings erst mit der Eröffnung des Pergamonmuseums 1930. Nur neun Jahre später wurden mit Kriegsbeginn alle Museen geschlossen. Erst 2009 konnte das im Zweiten Weltkrieg schwer beschädigte Neue Museum nach umfangreicher Sanierung wiederhergestellt werden. Auch gegenwärtig wird auf der Museumsinsel gebaut. Der »Masterplan Museumsinsel« sieht neben der Sanierung aller Gebäude auch deren bauliche Verbindung vor. Außerdem wird ein neues Eingangsgebäude errichtet. Plangemäß sollen die Arbeiten 2025/26 beendet sein.

Ein gutes Stück vom Zentrum entfernt – damals noch im Dorf Lietzenburg weit vor den Toren der Stadt – entstand zwischen 1695 und 1699 als glanzvoller Höhepunkt barocker Architektur das **Schloss Charlottenburg** (→ S. 131). Nach dem Regierungsbeginn von Friedrich II. entstand ab 1741 unter der Leitung von Knobelsdorff das **Forum Fridericianum** am Bebelplatz. Ältestes Bauwerk des neuen Kulturzentrums war die heutige **Staatsoper Unter den Linden** (→ S. 63). Direkt hinter der Oper erhebt sich die ab Mitte des 18. Jahrhunderts erbaute **St.-Hedwigs-Kathedrale** mit ihrer gewaltigen Kuppel im Stil des römischen Pantheons.

Wirtschaft – abgebremste Aufholjagd

»Arm, aber sexy« – das war lange Zeit der Slogan der deutschen Hauptstadt, und auch 2020 war Berlin das Bundesland, dem am stärksten »unter die Arme gegriffen« werden musste – 3,5 Milliarden Euro flossen aus den Mitteln des Bundesfinanzausgleichs in die Kassen der Hauptstadt. Doch in den Bilanzen zeigt sich auch eine positive Entwicklung: Im vergangenen Jahrzehnt legte die Berliner Wirtschaft kontinuierlich zu – mit Wachstumsraten zwischen 0,3 und 5 Prozent pro Jahr. 2019 lag das von Unternehmen und Soloselbstständigen in der Hauptstadt erwirtschaftete Bruttoinlandsprodukt (BIP) bei 156,8 Milliarden Euro. Erst die Corona-Pandemie beendete den Aufwärtstrend. 2020 sank das Berliner BIP um 3,3 Prozent. Damit war der Einbruch jedoch weniger stark als im Bundesdurchschnitt (–4,9 Prozent). Stärkster Wachstumsmotor ist mit einem Anteil von über 80 Prozent war vor der Pandemie das Dienstleistungsgewerbe. Handel, Hotel- und Gastronomiebetriebe gehören zu den Hauptakteuren. Kein Wunder, schließlich war die Tourismusbranche vor Corona mit 14 Millionen Besuchern pro Jahr (Stand 2019) eine echte Hausnummer an der Spree geworden. Auch die zahlreichen IT-Betriebe, die seit der Jahrtausendwende an den Start gegangen sind, haben die Berliner Wirtschaft auf Trab gebracht.

In der Industrie wird nur noch jeder zehnte in Berlin erwirtschaftete Euro verdient. Der Strukturwandel in der Nachwendezeit hatte das produzierende Gewerbe in Berlin förmlich ausbluten lassen. Von Mitte der 90er Jahre bis Anfang der 2000er fielen drei Viertel der Industriearbeitsplätze weg. Am Ende der Abwärtsspirale war die Zahl der Jobs im produzierenden Gewerbe auf gerade noch 100 000 geschrumpft. Eine Zeitlang war man im Senat der Ansicht, dass

Das Deutsche Theater in Mitte

man in der Spreemetropole auch ohne rauchende Schlote auskommen könne. In den 2000er Jahren versuchte man die Kehrtwende. Der Senat bemühte sich, Akteure aus Industrie und Forschung an einen Tisch zu bringen. Seit den 2010er Jahren ist Berlins Industrie wieder auf Wachstumskurs – zwar langsam, aber stetig. Zumindest bis zur Corona-Krise, welche Auswirkungen die Krise auf die Berliner Wirtschaftslandschaft hat, lässt sich derzeit – wie überall – noch gar nicht abschätzen.

Das Märkische Museum

Das Ranking der größten Arbeitgeber in der Hauptstadt führt mit über 23 000 Beschäftigten die Deutsche Bahn AG an, gefolgt von den Krankenhausbetrieben Charité und Vivantes, der DHL und dem Daimler-Konzern. Tendenziell aber bauen gerade die großen Unternehmen Stellen ab, statt neue zu schaffen. Weitere Industrieunternehmen für den Standort zu gewinnen, wird nicht leichter – denn der Hauptstadt gehen allmählich verfügbare Flächen aus. Brandenburg hingegen hat davon reichlich. So hat sich Elektroautobauer Tesla nicht für die hippe Hauptstadt, sondern für Brandenburg als Standort seiner neuen Produktionsstätte entschieden.

Kulturhauptstadt Berlin

Langweilig werden muss es keinem in Berlin. Wer das Stadtmagazin **Tip** aufschlägt oder sich online informiert, findet dort für jeden Tag mehrere hundert Veranstaltungshinweise. Bei rund 180 Museen und Sammlungen, 440 Galerien, 150 Theatern und freien Bühnen, 3 großen und einigen kleinen Opernhäusern, 8 Symphonieorchestern und 130 Kinos findet jeder etwas nach seinem Geschmack. Berlin profitiert als Kulturmetropole nicht nur von seinem Hauptstadtstatus, sondern auch von der Wiedervereinigung. Vor der Wende gab es vieles doppelt: Sowohl die DDR als auch die Bundesrepublik statteten Berlin mit allem aus, was man von einer Metropole erwarten kann.

Oper, Konzert und Theater

Als Opernmetropole floriert die deutsche Hauptstadt wie keine andere Stadt Deutschlands. Sowohl die **Deutsche Oper** in Charlottenburg als auch die **Komische Oper** in der Behrenstraße im Stadtteil Mitte oder die **Staatsoper Unter den Linden** bieten Aufführungen von Weltformat.

Die 1882 gegründeten **Berliner Philharmoniker** führen Jahr für Jahr unzählige Sinfonie- und Kammerkonzerte auf. 2002 übernahm Sir Simon Rattle die Leitung des weltberühmten Orchesters. Er trat damit die Nachfolge solch namhafter Künstler wie Wilhelm Furtwängler, Herbert von Karajan, Sergiu Celibidache und Claudio Abbado an. Seit 2019 leitet der Russe Kirill Petrenko das weltberühmte Orchester.

In der Theaterstadt inszenierten und spielten die Großen der deutschen Bühnenlandschaft: Bertolt Brecht, Max Reinhardt, Gustaf Gründgens, Benno Besson und Frank Castorf. Das Angebot der rund 150 Berliner Theater und Bühnen ist riesig und abwechslungsreich. Auf den Spielplänen stehen Inszenierungen von antiken Tragödien bis hin zum Theater der Gegenwart. Klassisches bieten die Traditionsbühnen wie das **Deutsche Theater**, die **Schaubühne** oder das **Berliner Ensemble**. An letzterem hat Bertolt Brecht als Intendant Theatergeschichte geschrieben.

Doch nicht nur die großen Theater bestimmen die Szene in Berlin. Den besonderen Reiz der Berliner Theaterszene machen Dutzende kleiner **Privattheater** aus, die um die Gunst des Publikums buhlen. Manche davon bieten Geniales, andere bleiben im Amateurhaften stecken. An einem Abend wird man als Theaterbesucher vielleicht in einem Kellertheater verzaubert, ein andermal verlässt man die Vorstellung mit Kopfschütteln und vielen Fragezeichen im Kopf. Spannend ist die Abenteuerreise durch die Theaterszene der Hauptstadt aber auf jeden Fall.

Der **Quatsch Comedy Club**, das **Kabarett-Theater Distel**, der altehrwürdige **Friedrichstadtpalast** und das **Chamäleon**: Abend für Abend bieten die vier Bühnen Kabarett- und Comedy-Vorführungen, Tanz, Revue und Varieté. Besonders der **Friedrichstadtpalast** (→ S. 195) hat in den vergangenen Jahren wieder an Schwung gewonnen: Dort, wo vor der Wende das Fernsehballett der DDR – mit den angeblich schönsten Beinen des Sozialismus – auftrat, hatte man lange Zeit den Anschluss verpasst. Inzwischen aber lohnt es sich wieder, in den Friedrichstadtpalast zu gehen. Das Programm hat deutlich an Fahrt zugelegt und spricht auch ein jüngeres Publikum an.

Die besten Museen für Berliner Geschichte

⊃ Mitte

Deutsches Historisches Museum Wechselnde Ausstellungen zur deutschen Geschichte, thematische Filmreihen im Zeughauskino. → S. 64

Märkisches Museum Dauerausstellung zur Stadtgeschichte. → S. 78

Haus am Checkpoint Charlie DDR-Fluchtgeschichten und die Geschichte der Menschenrechtsbewegungen. → S. 85

Neue Synagoge/Centrum Judaicum Dauerausstellung über jüdisches Leben in Berlin. → S. 93

Heinrich-Zille-Museum Zeichnungen und Fotografien von Heinrich Zille im Nikolaiviertel. → S. 78

Besucherzentrum der Gedenkstätte Berliner Mauer Der zentrale Erinnerungsort zur deutschen Teilung. → S. 162

⊃ Andere Bezirke

Topographie des Terrors Dokumentationszentrum zur NS-Geschichte (Kreuzberg). → S. 150

The Wall Museum Mauergeschichte an der East Side Gallery (Mühlenstr. 78, Friedrichshain).

Gedenkstätte Hohenschönhausen Ausstellung zur politischen Verfolgung in der ehemaligen Stasi-Untersuchungshaftanstalt. → S. 164

DDR-Museum Die Dauerausstellung beschäftigt sich mit dem Alltag in der DDR (in der Kulturbrauerei, Prenzlauer Berg). → S. 138

Übersicht über die wichtigsten Berliner Museen → S. 187

DEUTSCHES HISTORISCHES MUSEUM

30 JAHRE YEARS

Von Ritter bis Rennpappe

Deutschland von allen Zeiten

DEUTSCHES HISTORISCHES MUSEUM

www.dhm.de

Am Deutschen Historischen Museum

Unterwegs in Berlin
Ausgehen

Berlin schläft nie. Wer ausgehen und die Nacht zum Tage machen will, findet dazu in der Hauptstadt mehr als genügend Gelegenheiten. Wo man besonders gut ausgehen und feiern kann, verrät das folgende Kapitel.

Mitte

Im Stadtteil Mitte tummeln sich die Touristen am **Hackeschen Markt** und in der **Oranienburger Straße**. Abends suchen hier die Damen aus dem horizontalen Gewerbe – freundlich und unaufdringlich – nach Kunden, und trotzdem flanieren hier ungestört Familien mit Kindern und verliebte Paare Arm in Arm. Der Oranienburger Straße haftet so gar nichts Anrüchiges an, und die Kneipen und Restaurants an ihrem Rand haben mit Rotlichtmilieu nichts am Hut.

Im Sommer ist die **Strandbar am Monbijoupark** ein beliebter Treff. Zwar hat die Mutter aller Berliner Strandbars inzwischen keinen Sand mehr zu bieten, den Blick aufs Bode-Museum kann man ihr aber nicht wegnehmen. Das Speisenangebot ist überschaubar, aber die meisten kommen ohnehin hierher, um zu entspannen. Im Liegestuhl den Tag ausklingen lassen – was kann es Besseres geben? Wer hier neue Energien gesammelt hat, kann abends und am Wochenende auch tagsüber unter freiem Himmel ein paar Runden tanzen.

Für Tänzer hat Mitte noch eine weitere kultige Location zu bieten: **Clärchens Ballhaus** in der Auguststraße lädt schon seit 1913 regelmäßig zum Tanzvergnügen. Diese Institution des Berliner Nachtlebens wurde von einem neuen Investor saniert und Mitte 2020 wiedereröffnet. Gegenüber geht es im **Strandbad Mitte** (einem Café) ruhiger zu.

Café in einer Seitenstraße des Ku'damms

Im Garten von Clärchens Ballhaus

Die Einheimischen sind meist in der Gegend um die **Tor-, Linien- und Auguststraße** unterwegs. Speziell die Torstraße sieht nicht wie die typische Ausgehgegend aus. Doch entlang der viel befahrenen Hauptverkehrsader liegen einige der beliebtesten Kneipen in Mitte.

Charlottenburg

Charlottenburgs Ausgehmeile liegt im Bereich um den **Savignyplatz** und die **Bleibtreustraße**. Hier im alten Westen sind vor allem Kneipenbummler der Generation 40 plus unterwegs. In der **Paris Bar** in der Kantstraße 152 hat schon fast jeder Weltstar auf Berlinbesuch einmal gesessen.

Das **Gainsbourg** gleich um die Ecke, direkt am Savignyplatz, wird für seine exzellenten Cocktails gelobt (Jeanne-Mammsen-Bogen 576), und im **Zwiebelfisch** – ebenfalls am Savingnyplatz – diskutieren noch heute die Alt-68er hinter dicken Rauchschwaden über die Weltrevolution. Urberlinerisch geht es im **Diener Tattersall** in der Grolmannstraße 47 zu. Hier trifft sich eine spannende Mischung aus Promis und Kiezoriginalen, um bei handfestem Essen und Bier den Abend gemütlich ausklingen zu lassen.

Ein absoluter Klassiker ist das **Schwarze Café** in der Kantstraße 148, in dem man fast rund um die Uhr bewirtet wird. Cocktails am frühen Morgen? Frühstück mitten in der Nacht? Kein Problem – Küche und Service sind flexibel. »Geht nicht« gibt's hier nicht.

Friedrichshain

Friedrichshain ist einer der bekanntesten Partybezirke der Stadt. Junge und sehr junge Partygänger sind hier bis spät in der Nacht unterwegs. Besonders beliebt ist die Gegend um die **Simon-Dach-Straße** und den **Boxhagener Platz**. Die Simon-Dach-Straße ist komplett überlaufen, und im Sommer kommt hier Malle-

Flohmarkt auf dem RAW-Gelände in Friedrichshain

Feeling auf. Wer dem entgehen will, weicht lieber in die Kneipen in den Nebenstraßen aus oder spaziert über das **RAW-Gelände** in der Revaler Straße mit seinen alternativen Clubs, Bars und Kneipen.

Das **Berghain** am Wriezener Bahnhof ist der Club, in den jeder Technojünger will. Seit er von einem britischen Magazin zum besten Club weltweit gewählt wurde, stehen die Fans am Eingang Schlange. Gefeiert wird ab Freitagabend das ganze Wochenende hindurch rund um die Uhr.

In der Nachwende-Ära waren die Strandbars an der Spree entlang der Holzmarktstraße beliebter Treff für sommerliche Partynächte. Doch viele der Feier-Locations mussten weichen, weil Investoren auf den teuren Wassergrundstücken ganz andere Projekte realisiert haben – in Luxuswohnungen genießt man hier nun den Spreeblick vom Privatbalkon aus – noch aber halten einige der Kult-Clubs die Stellung, wie das Kater Blau (Holzmarktstraße 25).

Bevor die Pandemie dem bunten Treiben ein jähes Ende bereitete, galt die **Straßenbahn M10** als Partybahn – die Linie verbindet die beiden Szenebezirke Prenzlauer Berg und Friedrichshain und war Freitag- und Samstagnacht voller Clubhopper, die zwischen den Locations pendelten. Manchmal hatte man den Eindruck, dass die wirkliche Party in der Bahn abgeht und einige Fahrgäste die ganze Nacht mit der Straßenbahn hin- und herfahren. Ob die Nachtschwärmer diese Tradition nach Corona und Maskenpflicht wiederbeleben, bleibt abzuwarten.

Kreuzberg/Neukölln

Kreuzberg hat ein ziemliches Auf und Ab hinter sich. Zu Mauerzeiten waren die »Kreuzberger Nächte« bundesweit als »lang« bekannt. Nach dem Mauerfall verlagerte sich die Szene bald in die Ostbezirke, nur um umso heftiger zurückzukehren. Die meisten Lokale und Kneipen findet man in der **Oranien-** und **Bergmannstraße**.

Wer orientalisches Essen und lebendigen Trubel schätzt, der ist in der **Oranienstraße** richtig. Das **SO 36**, benannt nach der früheren Postleitzahl des Bezirks, hat die letzten Jahre immer wieder die Schlagzeilen bestimmt. Leider nicht nur wegen der guten Musik, die hier gespielt wird, sondern vor allem wegen des Streits mit den Nachbarn und dem Bezirk über den Lärmschutz. Man drohte dem Club sogar mit der Schließung. Doch nachdem dicke Lärmschutzwände eingezogen wurden, darf jetzt weiter gefeiert werden – Kreuzbergs Legende lebt! Andere Legenden auf dieser Straße mussten aber bereits Boutiquen und Touristenrestaurants weichen.

Ein Klassiker ganz anderer Art ist **Möbel Olfe** in der Reichenberger Str. 177. Hier treffen sich die Kiezgrößen auf ein billiges Bier und auf ein paar Gläser Wodka. Für Stammkunden gibt es sogar ein Rabattbüchlein – so dass sich Vieltrinker mit Freibier oder einem Möbel-Olfe-T-Shirt belohnen lassen können.

Die **Bergmannstraße** ist sicher die touristischste Straße in Kreuzberg, aus gutem Grund: Hier gibt es einige gute Restaurants und unzählige gemütliche Kneipen. Auch in den Seitenstraßen lässt sich so manche Entdeckung machen. Im Trubel der Straße übersieht man leicht das **Felix Austria** (Bergmannstr. 26), das gute österreichische Küche bietet. Jedes Jahr am letzten Juniwochenende findet das inzwischen überregional bekannte Kreuzberg-Festival (ehem. Bergmannstraßenfest) statt, das seinen zahlreichen Besuchern Konzerte, Theater und Kulinarisches bietet.

In den Restaurants am **Paul-Lincke-Ufer** kann man schön draußen sitzen und mit Blick auf den Landwehrkanal gemütlich sein Bier trinken. Oder man geht ein Stück weiter und genießt in **Jockels Biergarten** in der Ratiborstraße den Blick auf den Landwehrkanal, während die Kleinen sich auf dem benachbarten Spielplatz vergnügen. Auf der anderen Seite des Wassers, schon im Stadtteil Neukölln, liegt der **Reuterkiez**. Hier reiht sich in der Gegend um die **Weserstraße** eine Kneipe an die andere.

Im **Wrangelkiez** am Görlitzer Park liegen viele gemütliche Kneipen, in denen bis vor kurzem fast nur Einheimische das Glas hoben. Jetzt wurde die Gegend auch von Touristen entdeckt – und schon hat die alternative Szene des Kiezes einen typisch deutschen Abwehrreflex entwickelt: Auf Handzetteln, Plakaten und T-Shirts mit entsprechenden Aufdrucken protestiert man gegen die im Kiez entstehenden Billighotels und vor allem gegen die Umwandlung von preiswertem Wohnraum in Ferienapartments. Doch keine Angst: Auch in Kreuzberg freut sich die Mehrheit der Bewohner über die Besucher. Nur zeigt sich hier verstärkt ein typisches Berliner Problem: Überall soll es cool und lässig zugehen, ist man stolz auf seine Kreativität und seine innovativen Ideen. Doch wenn das »Kiezfremde« einzieht, fühlt man sich in dem vertrauten Idyll schnell bedroht.

Gleich hinter der **Oberbaumbrücke** kann eine kleine Wanderung beginnen, die zum **Freischwimmer** (Vor dem Schlesischen Tor 2) führt. Dort sitzt man entspannt am Wasser und schaut den Möwen zu, während man aufs Essen wartet. Geduld muss man hier mitbringen, denn im Freischwimmer ist es zumindest abends immer voll. Direkt gegenüber liegt am anderen Ufer des Stichkanals der **Club der Visionäre**, eine entspannte Open-Air-Partylocation, die tagsüber als Café und Kneipe dient.

Annäherung an Berlin

Schöneberg

Schöneberg gilt als **Zentrum der Schwulen- und Lesbenbewegung**. Aber auch für Heteros gibt es hier genügend spannende Kneipen und Clubs. Besonders viele Lokale liegen in der **Eisenacher Straße** auf Höhe der gleichnamigen U-Bahn-Station (U7), der **Akazienstraße**, der **Motz- und Goltzstrtaße** und rund um den Winterfeldtplatz – zum Beispiel das **Green Door** in der Winterfeldtstraße 50. Die Cocktailbar hat sich mit ihren Drinks über die Bezirksgrenzen hinaus einen legendären Ruf erworben. Schwellenangst sollte man aber keine haben – wer rein will, muss erst einmal klingeln.

Prenzlauer Berg

Die Auswahl an Kneipen im Prenzlauer Berg ist riesig. Hier findet jeder etwas für seinen Geschmack – egal, ob einem der Sinn nach einem billigen Bier in gemütlicher Atmosphäre steht, nach einem gut gemixten Cocktail, einer Disco, einem Club oder nach einer Kneipe, in der man beim »Public viewing« den Tatort oder Fußball gucken kann.

Als Ausgehgegend ist die Ecke um den **Kollwitzplatz** und die **Knaackstraße** am Wasserturm beliebt: So kann man beispielsweise im **Betty'n Caty** frühstücken oder Kuchen essen. Wer hier unterwegs ist, wird aber leicht als Tourist erkannt – die »echten« Berliner würden hier »natürlich nie hingehen«. Sie sind schon eher jenseits der Danziger Straße in Richtung **Helmholtzplatz** unterwegs. Rund um den Platz liegen eine ganze Reihe spannender Kneipen – wer in jedem Lokal am Platz nur eine Stunde verbringen wollte, bräuchte einen Tag, um seine Kneipenreise zu beenden.

In der Oderberger Straße

Ganz unauffällig – und nur an einem winzigen Schild, das den Kopf des Dramatikers zeigt, zu erkennen – liegt **Becketts Kopf** in der Pappelallee 64. Hinter der schweren Eingangstür werden die besten Cocktails des Kiezes gemixt.

An der Kreuzung Schönhauser Allee/Sredzkistraße liegt die **Kulturbrauerei**. In der alten Schultheiss-Brauerei sind gleich eine ganze Reihe von »Partylocations« beheimatet – zum Beispiel der **Frannz Club**. Er ist der Nachfolger des Jugendclubs Franz aus DDR-Zeiten und bietet heute in (fast) täglichem Wechsel unterschiedlichstes Programm: Von Konzerten über Lesungen bis hin zum legendären »Tanz im Frannz«.

Beliebt ist die Kneipenszene in der **Kastanienallee** und der **Oderberger Straße**. Hier kann man sich von Haus zu Haus durchtrinken und -essen – ein Lokal reiht sich ans andere. Für alteingesessene Kiezbewohner, oder solche, die es gerne wären, ist das Schwarzsauer

Die Kulturbrauerei

in der Kastanienallee 13 der Anlaufpunkt. Der lange Tresen ist der ideale Platz, um bei dem einen oder anderen Bier über das Leben zu philosophieren. Etwas lästig für Nichtraucher: Ab 18 Uhr darf gequalmt werden.

Die schicksten Bars

⊘ Mitte
Newton Bar Am Gendarmenmarkt trinkt man seine Cocktails unter Helmut-Newton-Bildern. → S. 185
Saint Jean Bar In der eleganten Souterrain-Bar in der Ziegelstraße 29 schlürft man Champagner, Cocktails oder Longdrinks – samstags auch rauchfrei.

⊘ Charlottenburg
Monkey Bar Vom 10. Stock des Bikinihauses hat man unter anderem das Affenhaus des Zoos im Blick. → S. 187
Rum Trader Die winzige Bar in der Fasanenstraße 40 gilt als älteste bestehende Bar der Stadt und lockt mit perfekt komponierten Gin-, Rum- und Champagnerdrinks (reservieren!).

⊘ Prenzlauer Berg
Becketts Kopf Rot-schummrige Bar, neben Cocktails gibt es auch Häppchen und Zigarren. → S. 186
Saphire Bar Bar im Retrostil in der Bötzowstraße 31; Cocktail-Klassiker und vor allem viele Eigenkreationen.

⊘ Schöneberg
Green Door Bar Klassische Cocktailbar mit eigenen Drink-Kreationen. → S. 187

⊘ Kreuzberg/Neukölln
Galander Haifischbar Kiez-Bar mit bunt gemischtem Publikum → S. 186
Velvet Experimentelle Drinks aus regionalen und saisonalen Zutaten. Die »Bar des Jahres« 2019 findet man in der Ganghofer Straße 1.

Einkaufen

Einkaufsmeilen

Die bekannteste Einkaufsmeile des Westens ist zweifelsohne der **Kurfürstendamm** samt seiner Nebenstraßen. Hier in der Nähe liegen unter anderem das **KaDeWe** – mit seiner berühmten Lebensmittelabteilung – und das **Europa-Center**. Gegenüber der Gedächtniskirche zieht das frisch sanierte **Bikinihaus**, eine Perle der 60er-Jahre-Architektur, als kleine, aber feine Shoppingmall viele Besucher an.

Das KaDeWe am Wittenbergplatz

Oft gut und immer günstig kauft man in der Fußgängerzone in der **Wilmersdorfer Straße** ein. Geschäfte im Niedrigpreissegment sind hier ebenso zu finden wie das moderne Einkaufszentrum »Wilmersdorfer Arcaden«.

Schicker sind die Läden in der **Kastanienallee** im Prenzlauer Berg und rund um den **Hackeschen Markt** in Mitte, zum Beispiel in der **Neuen Schönhauser Straße**. Der **Alexanderplatz** mit den riesigen Einkaufszentren »Galeria Kaufhof« und »Alexa« hat in den zurückliegenden Jahren viel an Attraktivität für Kauflustige gewonnen.

Richtig edel kann Shopping in der **Friedrichstraße** sein. In den **Galeries Lafayette**, dem **Quartier 205** und dem **Quartier 206** sind exklusive Waren internationaler Designermarken zu haben.

In **Schöneberg** gibt es viele kleine Läden im Bereich **Goltz- und Akazienstraße**. Wer dort nicht fündig wird, zieht weiter zum **Einkaufszentrum in der Hauptstraße**. Und in **The Playce** (ehem. Potsdamer Platz Arkaden) sowie den **Schönhauser Allee Arkaden** kann man auch bei Regenwetter trockenen Fußes einen ausgiebigen Einkaufsbummel machen. Der jüngste Konsumtempel ist die recht gut gelungene **Mall of Berlin** am Leipziger Platz.

Flohmärkte

Der Klassiker der Berliner Flohmärkte liegt an der **Straße des 17. Juni** auf Höhe des S-Bahnhofs Tiergarten. Hier bieten vor allem professionelle Händler an, und unter den Käufern sind viele Touristen. Dies sorgt einerseits für ein großes Angebot, aber auch für relativ hohe Preise. Handeln ist zwar angesagt, ein wirkliches Schnäppchen macht man aber trotzdem nur selten. Der Flohmarkt am 17. Juni ist aber eine gute Adresse, wenn man Antiquitäten, Bilderrahmen oder Silberbesteck erstehen will.

Am **John-F.-Kennedy-Platz** in Schöneberg und am **Fehrbelliner Platz** in Wilmersdorf liegen zwei traditionelle Flohmärkte im Westteil Berlins. Hier sind die Kiezbewohner meist unter sich.

Der Flohmarkt am **Mauerpark** in Prenzlauer Berg ist der Shooting Star der vergangenen Jahre. Er wird offenbar in allen Reiseführern dieser Welt genannt – entsprechend polyglott ist das Publikum, das hier sonntags zwischen 10 und 18 Uhr auf Einkaufstour geht, und entsprechend überlaufen ist der Markt im Sommer. Inzwischen haben auch Profihändler den Markt entdeckt. Das entspannte Handeln »nur so zum Spaß« ist seitdem verloren gegangen.

Nur zehn Fußminuten entfernt liegt der Flohmarkt am **Arkonaplatz**. Jeden Sonntag von 10 bis 16 Uhr werden hier Waren sowohl von Händlern als auch von Privatleuten angeboten. Besonders bei Buch- und Schallplattensammlern sowie Ostalgikern auf der Jagd nach Souvenirs aus DDR-Zeiten hat der Markt einen guten Ruf.

Am Bode-Museum lockt am Wochenende und an Feiertagen der **Antik- und Buchmarkt**, der neben Büchern und Grafiken auch allerlei Schnickschnack bietet – zu ortsüblichen Preisen (10–17 Uhr).

Am **Boxhagener Platz** in Friedrichshain bauen die Händler am Sonntagmorgen ihre Stände auf. Das junge Publikum stammt meist aus der Nachbarschaft, es sind relativ wenige Profis unterwegs (10–18 Uhr). Auf dem Wochenmarkt am Samstag finden sich Stände mit Ökoprodukten frisch vom Bauern, Kunsthandwerk und Blumen (9–15.30 Uhr).

Ebenfalls zum Stadtteil Friedrichshain gehört der **Ostbahnhof**, hinter dem jeden Sonntag ein Antiquitätenmarkt stattfindet. Möbel, Kunst und Kunsthandwerk stehen zum Verkauf. Auch Briefmarken, Münzen, antiquarische Bücher und Schallplatten werden angeboten. Typische Flohmarktware wie alte Kleider oder Krimskrams vom Dachboden sucht man dagegen vergeben (9–16 Uhr).

Jeden zweiten Sonntag findet am **Maybachufer** – dort, wo sonst dienstags und freitags die Stände des Wochenmarkts stehen – der **Nowkoelln-Flohmarkt** statt (Termine unter https://flowmarkt.de).

Flohmarkt in Neukölln

Die Residenz!
Gu'n Tag, du Metropole!
Da ist auch schon der Alexanderplatz …
Verstatte, daß ich mich das Schneuztuch hole,
das Herz schlägt stürmisch unterm Busenlatz.
Die gute Spree mit dem geduldigen Rücken,
der Ruderklubs und der Mamsells Entzücken –
ich seh dich still und mächtig dreckig ziehn …
Berlin!

Kurt Tucholsky, Auf Urlaub, 1917

Spree, Fernsehturm, Berliner Dom und Rotes Rathaus

BERLINS MITTE

Vom Brandenburger Tor zum Alexanderplatz

Am Brandenburger Tor beginnt mit Unter den Linden die wahrscheinlich geschichtsträchtigste Straße Deutschlands. So viel Geschichte wie der 1,3 Kilometer lange Boulevard im Zentrum Berlins hat wohl keine andere deutsche Straße erlebt.

Brandenburger Tor

Das Brandenburger Tor, zu DDR-Zeiten im Todesstreifen an der Mauer gelegen, galt jahrzehntelang als das Symbol der deutschen Teilung. Nach dem Mauerfall wurde es gewissermaßen zum Wahrzeichen des neuen, geeinten Deutschlands und dient seither als attraktive Kulisse für Silvesterfeiern und andere Großveranstaltungen in der Hauptstadt.

Historisch gesehen markiert das Bauwerk den Platz, an dem einst ein Tor in der Stadtmauer Durchlass in Richtung Brandenburg gewährte. Das heutige Tor wurde allerdings nicht als Schließ- sondern als repräsentatives Schmucktor konzipiert. Es entstand in den Jahren 1788 bis 1791 nach Plänen von Carl Gotthard Langhans, der sich die Propyläen der Akropolis zum Vorbild nahm. Es ist ein 26 Meter hoher, 65,5 Meter breiter und 11 Meter tiefer klassizistischer Sandsteinbau mit fünf Durchfahrten, von denen die mittlere etwas breiter als die anderen ist. Auf beiden Seiten bilden jeweils sechs 15 Meter hohe dorische Säulen den Blickfang. Nach dem Abriss der Stadtmauer wurden 1868 von dem Schinkel-Schüler Johann Heinrich Strack die beiden flankierenden Säulenhallen angefügt. 1793 wurde das Brandenburger Tor mit der **Quadriga** nach Plänen von Johann Gottfried Schadow gekrönt.

■ **Mauergedenkstätte Brandenburger Tor**

Der Bahnhof Brandenburger Tor fungiert gleichzeitig als Mauergedenkstätte. Auf großen Plakaten über den Rolltreppen kann man berühmte Zitate zum Mauerbau lesen: »Niemand hat die Absicht, hier eine Mauer zu errichten« von Walter Ulbricht oder »Schießen Sie nicht auf ihre eigenen Landsleute« von Willy Brandt.

Pariser Platz

Vor der Wiedervereinigung stand das Brandenburger Tor inmitten einer weiten Brache. Die Mauer verlief auf der Westseite vor dem Tor, auf DDR-Seite war der Zugang weiträumig abgesperrt. Schon bald nach der Wende begann man den Platz neu zu bebauen. Mit Fertigstellung der US-amerikanischen Botschaft im Jahre 2008 wurde die letzte Baulücke geschlossen.

Nach historischen Vorbildern sind die beiden direkt an das Brandenburger Tor grenzenden Häuser wiedererbaut worden – das auf der nördlichen Seite gelegene

▲ Karte S. 59

Das Brandenburger Tor von Osten

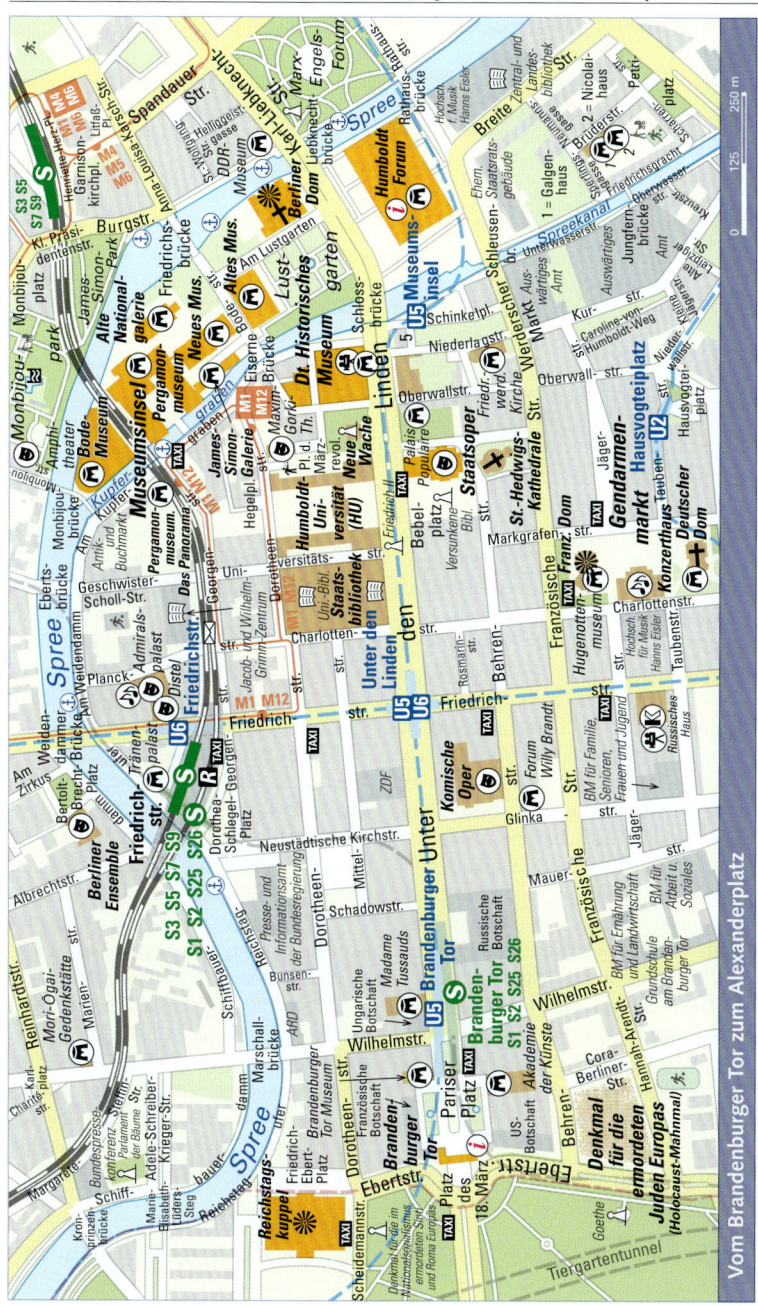

Haus Liebermann und Palais am Pariser Platz

Max-Liebermann-Haus und das südlich gelegene **Haus Sommer**. An das Haus Liebermann schließt das **Palais am Pariser Platz** an, das als Wohn- und Geschäftshaus genutzt wird. Dann folgen die französische Botschaft und ein Büro- und Geschäftshaus. Auf der anderen Seite des Platzes liegt das Haus Sommer, das von der Commerzbank genutzt wird, angrenzend die Botschaft der USA, dann folgt das Gebäude der DZ-Bank. Den Pariser Platz komplettieren auf dieser Seite der gelungene Neubau der Akademie der Künste und das Traditionshotel **Adlon**. Die **Akademie der Künste** wirkt mit ihrer gläsernen Fassade und fünf oberirdischen Etagen leicht und luftig. Im Innern lohnt neben den Ausstellungen auch ein Blick auf die dynamische Architektur mit schrägen Treppen und Galerien.

■ Max-Liebermann-Haus

»Wenn Sie nach Berlin hineinkommen gleich links«, so hat der Maler Max Liebermann einst seine Adresse angegeben. Das Max-Liebermann-Haus wurde 1844

von August Stüler, einem Schinkel-Schüler, erbaut. König Friedrich Wilhelm IV. hatte damals insofern auf den Bauplan Einfluss genommen, als er untersagte, dass das Gebäude das benachbarte Brandenburger Tor überragte. Der Maler Max Liebermann zog erst 1892 in das Stadtpalais ein und lebte dort bis zu seinem Tod 1935 (→ S. 189). Das heutige Gebäude der **französischen Botschaft** wurde 2001/2002 an derselben Stelle erbaut, an der sich schon zwischen 1871 und 1945 die französische Botschaft befand.

■ Akademie der Künste

An der Südostecke des Potsdamer Platzes befindet sich das Haus der Akademie der Künste, erbaut von Günter Behnisch, der auch den alten Bundestag in Bonn geplant hat. Gegründet wurde die Akademie der Künste 1696 von Kurfürst Friedrich III. Anfangs war sie ein reines Lehrinstitut, mit der Zeit wurde sie aber zur wichtigsten Vertretung deutscher Künstler, und ihre Mitglieder nahmen – oft kontrovers – zu gesellschaftlichen Themen Stellung. Unmittelbar nach ihrem Machtantritt im Jahr 1933 schlossen die Nationalsozialisten alle jüdischen Künstler und solche, die sich kritisch zu den neuen Machthabern stellten, aus. Teilweise wurden führende Mitglieder auch in die Emigration getrieben. Andere, wie der Maler Max Liebermann, von 1920 bis 1932 selbst Präsident der Akademie, erklärten ihren Austritt.

Nach dem Krieg gründeten beide deutsche Staaten jeweils eine eigene Akademie der Künste. Nach der Wiedervereinigung wurden die beiden Akademien 1993 zusammengeschlossen (→ S. 187).

■ DZ-Bank

Das Haus der DZ-Bank (ehemals DG-Bank) wurde nach Plänen des berühm-

▲ Karte S. 59

ten amerikanischen Architekten Frank O. Gehry errichtet, zu dessen bekanntesten Bauwerken das Guggenheim-Museum in Bilbao gehört. Von außen wirkt der Bau wegen der strengen Bauvoschriften des Berliner Senats eher unspektakulär, seine Kreativität lebte Gehry im Inneren des Gebäudes aus.

Das Brandenburger-Tor-Museum ist seit April 2019 geschlossen, ein neuer Standort noch nicht gefunden.

■ **Botschaft der Vereinigten Staaten**

Die US-Botschaft, die mit ihrer Querseite südlich den Pariser Platz abschließt, wurde 2008 vom damaligen amerikanischen Präsidenten George Bush senior eingeweiht. Der Baubeginn hatte sich wegen der enormen amerikanischen Sicherheitsanforderungen mehrmals verzögert.

Unmittelbar links ans Brandenburger Tor schließt sich das **Haus Sommer** an, das ebenso wie das Haus Liebermann unter Anlehnung an das historische Vorbild von dem Berliner Architekten Josef Paul Kleihues rekonstruiert wurde.

■ **Hotel Adlon**

Neben der Akademie der Künste reiht sich das Adlon in die Reihe illustrer Adressen ein. Wenn sich vor dem Eingang des Hotels Menschentrauben bilden, wird höchstwahrscheinlich ein Promi aus dem Showbusiness erwartet und die Fans wollen dabei sein, wenn sie oder er aus der Limousine steigt und über den roten Teppich ins Entree entschwindet. Stars genau wie Staatsgäste quartieren sich gerne in dem Traditionshaus ein. Das alte Hotel Adlon öffnete erstmals 1907 seine Pforten. Vom ersten Tag an strömten die Reichen der damaligen Zeit in das Hotel, die Gästeliste ist ein »Who is Who« des vergangenen Jahrhunderts: Albert Einstein, Marlene Dietrich, Char-

lie Chaplin, Zar Nikolaus II. und viele andere stiegen hier ab. Die Führungsriege der Nationalsozialisten dagegen mied es, wohl weil die Atmosphäre für ihren Geschmack zu international und weltoffen war. Während des Zweiten Weltkriegs wurde unter dem Pariser Platz der Adlon-Bunker gebaut, um den Gästen während der Bombardements Schutz zu bieten. Als im Mai 1945 der Frieden schon zum Greifen nahe war, brannte das Haus bis auf einen Flügel nieder, zu DDR-Zeiten wurde es gänzlich abgerissen. Nach der Wiedervereinigung ließ der Kempinski-Konzern auf dem alten Adlon-Grundstück ein neues Haus nach historischem Vorbild bauen, 1997 wurde es eröffnet.

Unmittelbar hinter dem Hotel Adlon liegt die **Britische Botschaft** an der Wilhelmstraße, die zwischen 1998 und 2000 nach Plänen von Michael Wilford erbaut wurde. Die Poller, die die Durchfahrt durch die Straße behindern, wurden nach dem Anschlag auf das World Trade Center am 11. September 2001 angebracht.

Das Hotel Adlon

Berlins Mitte

Unter den Linden

Jahrelang war die Straße Unter den Linden vor allem wegen Erweiterungen im U-Bahn-Netz eine der größten und nervigsten Baustellen der Stadt. In den nächsten Jahren sollen nun Fahrbahn und Gehwege umgestaltet werden. Die Dauerbaustelle lässt fast vergessen, dass man hier auf Deutschlands bekanntestem Prachtboulevard spaziert.

Am Anfang seiner Geschichte war dieser nichts als ein sandiger Reitweg, den Kurfürst Johann Georg im Jahr 1573 hatte anlegen lassen, damit man vom Berliner Stadtschloss bequem in das Jagdrevier am Tiergarten kommen konnte. Mitte des 17. Jahrhunderts ließ Kurfürst Friedrich Wilhelm eine von 1000 Bäumen gesäumte Allee anlegen. Seinerzeit standen noch Bauernhöfe am Straßenrand, nach und nach mussten sie Prachtbauten weichen.

■ **Westlich der Friedrichstraße**

Im **Wachsfigurenmuseum Madame Tussauds** (Nordseite, Unter den Linden 74) warten die wächsernen Stars auf Besu-

▲ *Friedrich der Große hoch zu Ross*

cher. George Clooney lässt sich hier ebenso geduldig von seinen Fans umarmen wie Lady Gaga oder Johnny Depp. Mit allen Figuren darf man sich fotografieren, nur zum wächsernen Adolf Hitler muss man Abstand halten (→ S. 189).

Schräg gegenüber liegt die **Botschaft der Russischen Föderation** (Südseite, Unter den Linden 63–65). Sie wurde zwischen 1949 bis 1951 im stalinistischen Zuckerbäckerstil als sowjetische Botschaft erbaut. 1970 bis 1971 wurde in den Räumen der Botschaft das Viermächteabkommen über Westberlin verhandelt.

Das **Café Einstein** (Nordseite, Unter den Linden 42) ist ein beliebter Treffpunkt für die Wichtigen aus der Politik.

Auf der anderen Seite der Straße sieht man schon den Ticketvorverkauf für die **Komische Oper** (Südseite, Unter den Linden 41). Das Opernhaus selbst liegt einige Schritte entfernt in der Behrenstraße 55–57 (→ S. 195).

Im **Forum Willy Brandt** (Behrenstr. 15) gegenüber ist der Eintritt kostenlos. Trotz des Namens befasst sich nur ein kleiner Teil der Ausstellung mit dem Leben des ehemaligen deutschen Bundeskanzlers (→ S. 188).

Das **ZDF** hat seit 2000 sein **Hauptstadtstudio** im historischen **Zollernhof** (Nordseite, Unter den Linden 36–38). Im ZDF-Café (Selbstbedienung) im ruhigen Innenhof kann man sich vom hektischen Treiben auf der Straße erholen. Und man entdeckt vielleicht den einen oder anderen Moderator, der hier seinen Cappuccino schlürft. Bevor das ZDF hier einzog, befand sich in dem Gebäude von 1949 bis 1990 der Sitz des Zentralrats der FDJ, der Freien Deutschen Jugend.

■ **Staatsbibliothek**

Weiter geht es über die Friedrichstraße (→ S. 85), die den Boulevard hier kreuzt, zur Staatsbibliothek (Nordseite,

▲ Karte S. 59

Unter den Linden 8). Das wuchtige Gebäude wurde zwischen 1903 und 1914 von Hofbaumeister Ernst von Ihne als Königliche Bibliothek errichtet. Im Zweiten Weltkrieg war der große Kuppelsaal der Staatsbibliothek zerstört worden. Seit dem Jahr 2000 wird das Gebäude saniert und mit Neubauten ergänzt.

Mit zehn Millionen Bänden ist sie die größte wissenschaftliche Bibliothek im deutschen Sprachraum. Hier wird unter anderem die Handschrift des Textes der deutschen Nationalhymne von Hoffmann von Fallersleben aufbewahrt. Es finden regelmäßig Führungen statt (→ S. 190).

■ **Friedrich der Große Unter den Linden**

In der Mitte zwischen den beiden Fahrbahnen steht das Reiterdenkmal von Friedrich II. – »dem Großen«. Das monumentale Standbild ist 13,50 Meter hoch und zeigt den Herrscher im Krönungsmantel auf seinem Lieblingspferd Condé. Das Standbild wurde zwischen 1840 und 1851 von Christian Daniel Rauch gefertigt, einem der bedeutendsten Bildhauer des deutschen Klassizismus. Die Statue zählt zu Rauchs Meisterwerken.

Die vier Reiterfiguren an den Ecken des Sockels stellen hochrangige Militärs dar, die dem »Alten Fritz« in seinen Schlesienkriegen gute Dienste erwiesen. Weniger prominent sind Immanuel Kant, Gotthold Ephraim Lessing und andere Intellektuelle der damaligen Zeit platziert – ihre Abbilder befinden sich an der Rückseite des Denkmals, unter dem Schweif des königlichen Pferdes – was einen gewissen Interpretationsspielraum gibt.

■ **Bebelplatz**

Vorbei an der **Juristischen Fakultät der Humboldt-Universität**, der ehemaligen Königlichen Bibliothek (Südseite, Bebelplatz 1) – erbaut zwischen 1775 und 1780 –, erreicht man den Bebelplatz. Auf dem weiten Platz, der damals noch Opernplatz hieß, verbrannten von den Nazis aufgehetzte Studenten am 10. Mai 1933 die Bücher sozialistischer, kommunistischer und jüdischer Schriftsteller. An diesen beschämenden Tag erinnert ein ganz besonderes Mahnmal auf dem Platz. Sie sehen es nicht? Kein Wunder, denn das Denkmal **Die versunkene Bibliothek** des israelischen Künstlers Micha Ullmann ist in den Boden eingelassen. Im südlichen Drittel des Platzes blickt man durch eine kleine Plexiglasscheibe in einen unterirdischen Raum und erkennt dort leere Bücherregale.

Die Südseite des Bebelplatzes teilen sich das **Hotel de Rome**, ursprünglich ein Bankgebäude, und die **St.-Hedwigs-Kathedrale**.

■ **St.-Hedwigs-Kathedrale**

Die St.-Hedwigs-Kathedrale, heute Sitz des katholischen Bischofs von Berlin, wurde von 1747 bis 1773 nach Plänen von Georg Wenzeslaus von Knobelsdorff erbaut. Vorbild für die Kuppel war das Pantheon in Rom. Das Grundstück für den Kirchenbau schenkte Friedrich II. der katholischen Gemeinde, die seinerzeit noch kein eigenes Gotteshaus in der Stadt hatte. Dadurch wollte der Preußenkönig den katholischen schlesischen Adel beschwichtigen, denn kurz zuvor hatte die preußische Armee Schlesien erobert. Nach Zerstörungen im Zweiten Weltkrieg wurde St. Hedwig zwischen 1952 und 1963 wiederaufgebaut (→ S. 190). Seit 2018 ist die Kirche wegen Sanierung und Umbau geschlossen.

■ **Staatsoper Unter den Linden**

An der Ostseite des Bebelplatzes erhebt sich das Gebäude der Staatsoper Unter den Linden, das zwischen 1741 und 1743 nach Plänen von Georg Wenzeslaus von

Knobelsdorff erbaut wurde. Genau 100 Jahre nach ihrer Fertigstellung brannte die Oper ab, wurde aber umgehend wieder aufgebaut. Das in die Jahre gekommene Gebäude wurde von 2010 bis 2017 umfassend saniert (→ S. 190).

■ **Humboldt-Universität**
Auf der Nordseite von Unter den Linden liegt das Hauptgebäude der Humboldt-Universität mit den Statuen der beiden Humboldtbrüder Alexander und Wilhelm am Eingangstor. Die Denkmäler dahinter erinnern an die Physiker Hermann von Helmholtz und Max Planck und an den Altertumswissenschaftler und Träger des Literaturnobelpreises Theodor Mommsen.

■ **Neue Wache**
In unmittelbarer Nachbarschaft erreicht man inmitten des sogenannten Kastanienwäldchens die Neue Wache (Nordseite, Unter den Linden 4). Nach Schinkels Entwurf 1818 fertiggestellt, ist sie seit 1993 die zentrale Gedenkstätte der Bundesrepublik Deutschland für die Opfer von Krieg und Gewaltherrschaft. Im ansonsten leeren Innenraum befindet sich die von Hermann Haacke in zigfacher Vergrößerung nachgestaltete Skulptur »Mutter mit totem Sohn«, die im Original von Käthe Kollwitz stammt (→ S. 189).

■ **Maxim-Gorki-Theater**
Einige Schritte abseits von Unter den Linden – hinter der Neuen Wache – liegt das Maxim-Gorki-Theater (Am Festungsgraben 2), das 1827 von dem Schinkel-Schüler Karl Theodor Ottmer im klassizistischen Stil errichtet wurde und noch immer eine hochkarätige Spielstätte für Gegenwartstheater ist (→ S. 195).

■ **Prinzessinenpalais/PalaisPopulaire**
Auf der Südseite steht das 1733 gebaute und 1811 erweiterte Prinzessinnenpalais

(Unter den Linden 5). Seit dieser Erweiterung, die König Friedrich Wilhelm III. für seine Töchter hatte durchführen lassen, ist der Name Prinzessinnenpalais in Gebrauch. Seit 2018 residiert hier das **PalaisPopulaire**, ein von der Deutschen Bank initiiertes Kunstforum, das sich verschiedensten zeitgenössischen Kunstrichtungen, neben der Malerei auch Performance und Tanz, widmet (→ S. 189).

■ **Kronprinzenpalais**
Im benachbarten Kronprinzenpalais (Südseite, Unter den Linden 3), das ursprünglich 1856/57 erbaut, im Zweiten Weltkrieg zerstört und in Anlehnung an das Original 1968/69 wiedererrichtet wurde, finden heute Ausstellungen und andere Kulturevents statt. Am 31. August 1990 wurde hier der Einigungsvertrag zwischen der Bundesrepublik und der DDR unterzeichnet.
Das letzte Haus auf der Südseite von Unter den Linden ist die **Alte Kommandantur**, 1653 von Johann Gregor Memhardt errichtet, später im Stil der Neorenaissance umgebaut. Im Zweiten Weltkrieg zerstört, wurde das Gebäude erst in den 2000er-Jahren rekonstruiert und ist heute die Hauptstadtrepräsentanz des Medienkonzerns Bertelsmann.

■ **Deutsches Historisches Museum**
Kurz vor der Schlossbrücke erreicht man das **Zeughaus** (Nordseite, Unter den Linden 2), eines der bedeutendsten Barockbauwerke der Stadt, dessen Fassade ein wenig an den Louvre in Paris erinnert. Zwischen 1695 und 1706 als Waffenlager errichtet, ist hier seit 1990 das Deutsche Historische Museum untergebracht. Im markanten Museumsanbau, der vom chinesisch-amerikanischen Stararchitekten I. M. Pei geplant wurde, werden Wechselausstellungen gezeigt (→ S. 188).

▲ Karte S. 59

Den **Schlüterhof** sollte man nicht schnell durchqueren, sondern sich in Ruhe die berühmten »Masken der sterbenden Krieger« ansehen, die Andreas Schlüter 1696 geschaffen hat. Sie hatten damals erhebliche Diskussionen ausgelöst, denn eigentlich hatte der Künstler heldenhafte und nicht leidende Gesichter darstellen sollen. Diese Masken waren ursprünglich als Schmuck an der Außenseite der ehemaligen königlichen Waffenkammer geplant, doch da sie nicht den Vorstellungen der Auftraggeber entsprachen, wurden sie schließlich in den Innenhof verbannt.

An der **Schlossbrücke** mit ihren acht Marmorstatuen – vier davon zeigen Siegesgöttinnen, vier Krieger – endet offiziell die Straße Unter den Linden. Von hier an geht sie als Karl-Liebknecht-Straße weiter. Rechter Hand stand bis 1950 das Stadtschloss – der teils rekonstruierte, teils zeitgenössisch gestaltete Neubau fungiert heute unter dem Namen »Humboldt Forum«.

Humboldt Forum

Viele Lücken in der Berliner Stadtlandschaft wurden in den beiden Nach-Wende-Jahrzehnten geschlossen. Die Lücke im historischen Herzen der Stadt blieb. Hier stand jahrhundertelang das Berliner Stadtschloss, die Residenz der Hohenzollern.

Ein möglicher Wiederaufbau wurde in den 1990ern lange diskutiert. Schließlich setzten sich die Schloss-Befürworter durch. Nach Plänen des Architekten Franco Stella wird das Stadtschloss mit der prunkvollen Kuppel seit 2013 wiedererrichtet. Drei Fassaden lehnen sich an das historische Vorbild an, die vierte, auf der Spreeseite, wird nach Stellas Plan modern gestaltet. Namenspaten des Neubaus sind die Brüder Wilhelm und Alexander von Humboldt, zwei herausragende Wissenschaftler. Seit der Eröffnung 2021 beherbergt das Humboldt Forum das **Museum für Asiatische Kunst,** das **Ethnologische Museum** und

Berlins Mitte

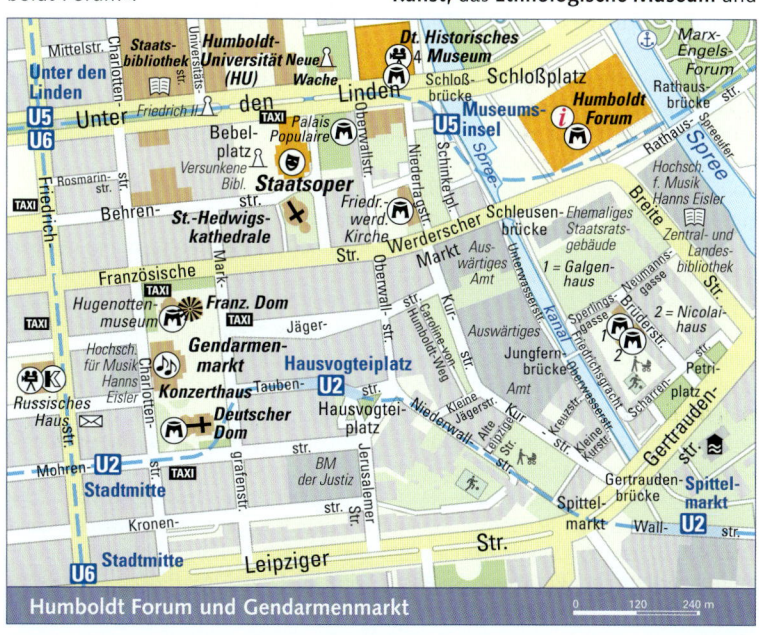

Humboldt Forum und Gendarmenmarkt

Relief an der Schlossbrücke

die stadtgeschichtliche Ausstellung »Berlin global«. Die **Humboldt-Universität** präsentiert aktuelle Forschungsansätze. Ergänzt wird das Angebot durch wechselnde Ausstellungen und Veranstaltungen.

Begonnen hatte die Geschichte der Residenz Mitte des 15. Jahrhunderts, als sich der Landesherr aus dem Hause Hohenzollern hier auf der Spreeinsel eine Burg bauen ließ. Mit dem Machtzuwachs seiner Nachfahren wurde auch die Burg immer größer, bis sie sich zuletzt zum prunkvollen Stadtschloss mit einer Grundfläche von 192 mal 116 Metern ausgewachsen hatte. Für etliche Baumeister war das Schloss der Fixpunkt, an dem sie ihre neuen Bauten – Dom, Zeughaus, Kronprinzen- und Prinzessinenpalais– ausrichteten. Nach dem Ende der Monarchie 1918 wurde die einstige Residenz zum Museum umfunktioniert. Der DDR-Führung war die im Krieg stark zerstörte Hohenzollernresidenz als »Symbol des preußischen Militarismus« ein Dorn im Auge. 1950 wurde das Gebäude trotz erheblicher Proteste gesprengt und vollständig abgetragen.

Auf dem einstigen Schloßplatz wurde in den 1970ern der Palast der Republik gebaut, eine Art Volkshaus, in dem politische und kulturelle Veranstaltungen abgehalten wurden. Auch viele Stars aus dem Westen, von James Last bis Udo Lindenberg, mischten hier das Publikum auf. 1990 wurde das Gebäude wegen Asbestverseuchung geschlossen, nach Sanierung und Zwischennutzung dann aber doch zum Abriss freigegeben. Ende 2008 machte ein Bagger das letzte Stück des ausgedienten Palastes der untergegangenen Republik platt.

Vor der Westfassade des Stadtschlosses soll künftig ein **Denkmal für Einheit und Freiheit** an die friedliche Revolution in der DDR und an Überwindung der deutschen Teilung erinnern. Eine Jury hatte sich 2011 für den Entwurf der Berliner Choreographin Sascha Waltz und des Stuttgarter Designerbüros Johannes Milla & Partner entschieden. Die Baugenehmigung für das Denkmal wurde zwar schon im Oktober 2015 erteilt, doch durch das Hin und Her bei Planung, Finanzierung und Naturschutz hat sich der Baubeginn der »Einheitswippe« bis 2020 verzögert – Fertigstellung vielleicht im Herbst 2022.

Berliner Dom

In seiner heutigen Form wurde der Berliner Dom zwischen 1894 und 1905 im Auftrag Kaiser Wilhelms II. erbaut. Der Petersdom in Rom diente Dombaumeister Julius Carl Raschdorff als Vorbild. Für ein protestantisches Gotteshaus ist das Kircheninnere äußerst prunkvoll. Für die Besichtigung wird ein »Domerhaltungsbeitrag« erhoben.

Sehenswert ist der **Hauptaltar** von 1850, der bereits in der Vorgängerkirche stand und von Friedrich August Stüler stammt. Die **Orgel** mit 7269 Pfeifen, 113 Registern und vier Manualen wurde von Wil-

Karte S. 65

helm Sauer 1904 in Frankfurt/Oder gebaut und war einst die größte des Landes – inzwischen ist sie nach der Orgel im Dom von Passau nur noch die zweitgrößte. 1944 wurde der Berliner Dom bei einem Bombenangriff schwer beschädigt, erst seit 1993 finden hier wieder Gottesdienste statt. Sein Äußeres ist nach dem Wiederaufbau etwas bescheidener, auch die Kuppel ist jetzt weniger hoch, misst aber trotzdem noch stolze 74 Meter.

In der **Hohenzollerngruft** wurden etliche der Fürsten und Könige bestattet, die die Mark Brandenburg und Berlin und später das Königreich Preußen regierten und prägten. Kurfürst Joachim II., Friedrich Wilhelm (der »Große Kurfürst«), König Friedrich I., seine Frau Sophie Charlotte und Königin Elisabeth Christine und viele andere Mitglieder des Hauses Hohenzollern fanden hier ihr letzte Ruhestätte. Die Gruft ist wegen Renovierungsarbeiten bis voraussichtlich Frühjahr 2024 geschlossen.

Wer die 270 Stufen zum **Kuppelumgang** nicht scheut, wird mit einem fantasti-

schen Blick auf Museumsinsel, Synagoge und Gendarmenmarkt belohnt (→ S. 179).

Auf dem Weg zur Museumsinsel lockt samstags und sonntags ein **Kunstmarkt**.

■ **DDR-Museum**

Gegenüber dem Berliner Dom liegt direkt an der Spree das DDR-Museum. Viel Platz hat man der DDR hier nicht gegönnt. Und doch haben es die Ausstellungsmacher geschafft, auf engstem Raum (fast) alles hineinzupacken: vom Orwo-Film über die Florena-Creme und vom Sandmännchen bis zu einem typischen DDR-Wohnzimmer mit der Schrankwand »Karat«. Und im Fernsehen läuft der »Schwarze Kanal«.

Ein Film des DDR-Fernsehens von 1976 schwärmt von Plattenbauten und den Errungenschaften der DDR-Bauwirtschaft. Und doch beschränkt sich das DDR-Museum nicht auf Ostalgie. Der Nachbau einer **Gefängniszelle aus Bautzen**, der eines **Verhörzimmers der Stasi** und Dokumente, die die Überwachung der

Wilhelminischer Prunkbau: der Berliner Dom

Lustgarten und Altes Museum

Bürger durch den Staat belegen, zeigen, dass die DDR eben doch nicht »ein Land wie jedes andere« war (→ S. 187). Ein kleiner **Museumsshop** hält neben Literatur so manchen Schnickschnack bereit.

Museumsinsel

Zu den größten Schätzen Berlins zählt die Museumsinsel mit fünf der bedeutendsten Berliner Museen. Das Ensemble steht seit 1999 auf der UNESCO-Welterbeliste. Bevor man im 19. Jahrhundert mit der Bebauung des Areals beginnen konnte, musste man erst einmal den Untergrund des schlammigen Geländes sichern. Dazu wurden fast zweieinhalbtausend Pfähle mit einer Länge zwischen 6 und 18 Metern in den Grund gerammt, auf denen dann das Fundament angelegt wurde.

Im **Lustgarten** vor dem Alten Museum, einst Kräutergarten der Schlossküche und zu DDR-Zeiten trister Paradeplatz, räkeln sich im Sommer die Sonnenanbeter.

■ Altes Museum

Das Alte Museum heißt so, weil es als erster Musentempel auf dem Areal der Museumsinsel gebaut wurde – unter der Ägide von Karl Friedrich Schinkel errichte-

te man es in den Jahren 1823 bis 1830, Vorbild waren die Tempel des antiken Griechenlands. Mit der offenen Säulenhalle und der dem römischen Pantheon nachempfundenen 23 Meter hohen Rotunde bildet es einen prachtvollen Rahmen für römische und griechische Kunst. Zu den sehenswertesten Ausstellungsstücken zählen der Kopf des Perikles aus der Athener Akropolis und ein Mosaik aus der Hadriansvilla in Tivoli bei Rom. Beachtenswert ist die riesige, aus einem einzigen Findling geschliffene **Granitschale** vor dem Museum. Sie entstand 1827 nach einem Schinkelentwurf und hat einen Durchmesser von sieben Metern (→ S. 187).

■ Alte Nationalgalerie

Die Alte Nationalgalerie wurde 1876 fertiggestellt. Die Idee, ihr die Form eines korinthischen Tempels zu geben, hatte Architekt Johann Heinrich Strack. Im Krieg zerstört, wurde der Bau von 1997 bis 2001 aufwendig saniert und zeigt seither die Kunst des 19. Jahrhunderts, unter anderem Werke von Degas, Liebermann, Manet, Menzel, Monet und Renoir. Herausragend ist die Sammlung

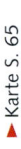

▲ Karte S. 65

der Maler der Romantik, unter anderem mit den grandiosen Gemälden Caspar David Friedrichs (→ S. 187).

■ Neues Museum

Es war das zweite Museum, das auf der Museumsinsel errichtet wurde und sollte die Sammlungen aufnehmen, die nicht mehr ins erste, also in das heutige Alte Museum, passten. Zwischen 1843 und 1855 wurde nach Plänen Friedrich August Stülers ein weiterer klassizistischer Musentempel gebaut.

Im Zweiten Weltkrieg schwer beschädigt, wurde das Neue Museum zwischen 1999 und 2009 unter Leitung des britischen Stararchitekten David Chipperfield für knapp 300 Millionen Euro restauriert beziehungsweise wiederaufgebaut. Chipperfield hat der Versuchung widerstanden, einfach alles wieder in den Originalzustand zu versetzen. Vielmehr hat er das Gebäude so restauriert, dass die »Verletzungen des Krieges« wie Einschusslöcher an den Fassaden sichtbar blieben.

Das Neue Museum beherbergt das **Ägyptische Museum und Papyrussammlung** und das **Museum für Vor- und Frühge-**

Musentempel: die Alte Nationalgalerie

schichte sowie Teile der Antikensammlung. Ein Rundgang durch das Museum ist somit eine Zeitreise von der Eis- und Bronzezeit über das Pharaonenreich Ägyptens und das alte Rom bis zum Beginn des Mittelalters.

Die meisten Besucher kommen sicher wegen der **Büste der Nofretete** (Raum 210) ins Neue Museum. Die Büste wurde vor mehr als 3300 Jahren in Ägypten geschaffen und gilt seit ihrer Wiederentdeckung im Jahr 1912 als Inbegriff makelloser Schönheit und als ein Meisterwerk der Bildhauerkunst. Sie wurde in der Zeit zwischen 1353 und 1336 vor Christus in der Werkstatt des Oberbildhauers Thutmosis gefertigt.

Bis zum heutigen Tag wurde die Büste niemals ausgebessert, und auch die Farbe musste noch nie neu aufgetragen werden (→ S. 189).

■ Bode-Museum

Das Bode-Museum wurde zwischen 1898 und 1904 von Ernst von Ihne im Stil des Neobarock erbaut. Heute sind hier die

Im Neuen Museum

Skulpturensammlung, das **Museum für Byzantinische Kunst** und die **Kindergalerie** untergebracht. Bei Kennern besonders beliebt ist das **Münzkabinett**, das mit mehr als 60 000 Münzen zu den weltgrößten Sammlungen gehört (→ S. 187).

■ **Pergamonmuseum**
100 Jahre nach dem Alten Museum eröffnete 1930 das nach Plänen von Alfred Messel und Ludwig Hoffmann erbaute Pergamonmuseum seine Türen. Seinen Namen erhielt der jüngste Musentempel auf der Museumsinsel nach seiner Hauptsehenswürdigkeit, dem **Pergamonaltar**. Dieser zählt zu den berühmtesten Bauwerken der Antike und wurde 170 vor Christus errichtet. Derzeit wird der riesige Altar restauriert und wird voraussichtlich erst 2023 wieder bestaunt werden können. Trösten können sich Besucher mit dem ebenfalls spektakulären **Markttor von Milet** (Saal 4 der Antikensammlung). Das 29 Meter lange und 17 Meter hohe Tor wurde im 2. Jahrhundert nach Christus in Milet, einer antiken Stadt an der Westküste Kleinasiens, errichtet, im Mittelalter durch ein Erdbeben zerstört, zu Beginn des 20. Jahrhunderts

ausgegraben und 1928/1929 im Pergamonmuseum aufgebaut.
Weitere Attraktionen sind das **Ischtar-Tor** und die **Prozessionsstraße aus Babylon** (Saal 8 und 9 des Vorderasiatischen Museums) aus der Herrschaftszeit Nebukadnezars II. 604 bis 562 vor Christus. Schon das, was im Museum ausgestellt ist, wirkt mächtig und beeindruckend, stellt aber nur einen Bruchteil der einstigen Anlage dar.
Wegen einer Totalsanierung sind Teile des Museums für einige Jahre geschlossen. Als zeitgemäßes, mit dem Massentourismus kompatibles Besucherzentrum wurde 2019 die **James-Simon-Galerie** fertiggestellt – benannt nach einem jüdischen Mäzen des frühen 20. Jahrhunderts. Für den Entwurf zeichnet der britische Architekt David Chipperfield verantwortlich. Dort, wo sich nun das Chipperfield-Gebäude mit den filigranen Säulen erhebt, stand bis 1938 der Neue Packhof, ein Speichergebäude nach Plänen von Friedrich Schinkel.
Seit 2018 gibt es im temporären Ausstellungsbau **Pergamonmuseum. Das Panorama** ein 360°-Panorama von Yadegar Asisi und Skulpturen aus der Antikensammlung zu sehen (→ S. 189).

Die besten Restaurants und Cafés
↪ **Mitte**
The Grand Shabby Chic und klassische deutsch-französische Küche nahe dem Alexanderplatz (www.the-grand-berlin.com). ↪ **U2** Rosa-Luxemburg-Platz, Karte D10.
Good Bank Die Zutaten für die Salate kommen direkt aus dem vertikalen Garten (https://shop.good-bank.de). ↪ **U8** Rosenthaler Platz, Karte E10.

↪ **Schöneberg/Tiergarten**
Panama Stylisch im Hinterhof an der Potsdamer Straße, Kreativküche nach dem Tapasprinzip (https://oh-panama.com). **U1, U3** Kurfürstenstraße, Karte G8.

Neni Orientalisch inspirierte Küche im Glashaus auf dem Bikinihaus hoch über den Dächern der City West. → S. 181
Café Einstein Das Stammhaus in der Kurfürstenstraße mit österreichischem Kaffeehaus-Charme. → S. 183

↪ **Andere Bezirke**
SchmidtZ & Ko Weinbar und Restaurant in Steglitz, angeboten werden auch Kochkurse und Weinseminare (https://schmidt-z-ko.de). ↪ **U9** Walther-Schreiber-Platz, Karte K6.
Osmans Töchter Moderne türkische Küche im stylischen, aber gemütlichen Ambiente. → S. 183

▲ Karte S. 65

Rund ums Rote Rathaus

Marx-Engels-Forum

Die kleine Parkanlage des Marx-Engels-Forums auf der Südseite der Karl-Lieb-knecht-Straße hat ihren Namen wegen der überlebensgroßen Bronzeplastik, die Karl Marx (sitzend) und Friedrich Engels (stehend) zeigt. Schon kurz nach der Wiedervereinigung kam es zu Diskussionen über die Zukunft des Parks und der Statue. Besonders aus dem Westen waren Stimmen zu hören, die die Statue der beiden Lichtgestalten des Kommunismus am liebsten eingeschmolzen hätten. Die beiden Kommunisten mussten aber keiner Weltanschauung, sondern dem

Weiterbau der U-Bahn weichen und stehen nun in der Nähe der Karl-Liebknecht-Brücke. Dort blicken sie, anders als an ihrem ursprünglichen Standort, Richtung Westen. Das ist besonders gemein, weil ihr Blick genau auf das rekonstruierte Schloss (Humboldt Forum) gerichtet ist.

St.-Marien-Kirche

Am Fuße des Fernsehturms liegt die St.-Marien-Kirche, eine dreischiffige Hallenkirche, ab 1270 im Stil der norddeutschen Backsteingotik erbaut. Im 15. Jahrhundert wurde der Turm angefügt, der schließlich 1790 durch eine Kuppel von

Berlins Mitte

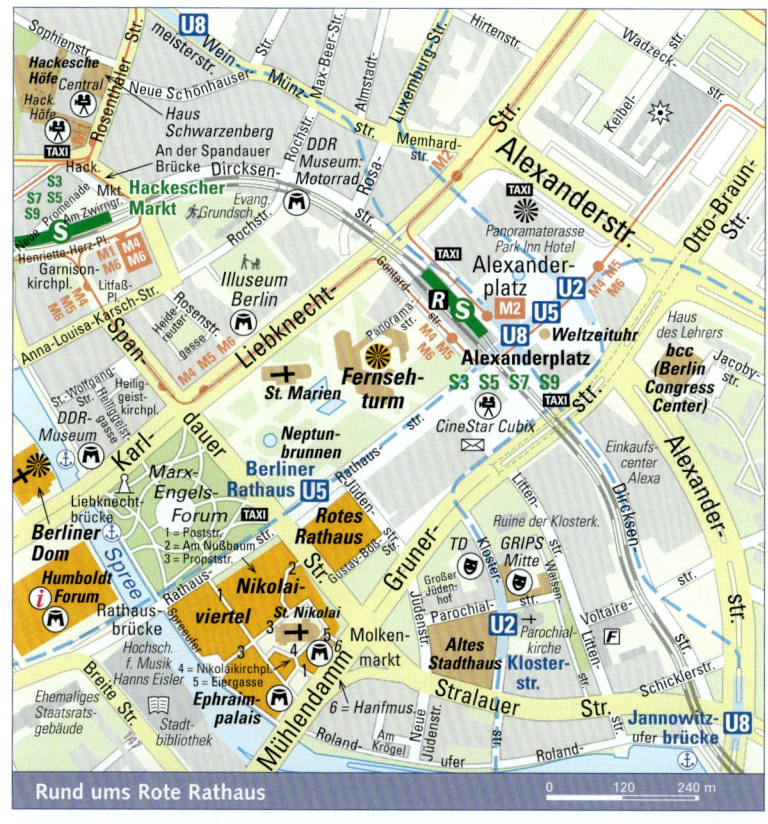

Rund ums Rote Rathaus

0   120   240 m

Das Rote Rathaus, Sitz der Regierenden Bürgermeisterin von Berlin

Carl Gotthard Langhans, dem Erbauer des Brandenburger Tores, gekrönt wurde. Heute ist St. Marien das zweitälteste noch erhaltene Gotteshaus Berlins, noch älter ist nur die Nikolaikirche (→ S. 76). Beachtung verdient in der Eingangshalle das 22 Meter lange **Fresko Totentanz** – ein Reigen der geistlichen und der weltlichen Stände mit dem Tode (→ S. 190).

■ **Illuseum Berlin**
Der schiefe Raum, der unendliche Raum, ein Zimmer, das auf dem Kopf steht – um optische Täuschungen und allerhand Tricks geht es im Illuseum, schräg gegenüber der Marienkirche (→ S. 188).

Rotes Rathaus
Den roten Backsteinen verdankt der Sitz des Regierenden Bürgermeisters von Berlin seinen Namen. Gebaut wurde das Rathaus in den 1860er Jahren nach einem Entwurf von Hermann Friedrich Waesemann, der sich von der norditalienischen Hochrenaissance und dem Turm der Kathedrale im französischen Laon inspirieren ließ. Der **Terrakottafries** in Höhe der ersten Etage, der 1879 angefügt wurde,

erzählt die Geschichte Berlins vom 12. Jahrhundert bis zur Reichsgründung. Sehenswert ist auch der **Neptunbrunnen** vor dem Gebäude. Die vier Frauengestalten am Rande des Beckens symbolisieren die großen Flüsse des Königreichs Preußen: Rhein, Elbe, Weichsel und Oder. Das Rathaus ist öffentlich zugänglich, der Besuch kostenlos (→ S. 190).

Alexanderplatz
Als schön kann man den Alexanderplatz, das ehemalige Zentrum Ostberlins, kaum bezeichnen. Zwischen 1966 und 1971 sollte hier nach dem Willen der Oberen der Mittelpunkt der Hauptstadt der DDR entstehen. Ein Platz, der sich zur Durchführung von staatstragenden Demonstrationen eignete. Entstanden ist aber eine leblose Betonwüste, auf der bis heute architektonisch geflickschustert wird. Mitten auf dem Platz steht der **Brunnen der Völkerfreundschaft**, ein Relikt aus DDR-Tagen, im nüchternen Stil der sozialistischen Moderne und 1970 zum 21. Geburtstag der DDR eingeweiht. Ein Jahr früher, 1969, wurde die benachbarte **Weltzeituhr** aufgestellt, die die 24 Hauptzeit-

zonen der Erde anzeigt. In vergangenen Jahrzehnten, als es in vielen Haushalten kein Telefon gab und an Handys noch nicht zu denken war, hat man sich unter der Weltzeituhr gern verabredet – dort konnte man sich einfach nicht verfehlen. Anfang des 20. Jahrhunderts erlebte der Alexanderplatz seine Blütezeit. Hier kam man her, um gemütlich zu flanieren, um einzukaufen, ins Theater oder ins Restaurant zu gehen. Unsterblich wurde der Platz durch den 1929 erschienen Roman »Berlin Alexanderplatz« des Schriftstellers Alfred Döblin. Ende der 1920er Jahre schrieb die Stadt einen Architekturwettbewerb zur Neugestaltung des Areals aus. Die meisten Bauvorhaben fielen aber der Weltwirtschaftskrise zum Opfer. Gebaut wurden aber parallel zur Stadtbahn das **Alexanderhaus** und das **Berolinahaus**. Die unter Denkmalschutz stehenden Gebäude von Peter Behrens, einem Architekten der Klassischen Moderne, beherbergen heute unter anderem eine Filiale der Berliner Stadtsparkasse und ein Kaufhaus.

Die DDR-Planer hatten den Platz für Großveranstaltungen konzipiert. Dass hier am 4. November 1989 die größte Demonstration der DDR-Opposition mit fast einer Million Teilnehmern stattfinden sollte, hatten sie sich sicher nicht träumen lassen. Die Live-Übertragung der Protestkundgebung im DDR-Fernsehen beschleunigte den Fall des ohnehin angeschlagenen Regimes.

Fernsehturm

Höher geht es nirgends in Berlin hinaus – inklusive seiner 118 Meter langen Antenne misst der Fernsehturm 368 Meter, ist damit das höchste Gebäude Deutschlands und gleichzeitig ein beliebtes Touristenziel. Fertiggestellt wurde er 1969, kurz vor dem 20-jährigen Geburtstag der DDR. Für den damaligen Staatsratsvorsitzenden Walter Ulbricht und die gesamte Führungsriege der DDR war das technische Bauwerk ausdrucksstarkes Symbol für die Überlegenheit des sozialistischen Gesellschaftssystems. Längst aber ist der Fernsehturm zum Gesamtberliner Wahrzeichen geworden. Neben dem Brandenburger Tor ist er das international bekannteste Gebäude der deutschen Hauptstadt. Bis ganz nach oben dürfen Besucher nicht, aber von der **Aussichtsplattform** in 203 Metern Höhe bietet sich ein 360-Grad-Blick. Weil sich die Plattform in knapp einer halben Stunde einmal um die eigene Achse dreht, wird der Besuch im **Restaurant Sphere** zur Stadtrundfahrt, ist aber auch kein ganz billiges Vergnügen. Die Warteschlange kann man vermeiden, wenn man online Tickets für ein Zeitfenster nach Wahl kauft (→ S. 188). Direkt am Fuße des Fernsehturms befindet sich das **Körperwelten-Museum**. Initiator Gunther von Hagens, der das Konservierungsverfahren der Plastination in den 1970er Jahren erfunden hat, zeigt in der lange umstrittenen populärwissenschaftlichen Schau rund zwei Dutzend Ganzkörper-Plastiken und rund 200 Teilplastinate aus Leichen.

Die Weltzeituhr auf dem Alexanderplatz

Berlins Mitte

Höchstes Bauwerk Deutschlands: der Fernsehturm

Durch das historische Berlin

Eine Altstadt im klassischen Sinne findet man an den Ufern der Spree nicht. Der mittelalterlich geprägte Stadtkern mit seiner kleinteiligen Bebauung, seinen kurzen Straßen und schmalen Gassen wurde im Zweiten Weltkrieg in Schutt und Asche gelegt, und was der Bombenhagel nicht vernichtet hatte, wurde in den Nachkriegsjahrzehnten, als die historische Mitte auf dem Territorium Ost-Berlins lag, abgerissen, um im Zuge radikaler Stadtmodernisierungsprogramme nüchternen Hochhausquartieren Platz zu machen.

Zum 750-jährigen Stadtjubiläum, das Berlin 1987 noch in Ost und West getrennt gefeiert hat, ist dann mit dem **Nikolaiviertel** dann doch ein Fleckchen Alt-Berlin aus Ruinen auferstanden, wobei man aber auch tüchtig in die Trickkiste gegriffen und nicht immer authentische Baustoffe verwendet hat. Wiederaufgebaut wurde auch das prachtvolle Gebäudeensemble am **Gendarmenmarkt**. Mit seiner ganz speziellen Mischung aus barocker Pracht und klassizistischer Strenge lässt der Platz Passanten heute wieder etwas vom Flair preußischer Glanz-und-Gloria-Zeiten ahnen.

Berlins wiederbelebte historische Mitte hat aber nicht nur Geschichts- und Kulturinteressierten einiges zu bieten. Konsumfreudige Zeitgenossen finden rund um den Gendarmenmarkt so ziemlich alles, was fein und teuer ist – vom textilen Designerfummel bis hin zum Gaumenkitzel mit Sterneprädikat.

Nikolaiviertel

Das Nikolaiviertel mit seinen schmalen, für den Autoverkehr gesperrten Gassen und den kopfsteingepflasterten Plätzen hat einen gewissen Charme, auch wenn dieses Stückchen Alt-Berlin mit seinen

historisierenden Plattenbaufassaden nicht wirklich authentisch ist. Zum 750-jährigen Geburtstag Berlins im Jahr 1987 ließ die DDR-Führung das verschwundene Viertel wieder aufbauen. Die Planer orientierten sich an Kupferstichen, alten Fotografien und Bauzeichnungen, um den Verlauf der historischen Straßenzüge nachzubilden. Einige der alten Gebäude wurden als originalgetreue Kopie wiedererrichtet. An anderer Stelle bediente man sich der Plattenbauweise. Mit den industriell gefertigten Versatzstücken ließen sich Fassaden und Giebel mit historisch anmutender Silhouette schnell und vergleichsweise kostengünstig produzieren.

Rund um die Kirche St. Nikolai und auf der Fischerinsel am gegenüberliegenden Spreeufer entwickelten sich in der zweiten Hälfte des 12. Jahrhunderts die Siedlungen Berlin und Cölln, die Keimzellen des heutigen Berlin. Im Zweiten Weltkrieg wurde dieser historische Stadtkern stark zerstört. Auf der Fischerinsel und entlang des Mühlendamms – also auf der »Cöllner« Seite – wurden die zerstörte historische Bausubstanz bereits in den frühen Jahren der DDR beseitigt, um Platz für moderne Hochhaussiedlungen zu schaffen. Das Nikolaiviertel blieb dagegen für Jahrzehnte eine Trümmerbrache.

Der Wiederaufbau in den 1980er Jahren wurde kontrovers diskutiert. Für die einen war das Plattenbau-Altberlin eine Art geschichtsverfälschendes Disneyland. Die große Mehrheit der Ost-Berliner war indes begeistert. Wohl auch, weil das 50 000 Quadratmeter große Areal mit seinem historisierenden Charme einen Kontrapunkt zu den Hochhaussiedlungen setzt, mit denen man in den Nachkriegsjahrzehnten Teile der Stadt überzogen hat.

Berlins Mitte

Rund um das Nikolaiviertel

Mit dem Nikolaiviertel verbinden sich etliche Namen großer Persönlichkeiten, die das kulturelle Leben der Stadt entscheidend mitgeprägt haben, allen voran Moses Mendelssohn. Der deutsch-jüdische Philosoph und Aufklärer war noch als Junge seinem Talmudlehrer gefolgt und Anfang der 1740er Jahre nach Berlin gekommen. Hier bewohnte er eine bescheidene Dachkammer in der Probstgasse 3. Auch Heinrich Heine, Theodor Fontane, Gerhart Hauptmann, Henrik Ibsen und viele andere Kulturschaffende traf man zu ihrer Zeit in den schmalen Straßen im Herzen Berlins. Die einen wohnten hier, die anderen schätzten die Gegend wegen der zahlreichen Schanklokale.

Der Milieuzeichner Heinrich Zille soll in den Jahren um 1900 Stammgast im Gasthaus **Zum Nußbaum** gewesen sein. Das Lokal, eines der ältesten der Stadt, befand sich zu Zilles Zeit noch an seinem ursprünglichen Platz, auf der »Cöllner« Seite der Altstadt. Im Zuge der Rekonstruktionsarbeiten wurde eine Kopie des kriegszerstörten Traditionshauses ins Nikolaiviertel versetzt – und selbstverständlich wurde auch ein Nussbaum in den kleinen Vorgarten gepflanzt.

■ **Nikolaikirche**

Die grüne Doppelturmspitze bietet Orientierung in der historischen Mitte Berlins. St. Nikolai ist das älteste noch beziehungsweise wieder vorhandene Bauwerk der Stadt. In der Zeit um 1200 hatten die ersten Siedler die kreuzförmige Feldsteinbasilika am rechten Spreeufer errichtet. Im Laufe des 13. Jahrhunderts wurde sie zu einer frühgotischen Hallenkirche ausgebaut. Die neugotischen Doppeltürme mit ihren schlanken grünen Helmspitzen wurden dem Gotteshaus erst bei seiner Umgestaltung in den 1870er Jahren aufgesetzt. Die Weltkriegsbomben zerstörten das Bauwerk bis auf die Grundmauern. Anfang der 1980er Jahre begann im Zuge der Vorbereitungen zur 750-Jahr-Feier Berlins der detailgetreue Wiederaufbau.

Zur evangelisch-lutherischen Kirche ist St. Nikolai übrigens schon 1539 geworden. Damals war der Rat von Berlin und Cölln geschlossen vom Katholizismus zur neuen Glaubensrichtung des Reformers Martin Luther übergetreten. Paul Gerhardt, der komponierende Theologe, der zahlreiche Lieder zum lutherischen Gesangbuch beigesteuert hat, war von 1657 bis 1667 Pfarrer von St. Nikolai. Der letzte Gottesdienst in der Nikolaikirche fand 1939 statt. Heute dient der Sakralbau als **Museum für Stadtgeschichte**. Überreste von Gräbern und Gruften reicher und einflussreicher Alt-Berliner Familien sind Teil der Ausstellung (→ S. 189).

■ Knoblauchhaus

Das einzige Gebäude im Nikolaiviertel, das mit vorhandener Substanz komplett wieder aufgebaut werden konnte, ist das Knoblauchhaus in der Poststraße 23. Der dreigeschossige Barockbau stammt aus der Zeit um 1760 und war fast 170 Jahre lang das Wohnhaus der renommierten Berliner Familie Knoblauch, die erfolgreiche Unternehmer, Stadträte und Universitätsprofessoren hervorgebracht hat. Heute beherbergt das Knoblauchhaus auf mehreren Stockwerken die **Ausstellung Berliner Leben im Biedermeier**. Ein Rundgang über knarrende Stiegen und Parkettfußböden dauert nicht lange, bietet aber interessante Einblicke in die Bürgerwelt des frühen 19. Jahrhunderts (→ S. 189).

■ Gerichtslaube

1871 war kein Platz mehr für die mittelalterliche Gerichtslaube in der Poststraße 28, weil sich Berlin als frischgebackene Hauptstadt des deutschen Kaiserreichs ein neues, großes Rathaus gönnte (→ S. 72). Zum 750. Stadtgeburtstag hat man eine Kopie aus Betonfertigteilen ins rekonstruierte Nikolaiviertel gesetzt.

■ Ephraim-Palais

Das Rokokopalais am Mühlendamm mit den anmutigen toskanischen Säulen und den vergoldeten, kunstvoll-filigranen Balkongittern war von Anfang an eines der prächtigsten Bürgerhäuser Berlins. Errichtet wurde es in den 1760er Jahren für Veitel Heine Ephraim, der als Hofbankier des preußischen Königs Friedrich II. ebenso bedeutend wie einflussreich war. Bis 1823 blieb das Ephraim-Palais im Familienbesitz. Mitte des 19. Jahrhunderts kaufte sich die Stadt Berlin die verkehrsgünstig gelegene Immobilie und brachte hinter der prachtvollen Fassade ein Einwohnermeldeamt unter. Den Nazis stand das Palais schließlich im Wege. Für die Erweiterungsarbeiten am Mühlendamm ließ man das Gebäude 1935 abtragen. Immerhin wurde es wie ein Puzzlespiel mit über 2000 nummerierten Einzelteilen eingelagert.

So zerlegt, geriet das Ephraim-Palais aber bald in Vergessenheit. Erst als die Jubiläumsplaner in Ost-Berlin die große Rekonstruktion in Angriff nahmen, besann man sich darauf. Es bedurfte allerdings hartnäckiger Verhandlungen zwischen Ost und West, denn die Gebäudeteile

Berlins Mitte

Skulptur am Ephraim-Palais

Eingang zum Märkischen Museum

waren im Wedding und damit auf West-Berliner Boden deponiert. Schließlich gab sie der West-Berliner Senat heraus, und pünktlich zum Stadtjubiläum stand das architektonische Glanzstück wieder. Heute zeigt das **Berliner Stadtmuseum** im Ephraim-Palais, das übrigens auch innen sehr sehenswert ist, wechselnde Ausstellungen aus seinen üppigen Beständen (→ S. 188).

■ **Hanf Museum**
Eine Attraktion ganz anderer Art ist das kleine Hanf Museum am Mühlendamm 5. Hier machen Besucher Bekanntschaft mit der alten Kulturpflanze und erfahren Interessantes über das breite Spektrum der Verwendungsmöglichkeiten. Noch mehr sinnliche Anregungen liefert das Hanfbackbuch, das im Museumsshop vertrieben wird (→ S. 188).

■ **Heinrich-Zille-Museum**
In der Propststraße 11 zeigt ein kleines, privat geführtes Museum Zeichnungen, Grafiken und Fotografien von Heinrich Zille. Um 1900 war der Künstler ein en-

gagierter Chronist der Großstadt und ihrer sozialen Probleme. Zille hat Berliner Lokalkolorit eingefangen, mit kritischem Blick und hintersinnigem Witz (→ S. 188).
Auch das Ensemble des kleinen **Theaters im Nikolaiviertel** widmet sich Zille und seinem »Milljöh« zeitgemäß und unverkitscht (Nikolaikirchplatz 5–7).

Märkisches Museum
Das Märkische Museum (Am Köllnischen Park 5) liegt bereits außerhalb des Nikolaiviertels. Für alle, die sich ein bisschen gründlicher mit Berliner Stadtgeschichte beschäftigen möchten, lohnt der Abstecher. In über 50 Räumen wird die Geschichte Berlins von den Anfängen bis zur Gegenwart erzählt (→ S. 189).
Im nahegelegenen **Historischen Hafen** dümpeln ein paar alte Lastkähne an der Ankerleine.

Von der Breiten Straße zum Schloßplatz
Vom Mühlendamm führt die Breite Straße zum Schloßplatz. Biegt man aber zu-

▲ Karte S. 76

nächst in die parallel laufende Brüderstraße ein, trifft man bei Hausnummer 10 auf ein dreigeschossiges Bürgerhaus mit klassizistischer Fassade. Erbaut wurde das **Galgenhaus** genannte Wohn- und Amtsgebäude schon Ende des 17. Jahrhunderts, später im Stil der Zeit modernisiert, im Krieg zerstört und in den 1960er Jahren wieder aufgebaut. Heute ist eine private Galerie im Haus untergebracht. Das barocke **Nicolaihaus** in der Brüderstraße 13 ist eines der ältesten Bürgerhäuser Berlins aus dem 17 Jahrhundert.

■ **Alter Marstall**
In der Breiten Straße befindet sich der Alte Marstall, errichtet als Edelschuppen für Königs Pferde und Kutschen. Im Zweiten Weltkrieg wurde der Alte Marstall zerstört und in den 1950ern wieder aufgebaut. Heute befindet sich hier ein Teil der **Zentral- und Landesbibliothek Berlin**.

■ **Neuer Marstall**
Der neue Marstall auf der historischen Spreeinsel wurde 1901 fertiggestellt und beherbergte einst Teile der königlichen Fuhrparks. In den frühen Jahren der DDR wurde das kriegszerstörte Gebäude wieder aufgebaut. Heute hat die renommierte **Musikhochschule Hanns Eisler** hier ihr Quartier.

■ **Ehemaliges Staatsratsgebäude**
Am Südrand wird der Schloßplatz vom einstigen Staatsratsgebäude der DDR flankiert, das in der Ära Walter Ulbrichts Anfang der 1960er Jahre gebaut wurde. Dominiert wird die Fassade des schlichten Funktionsbaus von einem architektonischen Überbleibsel aus preußischer Zeit. Hier hat das prachtvolle Portal, das einst das Stadtschloss zierte, den Wandel der Zeiten überdauert. Arbeiterfüh-

rer Karl Liebknecht hatte auf dem Balkon dieses Portals am 9. November 1918 vor jubelnder Masse die freie und sozialistische Republik und damit das Ende der Monarchie in Deutschland ausgerufen. Somit hielt es die DDR-Führungsriege für wert, das zu Beginn des 18. Jahrhunderts vom königlichen Baumeister Eosander von Göthe gefertigte Fassadenstück in den Amtssitz des sozialistischen Führungskollektivs zu integrieren. Nach dem Umzug der Bundesregierung von Bonn nach Berlin wurde das Gebäude mit seinen 165 Büroräumen vorübergehend zum Amtssitz des damaligen Bundeskanzlers Gerhard Schröder. Heute bildet dort die European School of Management and Technology den Führungsnachwuchs für die auf Gewinnmaximierung ausgerichtete Marktwirtschaft aus. Symbolträchtiger hätten sich die Ideale der DDR-Strategen nicht in ihr Gegenteil verkehren können.

■ **Auswärtiges Amt**
Ein paar Schritte weiter, am Werderschen Markt, wurde in den 1930er Jahren auf Geheiß Hitlers das neue Reichsbankgebäude errichtet. Die historischen Bauten mussten weichen, darunter auch die von Friedrich August Stüler errichtete Alte Münze. Den Tresoren der Reichsbank vertraute der NS-Diktator die finanziellen Rücklagen des Reiches an. Die Panzerschränke gibt es noch immer. Sie befinden sich im Keller des Gebäudes und beherbergen Archivmaterial.
In den frühen Jahren der DDR zog zunächst das Finanzministerium des »Arbeiter- und Bauernstaates« in die einstige Reichsbank ein. Von 1959 bis 1990 residierte das Zentralkomitee der SED (Sozialistische Einheitspartei Deutschlands) unter dieser Adresse. 1995 entschied die Bundesregierung, nach ihrem Umzug vom Rhein an die Spree das Auswärtige Amt in dem wuchtigen Bollwerk

Schinkel-Denkmal vor der Attrappe der Bauakademie

sige Klinkerbau mit den vier identischen Flügeln und Flachdach gilt als revolutionärster Bau des preußischen Baumeisters. Schinkel verzichtete darauf, den Baukörper ästhetisch zu verkleiden und ihn zum Beispiel in eine an der klassischen Antike orientierte Hülle zu stecken. Bei diesem Entwurf stand die Funktion des Gebäudes im Mittelpunkt. Die Fachwelt des 20. Jahrhunderts erkannte in dem 1836 fertiggestellten Gebäude einen Vorboten der Moderne, die noch ein knappes Jahrhundert auf sich warten lassen sollte.

Das im Krieg beschädigte Gebäude der Bauakademie wurde in den 1960er Jahren abgerissen. Der Wiederaufbau der Bauakademie ist beschlossene Sache, lässt allerdings auf sich warten, auch die Diskussion um künftige Nutzungskonzepte dauert an.

am Werderschen Markt unterzubringen. Für die Behörde mit ihren fast 2000 Mitarbeitern reichte der Platz allerdings bei weitem nicht aus. Nach Entwürfen der Architekten Thomas Müller und Ivan Reimann entstand bis zur Jahrtausendwende der Neubau. Der verglaste Innenhof lockert den massigen Bürokomplex auf und steht auch Besuchern offen. Ein **Café** und ein **Buchladen** bieten sich als Anlaufstationen an. Die Arbeitszimmer des Bundesaußenministers liegen im Altbau – und zwar im zweiten Stock, genau dort, wo einst Erich Honecker als Generalsekretär der SED seines Amtes waltete.

■ Schinkelsche Bauakademie

Am neu angelegten Schinkelplatz soll sie wiederentstehen – die Bauakademie, die im 19. Jahrhundert an dieser Stelle nach den Entwürfen Karl Friedrich Schinkels errichtet worden war. Der viergeschos-

■ Friedrichswerdersche Kirche

Friedrichswerder wurde in der zweiten Hälfte des 17. Jahrhunderts als eine der ersten Erweiterungen des historischen Stadtkerns angelegt. Zwischen 1824 und 1831 bekam der neue Stadtteil eine elegant dimensionierte Kirche nach Schinkel-Plan.

Im Zweiten Weltkrieg wurde die Kirche mit dem eindrucksvollen, lichtdurchfluteten Innenraum und der umlaufenden Empore zerstört. Zur 750-Jahr-Feier der Stadt präsentierte Ost-Berlin das Gebäude vorbildlich restauriert. Eigentlich dient die Kirche als Schinkelmuseum, sie wurde aber durch benachbarte Bauarbeiten so stark in Mitleidenschaft gezogen, dass sie 2012 geschlossen werden musste. »Zerstörung mit Ansage« nennen Kritiker der neuen umliegenden Luxuswohnbebauung den Umgang mit einem wichtigen Baudenkmal. Die Bauschäden sind mittlerweile behoben und Anfang 2020 konnte die Museumskirche wieder für Besucher geöffnet werden.

Karte S. 65

■ **Hausvogteiplatz**

Eine kleine Grünanlage in der Mitte, ein plätscherndes Wasserspiel – ein Abstecher zum Hausvogteiplatz lohnt, weil sich der Platz heute als angenehme City-Oase abseits der großen Verkehrsadern präsentiert. In vergangenen Jahrhunderten dürfte der Platz einen gänzlich anderen Charakter gehabt haben. Denn in der Hausvogtei wurden politische Straftaten abgeurteilt. Wen die Richter schuldig gesprochen hatten, der wurde gleich an Ort und Stelle hinter Schloss und Riegel gebracht. Das Thema Justiz ist aber auch heute noch präsent. Gleich in der Nachbarschaft (Mohrenstraße 37) hat das Bundesjustizministerium seinen Sitz.

Im 18. Jahrhundert siedelten sich vor allem Hugenotten rund um den Hausvogteiplatz an. Die beherrschten das Tuchmacherhandwerk so exzellent, dass sie sich bald als Uniformnäher unentbehrlich machten. Im 19. Jahrhundert eröffneten auch viele jüdische Schneider in dieser Gegend ihre Betriebe. Einer von ihnen erfand anno 1839 die Konfektionsmode. Statt wie üblich jedem Kunden und jeder Kundin ein Kleidungsstück auf den Leib zu schneidern, fertigte der pfiffige Schneider ohne konkreten Auftrag mehrere Mäntel nach gleichem Zuschnitt an. Kurze Zeit später blühte am Hausvogteimarkt der Handel mit Stoffen und Konfektionsteilen. Niedriglohn-Heimarbeiterinnen nähten die Kleidungsstücke fertig, und bald war preisgünstige Konfektionsmode ein Verkaufsschlager in Preußens Hauptstadt geworden.

Gendarmenmarkt

Für viele zählt der Gendarmenmarkt zu den schönsten Plätzen der Stadt. Im Sommer wird er zur attraktiven Kulisse für Open-Air-Konzerte, und im Winter haucht er einem der vielen Berliner Weihnachtsmärkte das Flair vergangener Zeiten ein. Drei imposante Bauwerke prägen das Erscheinungsbild des rechteckigen Platzes – der **Deutsche Dom** und der **Französische Dom** und, in ihrer Mitte das **Konzerthaus**, das ursprünglich königliches Schauspielhaus war.

Berlins Mitte

Attraktive Kulisse: der Gendarmenmarkt

Die wechselvolle Geschichte des Platzes begann Ende des 17. Jahrhunderts. Damals legten die Baumeister in der Feldmark außerhalb der alten Befestigungsanlagen einen neuen Stadtteil mit streng geometrischem Straßenraster an – die Friedrichstadt. Der heutige Gendarmenmarkt war ein Teil davon. In der neuen Friedrichstadt siedelten sich zunächst vor allem französische Protestanten an, die ihrer Heimat als Glaubensverfolgte den Rücken gekehrt hatten und dem Ruf des Großen Kurfürsten in die Mark Brandenburg gefolgt waren. Die neuen Siedler sprachen in der neuen Heimat immer noch Französisch – und so wurde der Marktplatz in der Friedrichstadt zunächst Esplanade genannt. Später trug er noch verschiedene Namen, bevor er 1799 in Gendarmenmarkt umbenannt wurde. Namensgeber waren nun die »Gens d' Armes«, die Leute mit den Waffen, die hier von 1736 bis 1782 stationiert waren. »Gens d' Armes« war der Beiname des Garderegiments – denn

auch bei Hofe wurde seinerzeit Französisch gesprochen.

Im Bombenhagel des Zweiten Weltkriegs ging die Pracht unter. Die DDR-Führung ließ den Platz und seine Bauwerke wiederaufbauen. Sogar das von Reinhold Begas gestaltete Schillerdenkmal, das die Nazis 1935 entfernt hatten, kehrte an seinen angestammten Platz zurück. In den letzten Jahren der DDR gehörten die Wohnungen am restaurierten Platz zu den begehrtesten Adressen in Ost-Berlin. Zu den Privilegierten, denen die zentrale Vergabestelle hier eine Wohnung zuwies, gehörten populäre Künstler, unter anderem Tamara Danz, die 1996 verstorbene Sängerin der Kultband Silly.

Nach der Wende siedelte sich um das Rechteck und in den Seitenstraßen Hotels, Restaurants, Edelboutiquen und eine ganze Reihe von Institutionen, die sich mit unterschiedlichsten Mitteln und zu entsprechenden Preisen um die ästhetische Perfektion des Körpers bemühen.

■ **Französischer Dom**

Der Französische Dom wurde in den Jahren zwischen 1701 und 1705 als Kirche für die aus Frankreich geflüchteten Protestanten errichtet. Seinen 70 Meter hohen Turm mit der vergoldeten Kuppel erhielt der Französische Dom ebenso wie sein gegenüberliegendes Pendant, der Deutsche Dom, erst in der zweiten Hälfte des 18. Jahrhunderts, als Friedrich II. regierte und seine Baumeister beauftragte, dem Machtzuwachs Preußens mit imposanten Repräsentationsbauten in der Hauptstadt Ausdruck zu verleihen. In der Französischen Friedrichstadtkirche (Französischer Dom) finden noch immer Gottesdienste der französischen reformierten Gemeinde und dienstags bis freitags jeweils um 12.30 Uhr kurze Orgelandachten und abends bisweilen Orgelkonzerte statt.

▲ Karte S. 65

Der Französische Dom

Das Konzerthaus mit dem Schillerdenkmal

Berlins Mitte

Auch das **Berliner Hugenottenmuseum**, das man über den Eingang an der Ostseite betritt, hat im Dom Einzug gehalten. Schweißtreibend, aber unbedingt empfehlenswert ist ein Aufstieg zur **Aussichtsplattform**. Dafür muss man 284 Stufen bewältigen – einen Aufzug gibt es nicht (→ S. 188).

■ **Deutscher Dom**
Der Deutsche Dom für die deutsche lutherische Gemeinde in der neu angelegten Friedrichstadt wurde 1708 fertiggestellt, drei Jahre nach dem Gotteshaus der französischen Gemeinde auf der anderen Seite des Platzes. In einen stattlichen Dom mit schlankem Turm und goldverzierter Barockkuppel wurde er genau wie sein französisches Pendant erst in den 1780er Jahren verwandelt. Baumeister der klassizistischen Zwillingstürme war zunächst Carl von Gontard. Doch die Kuppel nach seinen Entwürfen fiel so mächtig aus, dass es zum Teileinsturz des

Gebäudes kam. Daraufhin wurde Georg Christian Unger mit der Vollendung des Bauvorhabens beauftragt. Nach der blutig niedergeschlagenen Märzrevolution von 1848 bahrte man die Gefallenen auf den Stufen des Deutschen Doms auf. Zwischen 1982 und 1996 wurde der kriegszerstörte Dom wiederaufgebaut. Noch zu DDR-Zeiten hatte die evangelische Kirche das Gebäude an den Staat übergeben. Nach der Wiedervereinigung ist die sehenswerte Ausstellung »Wege, Irrwege, Umwege – die Entwicklung der parlamentarischen Demokratie in Deutschland« hier eingezogen (→ S. 188).

■ **Konzerthaus**
Zwischen den Zwillingsdomen, dort, wo heute das Konzerthaus steht, stand einst das französische Komödienhaus. Am preußischen Hof wurde Französisch gesprochen, und am Abend ließen sich die adeligen Herrschaften gern von Büh-

In den Galeries Lafayette

nenwerken in französischer Sprache unterhalten. Im 19. Jahrhundert kam im Komödienhaus auch bürgerliches Schauspiel in deutscher Sprache zur Aufführung. Im Jahr 1817, just während der Schlossbrandszene in Schillers »Die Räuber«, brannte der Theaterbau ab. Auf dem vorgegebenen Grundriss entstand zwischen 1818 und 1821 der von Schinkel entworfene Theaterneubau – ein Meisterwerk klassizistischer Baukunst. Apollo, in der griechischen Mythologie Gott der Musik, der Dichtkunst und des Gesangs, thront umgeben von Musen auf dem Dachgiebel. Gestaltet wurde die Figurengruppe von Schinkels Freund und Kollegen Christian Daniel Rauch. Durch den Bombenhagel im Zweiten Weltkrieg erlitt das Schauspielhaus schwere Schäden. In den 1970er Jahren begann man mit dem Wiederaufbau, wobei die Fassaden weitgehend nach den alten

Schinkelplänen rekonstruiert wurden. Innen wurde das Gebäude aber völlig neu gestaltet, und weil es in Ost-Berlin bis dahin keinen repräsentativen Ort für klassische Konzerte gab, wandelte man das frühere Theater in ein Konzerthaus um. 1984 wurde es eingeweiht, inzwischen finden hier jedes Jahr mehr als 500 Musikveranstaltungen statt.
Ein Großteil des Programms wird vom hauseigenen Konzerthausorchester bestritten. Anspruchsvolle Ohren werden allerdings von der nicht gerade erstklassigen Akustik enttäuscht (→ S. 195).

■ **Gastronomie am Gendarmenmarkt**
Allen, die nicht ständig die Kalorientabelle vor Augen haben, sei ein Abstecher ins **Rausch Schokoladenhaus** dringend empfohlen. Die Schokoladenspezialisten am Gendarmenmarkt (Charlottenstraße 60) bereiten eine Fülle süßer Gaumenkitzel zu, von den erlesenen Kleinigkeiten

▲ Karte S. 65

an der Pralinentheke über Törtchen bis zur Trinkschokolade. In ihrem Schokoladenhaus präsentieren sie zudem süße Sehenswürdigkeiten, ob Brandenburger Tor, Reichstag oder Titanic, alles wurde aus Schokomasse gegossen. Im dazugehörigen Restaurant gibt es kulinarische Kreationen, natürlich mit Schokolade.

Wem das zu viel des Süßen ist, der kann nebenan im **Augustiner am Gendarmenmarkt** (Charlottenstraße 55) herzhafte bayerische Schmankerl bestellen. Klar, die blau-weiße Bayernecke am preußischen Platz ist ein eklatanter Stilbruch – schmecken tut's trotzdem.

Politische Prominenz gehört im **Restaurant Borchardt** auf der anderen Seite des Platzes (Französische Straße 47) quasi zum Inventar (→ S. 182).

Südliche Friedrichstraße

Gleich um die Ecke, an der Friedrichstraße, tut sich – zumindest für die zahlungskräftige Klientel – eine Shoppinggegend erster Güte auf. Textiles mit Designerlabel, Taschen, Schuhe, Sonnenbrillen – hier findet sich alles, womit man das Edeloutfit aufpeppen kann. Um 1900 hatte die 3,3 Kilometer lange Meile noch einen zweifelhaften Ruf. Galt Unter den Linden als »Laufstraße« und die nahegelegene Leipziger Straße als »Kaufstraße«, so war die Friedrichstraße mit ihrer Bahnhofsgegend und den dazugehörigen Cafés und Spelunken als »Saufstraße« verpönt. Zu Mauerzeiten war der Bahnhof Friedrichstraße DDR-Grenzstation und Ort dramatischer Abschiedsszenen zwischen Berlinern aus Ost und West. Weiter südlich, wo Mitte endet und Kreuzberg beginnt, teilte der legendäre **Checkpoint Charlie** als Grenzübergang für die Alliierten und andere Ausländer die Friedrichstraße in zwei Welten. Nach dem Fall der Mauer erlebte besonders der ehemalige DDR-Abschnitt

der Straße einen gewaltigen Bauboom. Kritiker meinten, hier würde ein steriles und zumal völlig überflüssiges Cityareal entstehen. Dann aber schwappte ein internationales Publikum mit goldenen Kreditkarten und Kauflaune herein und zerstreute derlei Bedenken.

Haus am Checkpoint Charlie

Heute erinnert nur noch das kleine Häuschen mitten auf der Friedrichstraße an den ehemaligen Grenzübergang Checkpoint Charlie. Zu Mauerzeiten verband er den amerikanischen mit dem sowjetischen Sektor und damit den Bezirk Kreuzberg in Westberlin mit dem Bezirk Mitte in Ostberlin. Er war einer der drei von den Alliierten genutzten Grenzübergänge und wurde nach dem dritten Buchstaben des internationalen Buchstabieralphabets »Charlie« genannt. Nur Militär- und Botschaftsangehörige, Ausländer, Mitarbeiter der Ständigen Vertretung der Bundesrepublik Deutschland bei der DDR sowie DDR-Funktionäre durften hier die Grenze passieren. Von den spektakulären Fluchten aus dem Ostteil der Stadt am Checkpoint Charlie verlief die von Peter Fechter am 17. August 1962 besonders tragisch – angeschossen verblutete er vor den Augen zahlreicher westlicher Beobachter. Noch vor der Wiedervereinigung wurde der Kontrollpunkt abgebaut, was man heute sieht, ist eine originalgetreue Rekonstruktion des ersten Kontrollhäuschens, die Säcke sind nicht mehr mit Sand, sondern mit Beton gefüllt. Der Checkpoint Charlie zählt heute zu den meistbesuchten Sehenswürdigkeiten der Stadt, dementsprechend groß ist der Rummel.

Im privaten **Mauermuseum**, das eigentlich schon auf der Kreuzberger Seite liegt, sind mehrere Dauerausstellungen zu sehen, sie zeigen die Geschichte der Mauer vom 13. August bis zu ihrem Fall, die

Entwicklung Berlins von der Frontstadt zur Brücke Europas, spektakuläre Fluchten, den weltweiten, gewaltfreien Kampf für Menschenrechte sowie Mauerbilder (→ S. 193).

In unmittelbarer Nähe des Checkpoint Charlie (Zimmerstraße/Friedrichstraße) befindet sich ein 15 Meter hohes **270-Grad-Rundbild**, das das Leben diesseits und jenseits der Berliner Mauer in den 1980er Jahren zeigt.

■ **Galeries Lafayette**

1996 eröffnete ein Ableger des Pariser Kaufhauses Galeries Lafayette an der Friedrichstraße 76–78 (Ecke Französische Straße). Markenzeichen des gläsernen Baus vom französischen Stararchitekten Jean Nouvel ist der glitzernde Trichterschlund, den man beim Stöbern durch die Warenwelt auf jeder Etage des Konsumtempels umrundet. Angenehm ist die **Lebensmittelabteilung** im Untergeschoss. Mit dem überbordenden internationalen Angebot des KaDeWe kann sie zwar nicht mithalten,

dafür findet sich so ziemlich alles, was Frankreich an Delikatessen zu bieten hat (→ S. 198).

■ **Quartier 206**

Das Shoppingkarree Quartier 206 (Friedrichstraße 71) liegt einen Block weiter südlich der Galeries Lafayette und wurde vom renommierten amerikanischen Architektenbüro Pei, Cobb, Freed & Partners gestaltet. Im Inneren des Einkaufskarrees sollen geschwungene Marmortreppen, Mosaike im Fußboden und bandartig montierte Leuchten mit sanftem Licht den Art-Déco-Stil der 1920er und 1930er Jahre nachahmen.

Zwischen Untergeschoss und Glaskuppel führen Treppen und Rolltreppen in die Galerieetagen. Hier kann man zwischen Modeboutiquen und Antiquitätengeschäften halbe Tage lang lustwandeln und wird dabei gelegentlich von leisen Pianotönen begleitet – die kommen in dem stilvollen Ambiente natürlich nicht aus der Konserve, sondern werden live erzeugt (→ S. 198).

▲ Karte S. 65

Touristenrummel am ehemaligen Checkpoint Charlie

Quirlige Mitte: Hackescher Markt und Umgebung

Die Gegend nördlich der Spree zwischen Museumsinsel und Alexanderplatz ist heute ein auf Zeitgeist getrimmtes Pflaster mit historischer Patina und touristisch hoch frequentiert. Seitdem dieses einstige Stück Ostberlin nach der Wende aus seinem jahrzehntelangen Dornröschenschlaf gerissen und edel saniert wurde, gibt es hier unzählige Anlaufstellen fürs abendliche Vergnügen – ganz gleich, ob es ins Kino, Theater oder Restaurant gehen soll, ob es einen zu einer Vernissage oder auf die Tanzfläche zieht – am Hackeschen Markt, in den Hackeschen Höfen und in den umliegenden Straßen ist man richtig.

Das Areal, das die Berliner heute »Mitte« nennen, lag noch bis ins 18. Jahrhundert hinein vor den Toren der Stadt. Durch das mit dem Abriss der alten Stadtmauer verschwundene Spandauer Tor erreichte man die Landwirtschaftsflächen, die ab Ende des 17. Jahrhunderts – also noch lange vor der Industrialisierung – nach und nach in Bauland umgewandelt wurden. Anfangs fanden vor allem neue Einwanderer, vor allem Hugenotten, aber auch Juden, hier ein neues Zuhause. An das gewaltsame Ende einer langen jüdischen Tradition und an das furchtbare Schicksal Zehntausender jüdischer Berliner erinnert vieles in dieser Gegend, die goldenen »Stolpersteine« im Straßenpflaster ebenso wie leerstehende Gebäude mit bröckelnder Fassade und kleine Museen, die berührende Geschichten erzählen. Von großer jüdischer Kultur und auch von neuem jüdischem Leben in der Mitte Berlins künden einige Geschäfte und Restaurants, jüdische Schulen sowie die **Neue Synagoge** aus dem 19. Jahrhundert in der Oranienburger Straße, die mit ihrer schon von weitem sichtbaren goldenen Kuppel alles überstrahlt.

Hackescher Markt

Auf dem kleinen Platz ist zu jeder Tages- und Nachtzeit etwas los. An sonnigen Sommertagen spielen Straßenmusiker, überwiegend osteuropäischer Herkunft, hier schon zum frühmorgendlichen Latte Macchiato auf. Während man in einem der vielen Cafés das erste Heißgetränk des Tages einnimmt, hat man ratternde Straßenbahnen im Blick und ein bunt gemischtes Passanten-Potpourri: Büromenschen, die PR-Agenturen oder Kanzleien zustreben, Ladenbesitzer und Verkaufspersonal – denn Adressen für Mode und Accessoires gibt es hier dicht an dicht, auch die gastronomische Szene in Berlins quirliger Mitte ist auf alles eingestellt.

Schon der **S-Bahnhof Hackescher Markt** mit seinen rötlichen Klinkerwänden und dem Terrakottadekor ist eine Sehenswürdigkeit. Erbaut wurde die Station zwischen 1875 und 1882 als Teil der Berliner Stadtbahn. Nach der Wende

Restaurant an den S-Bahn-Bögen am Hackeschen Markt

Berlins Mitte

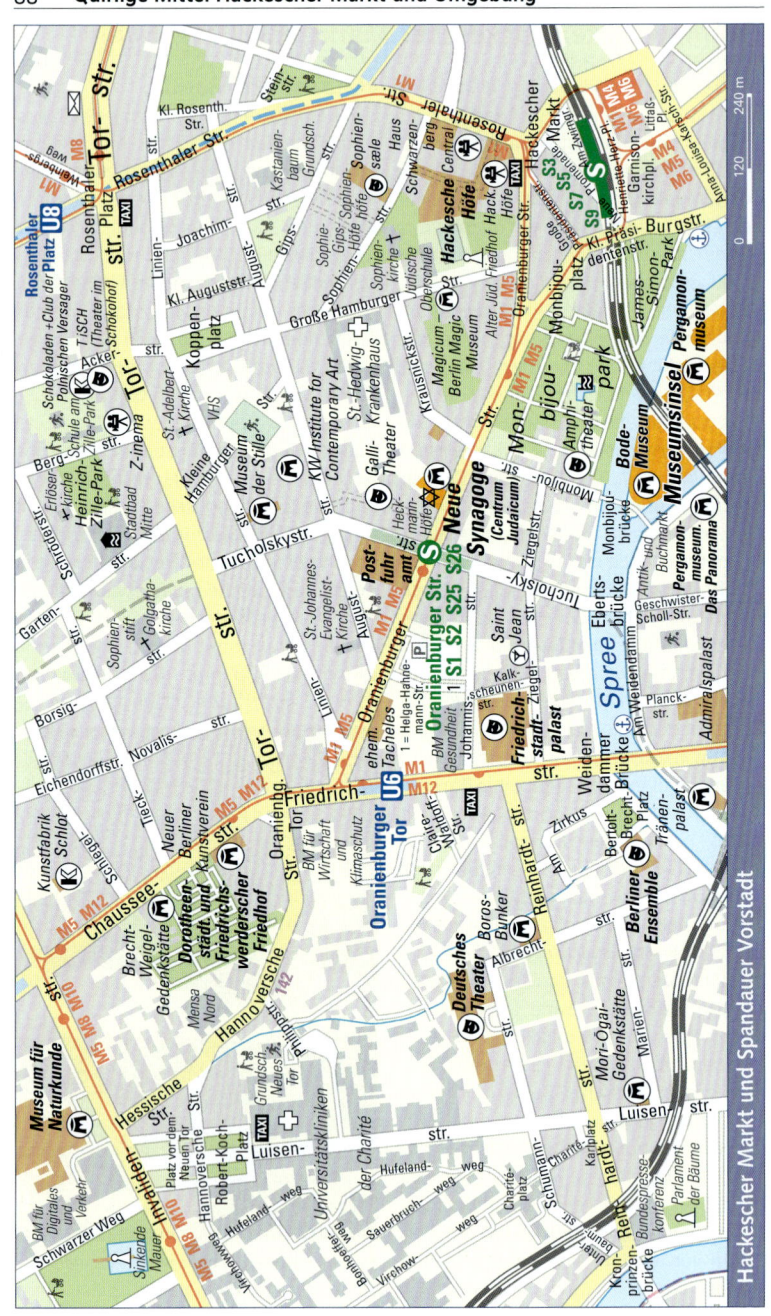

Hackescher Markt und Spandauer Vorstadt

wurde das Bahnhofsgebäude aufwendig saniert. Die Außenfassade entspricht wieder weitgehend dem Originalzustand. Die Trasse der Stadtbahn, die über dem Pub und den anderen Läden entlangrattert, zeichnet noch heute den Verlauf der im 17. Jahrhundert errichteten Stadtmauer nach.

■ **Hackesche Höfe**
Überquert man den Hackeschen Markt, die Spandauer und danach die Rosenthaler Straße, steht man vor dem Eingang der Hackeschen Höfe. Sie sind das Aushängeschild und Touristenmagnet Nummer Eins dieser Gegend. Schon von außen besticht die großartig sanierte Art-Déco-Fassade. Dahinter liegt ein verschachtelter Baukomplex, der insgesamt acht Höfe umschließt. Das Areal vereint Wohnungen, Büros, Werkstätten, Gastronomie- und Kulturbetriebe. Genauso eine Mischnutzung schwebte schon dem Architekten Kurt Berndt vor, der das Gebäudeensemble Anfang des 20. Jahrhunderts konzipierte. Berndt zeigte mustergültig, wie man das Mietskasernenmuster abwandeln und damit hohen Nutzwert und solide Lebensqualität unter einen Hut bringen kann. Großzügig dimensionierte Höfe, die auch in den unteren Stockwerken eine ordent-liche Belüftung der Wohnungen ermöglichen, waren eine wesentliche Neuerung. Ebenso die hellgekachelten Hoffassaden, die das Sonnenlicht reflektieren und für Helligkeit in Wohn- und Gewerberäumen sorgen. Nach der Wende kaufte eine Unternehmensgruppe den damals heruntergekommenen Gebäudekomplex und sanierte die Anlage für rund 25 Millionen Euro.
Wer zum Shoppen kommt, findet kreative Mode und Kollektionen, die teilweise vor Ort entworfen und produziert wird. Vor allem auf Taschen, Gürtel und

Schmuck haben sich die Designer in den Höfen kapriziert. Kultstatus haben die Lack-Kreationen, die Designerin Astrid Freitag in ihrem Laden **FREItag** in Hof V an die Kundschaft bringt. Dabei handelt es sich nicht etwa um Erotikware für den besonderen Geschmack, sondern um witzige Alltagsmode.
Geht es um Architektur und Fassadengestaltung, dann ist **Hof I** der schönste Hof von allen. Vor allem bei abendlicher Beleuchtung sehen die kobaltblau- und grünglasierten Kachelleisten überaus dekorativ aus. Tagsüber bietet die **Uhrenmanufaktur Askania** in Hof I ihre Chronometer an. Mit Instrumenten aus der Berliner Askania-Schmiede waren schon die Flugzeuge ausgerüstet, die in den 1920er Jahren den Atlantik überquerten. Abends sorgen ein **Kino** und das **Varieté Chamäleon** für Unterhaltung.

■ **Rosenhöfe**
Die Rosenhöfe verbinden die Hackeschen Höfe mit der Sophienstraße und vermitteln ein ganz anderes Flair – statt Art Déco trifft man hier auf postmoderne Jugendstil-Interpretation. Anfang

Am Hackeschen Markt

Berlins Mitte

der 2000er Jahre wurde das Areal von Hinrich Baller neu gestaltet. Der Architekt hat sich mit Gegenentwürfen zu den phantasielosen Wohnmaschinen der 70er einen Namen gemacht. Baller setzte ihnen verspielte, an der Natur inspirierte Formen entgegen.

■ **Haus Schwarzenberg**
Bevor man sich der Sophienstraße zuwendet, bietet sich ein Abstecher in den Hof von »Haus Schwarzenberg« an. Dafür geht man am Ausgang der Rosenhöfe rechts zur Rosenthaler Straße zurück, hier geht's noch einmal nach rechts und nach ein paar Schritten in den Hof der Hausnummer 39. Ein Verein hat Haus und Hof gekauft und als Wende-Zeit-Ambiente konserviert. So grau und bröckelnd hatte es Anfang der 1990er auch überall in der Nachbarschaft ausgesehen. Im Seitenflügel des Gebäudes findet sich die **Blindenwerkstatt Otto Weidt**, heute ein Museum. Weidt, ein Besen- und

Bürstenfabrikant, beschäftigte während des Zweiten Weltkriegs unter anderem blinde und gehörlose Juden. Für seine von der Deportation bedrohten Arbeiter besorgte er falsche Papiere. Auch als die Gestapo einige seiner Leute bereits zur Sammelstelle in der Großen Hamburger Straße getrieben hatte, verhinderte Weidt deren Abtransport Richtung Vernichtungslager, indem er Hitlers Schergen klar machte, dass es sich bei seiner kleinen Fabrik um einen »kriegswichtigen Betrieb« handele und seine Arbeiter daher unabkömmlich seien. Das **Anne-Frank-Zentrum**, auch im Hof von Haus Schwarzenberg gelegen, erzählt ebenfalls von Nazi-Terror (→ S. 187). Auch eine Reihe von Designwerkstätten und witzigen Läden haben eine Heimat in dem Haus bekommen. Nicht zu vergessen das **Eschloraque rümschrümp**, eine abgedrehte Kneipe und Cafébar.

Sophienstraße

Von der Rosenthaler Straße biegt man dann wieder in die Sophienstraße ein, lässt sowohl den lärmenden Verkehr als auch die hochgestylten Geschäftsfassaden hinter sich und macht erneut einen Zeitensprung. Hier prägen dreistöckige Wohnhäuser aus dem 18. und 19. Jahrhundert und eine Kirchenidylle mit efeuberanktem Friedhof das Bild.
Die schmale Straße war Teil des großen Sanierungsprogramms im Vorfeld des 750. Stadtjubiläums und wurde als **Handwerk- und Kunsthandwerkstraße** aufwendig und detailversessen wiederhergestellt. Ein **Marionettentheater**, ein **Geschäft für Holzblasinstrumente** und eines, das das ganze Jahr hindurch weihnachtliches **Kunsthandwerk aus dem Erzgebirge** anbietet, sind schon in den 1980er Jahren hier eingezogen. Die vielen kleinen Läden vertragen sich gut mit dem melancholischen Charme der Sophienstraße.

Die Sammlung »Hoffmann« in den Sophie-Gips-Höfen

◀ Karte S. 88

Gegenüber der Kirche befindet sich der Eingang zu den ebenfalls mit großer Sorgfalt sanierten **Sophienhöfen** (Eingang Haus Nr. 18). Auf dem Gelände hatte seit dem 19. Jahrhundert das Vereinshaus der Handwerker seinen Sitz. Es gilt als Keimzelle der Arbeiterbewegung. Heute finden hier Kunst- und Kulturveranstaltungen statt, und es lohnt sich immer, einen Blick auf den Theaterspielplan der Sophiensäle zu werfen.

■ **Sophie-Gips-Höfe**
Sehenswert sind die Lichtinstallationen, die diese Hofanlage allabendlich in Szene setzen. Auf zwei ehemaligen Fabriketagen präsentiert hier die **Sammlung Hoffmann** zeitgenössische Kunst – darunter Werke von Nan Goldin, Felix Gonzalez-Torres, Gerhard Richter und Frank Stella. Immer samstags gewährt Besitzerin Erika Hoffmann Einlass in ihre privaten Räume. Angemeldete Besucher werden dann in kleinen Gruppen zu Bildern und anderen Kunstobjekten geführt, die Erika Hoffman und ihr verstorbener Mann gesammelt haben. Beim Streifzug durch die Hoffmann'sche Wohnung tun sich fotogene Ausblicke über die Hof- und Dachlandschaften von Mitte auf.

Auguststraße
Noch mehr Kunst gibt es gleich um die Ecke, in der Auguststraße, die sich in den Jahren nach der Wende zu einer regelrechten Galeriemeile entwickelt hat. Von den Pionieren, die das neue Kunstviertel im »wilden« Osten Anfang der 1990er geprägt haben, ist – wegen der explodierenden Mieten – allerdings kaum einer geblieben. Zu den Häusern, die noch auf eine Fassadenkosmetik warten, gehört die Hausnummer 14–16, ein ehemaliges jüdisches Krankenhaus und Kinderheim.

Das »Hackbarth's« – nach der Wende eines der ersten Szenecafés im Kiez

Clärchens Ballhaus (Nr. 24), eine legendäre Berliner Institution, hat auch nach einem Besitzerwechsel noch viel Charme (→ S. 185).

■ **Heckmann-Höfe**
In der Auguststraße 9 befindet sich der Eingang in die Heckmann-Höfe, die August- und Oranienburger Straße verbinden - eine weitere Hofanlage, die Gastronomie, ein kleines Theater und Geschäfte vereint. Im 19. Jahrhundert war der Komplex im Besitz des Maschinenfabrikanten Heckmann. Nach der Wende ging der zu DDR-Zeiten verstaatlichte Besitz wieder an die Heckmann-Erben zurück, die ihn nach allen Regeln der Kunst sanieren ließen.
Im letzten Hof vor dem Ausgang Oranienburger Straße lockt bisweilen ein verführerischer Duft. Wer ihm folgt, findet sich im Souterrain in der **Bonbonmacherei** vor einer bunten Vielfalt handgemachter Bonbons wieder.

Berlins Mitte

Friedrichstraße/Ecke Oranienburger Straße

Oranienburger Straße

Die Oranienburger Straße wurde bereits im Mittelalter angelegt. Als »Spandauer Heerweg« führte sie in Berlins wesentlich ältere Nachbarstadt Spandau. Nach der Wende mauserte sich die Straße zu einer der beliebtesten Ausgehmeilen der Hauptstadt. Der Startschuss dafür fiel Anfang der 1990er Jahre, als hier ein paar schräge Lokale ihre Tore öffneten. Damals hatten sie einen gewissen Geheimtippstatus, denn die Westberliner fingen ja erst zaghaft an, sich den »wilden Osten« zu erschließen. Dass auf der »O-Burger« richtig was abgeht, hat sich dann aber doch im Eiltempo rumgesprochen, und mit wachsendem Publikum veränderte sich auch das Amüsierangebot. Inzwischen muss die gar nicht mehr so kultige Straße auch als Piste für die unvermeidlichen Bier-Bike-Touren von Klassenreisenden oder Betriebsausflüglern herhalten.

Künstlerinitiative das zur Sprengung freigegebene Gebäude besetzt und erwirkt, dass es als Kunsthaus unter Denkmalschutz gestellt wurde.

Unter dem Dach des Tacheles-Vereins hatten sich in der Folgezeit dutzende Künstler ihre Ateliers eingerichtet. Zudem bereicherten ein Programm-Kino, eine Bühne für Off-Theater und Lesungen sowie dröhnende Technonächte die alternative Kulturszene. Es gab aber immer wieder Streitigkeiten mit dem Eigentümer der Immobilie. 2013, nach 23 Jahren, mussten die Künstler das Haus verlassen. Auf dem Gelände entsteht ein neues Stadtquartier mit hochpreisigen Eigentumswohnungen.

Schon bald nach der Zwangsräumung sind viele Künstler nach Marzahn umgezogen und haben hier das Art Pro Tacheles in ehemaligen Ställen und Baracken gegründet (Marzahner Chaussee).

■ Tacheles

Der graue, vom Teilabriss gezeichnete Gebäudekomplex war bis vor einigen Jahren das Kunsthaus Tacheles. Wenige Monate nach dem Mauerfall hatte eine

■ Postfuhramt

Auf der anderen Straßenseite, an der Kreuzung mit der Tucholskystraße, steht das alte Postfuhramt, ein gelber Klinkerbau mit Turm und Kuppel. In den

▲ Karte S. 88

1870er Jahren wurde das Haus erbaut und sogleich vom technischen Fortschritt erfasst. Bereits 1880 bekam das Postfuhramt elektrische Beleuchtung, 1889 wurde das Amt an die Berliner Rohrpostanlage angeschlossen. Dabei handelte es sich um ein ausgeklügeltes System, das der »pneumatischen Depeschenbeförderung« diente – sprich, der Telegrammbeförderung durch Druckluft.

Das Postfuhramt erfüllte seine Funktion auch zu DDR-Zeiten noch, bis 1973. Nach kreativer Zwischennutzung ist die Immobilie jetzt im Besitz eines Medizintechnik-Unternehmens, das es als Firmensitz nutzen will.

■ **Neue Synagoge**

Nur ein paar Schritte sind es bis zur Neuen Synagoge. Während die arme jüdische Bevölkerung im 19. Jahrhundert in den schmalen Straßen nahe des Hackeschen Marktes wohnte, ließen sich wohlhabendere Juden an der Oranienburger Straße nieder. In den 1860er Jahren gab die Jüdische Gemeinde den Bau einer neuen Synagoge in Auftrag.

Architekt Eduard Knoblauch ließ sich bei dem Entwurf für das Gotteshaus von der Alhambra in Granada inspirieren. Mit orientalischen Dekorelementen, rechteckigen Türmen, vergoldeten Kuppeln und farbigen Glasscheiben, die im Inneren für bezaubernde Lichteffekte sorgten, brachte der renommierte Baumeister den maurisch-byzantinischen Stil an die Spree. Die Bauleitung musste er dann allerdings an einen befreundeten Kollegen, Friedrich August Stüler, übergeben. Die Einweihung der Synagoge im Jahr 1866, bei der sich auch der König die Ehre gab, erlebte Knoblauch nicht mehr. 1938, in der Reichspogromnacht, setzte Hitlers SA auch die Neue Synagoge n Brand. Der Schaden hielt sich jedoch in Grenzen, weil der zuständige Polizeivorsteher sofort die Feuerwehr anrücken ließ. Dafür zur Rede gestellt, berief er sich auf den bestehenden Denkmalschutz für das Gebäude. Stark beschädigt wurde die Synagoge dann 1943 durch den Bombenhagel auf Berlin.

Am 9. November 1988, 50 Jahre nach der »Reichskristallnacht«, wurde der

Berlins Mitte

Die Neue Synagoge in der Oranienburger Straße

Die Figurengruppe von Willi Lammert erinnert an die Deportation jüdischer Berlinerinnen und Berliner während der Nazi-Zeit

Grundstein zum Wiederaufbau gelegt. Das Gebäude mit der prachtvollen Goldkuppel beherbergt eine **Ausstellung über jüdisches Leben in Berlin** und einen kleinen Gebetsraum (→ S.189).

Gleich nebenan lohnt der renovierte **KunstHof** einen Blick: im großzügigen Innenhof befinden sich Läden, Galerien und die Tadshikische Teestube.

Große Hamburger Straße

Über die Krausnickstraße gelangt man in die Große Hamburger Straße, die schon deshalb etwas Besonderes ist, weil sie von der friedlichen Koexistenz von Katholiken, Protestanten und Juden im alten Berlin erzählt. Hier lebten Menschen der unterschiedlichen Konfessionen in nächster Nachbarschaft, wovon die Gotteshäuser und andere Einrichtungen der verschiedenen Glaubensgemeinschaften bis heute zeugen.

Die evangelische **Sophienkirche** mit ihrem zierlichen Barocktürmchen wurde von Königin Sophie Luise (1685–1735) gestiftet (→ S.190). Das **St.-Hedwig-Krankenhaus** (Nr. 5) war das erste katholische Hospital Berlins und wird heute von einem katholischen Krankenpflegeorden als Klinik betrieben.

Folgt man der Großen Hamburger in Richtung Oranienburger Straße, trifft man auf ein hermetisch abgeriegeltes Gebäude – Doppelzaun, Kameraüberwachung, Polizeischutz. Seit 1993 beherbergt die Hausnummer 27 wieder ein **jüdisches Gymnasium** und eine Real-schule. Bevor die Nazis an die Macht kamen, hatte es hier eine jüdische Bildungseinrichtung mit langer Tradition gegeben. Die Wurzeln dieser Schule, die von Mädchen und Jungen besucht wurde, lagen in der jüdischen »Freischule«, die der Philosoph Moses Mendelssohn (1729–1786) gegründet hatte. Auf dem Grundstück daneben befand sich der erste **jüdische**

Friedhof Berlins, angelegt Ende des 17. Jahrhunderts. Im Laufe der Zeit hatten hier 12000 Juden ihre letzte Ruhestätte gefunden. 1943 wurde der Friedhof auf Befehl der Gestapo geschändet. Heute ist das Areal eine friedliche, efeuüberwucherte Parkanlage. Ein **Gedenkstein** erinnert an **Moses Mendelssohn**, dessen Grabstätte sich ebenfalls auf dem zerstörten Friedhof befunden hatte.

Auf dem angrenzenden Grundstück (Ecke Oranienburger Straße) stand bis 1942 ein jüdisches Altenheim. Die Nazis machten das Haus zur Sammelstelle für die Deportationen. Daran erinnert eine **Figurengruppe**, die der Bildhauer Willi Lammert in den 1950er Jahren geschaffen hat. Auf der gegenüberliegenden Straßenseite, am Grundstück mit der Hausnummer 15/16, klafft eine Baulücke – das Vorderhaus brannte nach einem Bombenangriff völlig aus. An den Brandmauern der benachbarten Häuser finden sich die Namen von einstigen Bewohnern. Die auf der Höhe der einzelnen Stockwerke aufgebrachten Metalltafeln sind Teil der Installation **The Missing House** des französischen Künstlers Christian Boltanski aus den 1990er Jahren.

Das interaktive **Berlin Magic Museum** (Magicum) bietet Magie und Mystik zum Anfassen, entführt in eine geheimnisvolle Welt. In den verwinkelten Innenräumen und den Kellergewölben des Gründerzeithauses wartet eine Welt zwischen Zaubertrank und Ahnenkult oder zwischen Wissenschaft und Okkultem, die in bis zu den Anfängen der Menschheit führt.

Am südlichen Ende der Großen Hamburger trifft man auf die Oranienburger Straße. Überquert man sie, gelangt man zum **Monbijoupark** an der Spree, wo es sich in den Liegestühlen einer Strandbar mit Blick auf die Museumsinsel wunderbar entspannen lässt.

Berlins Mitte

Wer hätte das Berlin zugetraut? 40 Jahre lag die Mitte der Stadt ungenutzt im Todesstreifen. Dann, nach dem Mauerfall, die Wiedergeburt innerhalb weniger Jahre: Am Potsdamer Platz entstand ein hypermoderner neuer Stadtteil, nicht weit entfernt ein viel beachtetes Denkmal für die ermordeten Juden Europas, und schließlich erfolgte die Rekonstruktion des Pariser Platzes am Brandenburger Tor.

Am Potsdamer Platz

BERLINER »NAHTSTELLE« – POTSDAMER PLATZ UND REGIERUNGSVIERTEL

Potsdamer Platz

Vor dem Zweiten Weltkrieg war der Potsdamer Platz einer der verkehrsreichsten Plätze Europas, ein fünfeckiger Knotenpunkt zwischen Ost und West. Auf alten Fotografien ist der Verkehrsturm mit Uhr und Ampel in der Mitte zu sehen, um den Platz gruppieren sich das »Haus Vaterland«, der damals größte Amüsierpalast Deutschlands, und das vornehme Hotel Esplanade. Im Krieg wurde dann fast das gesamte Ensemble zerstört.

Nach dem Bau der Mauer 1961 zog sich der bis zu mehrere hundert Meter breite Todesstreifen durch das Areal. Stacheldraht, Panzersperren und Wachtürme boten ein trauriges Bild, und auch der Bahnhof Potsdamer Platz wurde stillgelegt. Nach dem Fall der Mauer entstand aus der Öde wie im Zeitraffer ein komplett neuer Stadtteil. Auf Europas größter Baustelle wuchsen in Windeseile Daimler City und Sony Center aus dem Boden, ein Konglomerat aus Bürogebäuden, Geschäften, Hotels, Wohnungen, Kinos, Restaurants, Filmmuseum, Musicaltheater und Spielcasino. In einem weltweiten Brainstorming wurde Spektakuläres für dieses Filetstück ersonnen und auch umgesetzt.

Heute ist klar, dass die Architektenteams die richtige Mischung gefunden haben, denn am Potsdamer Platz herrscht Le-

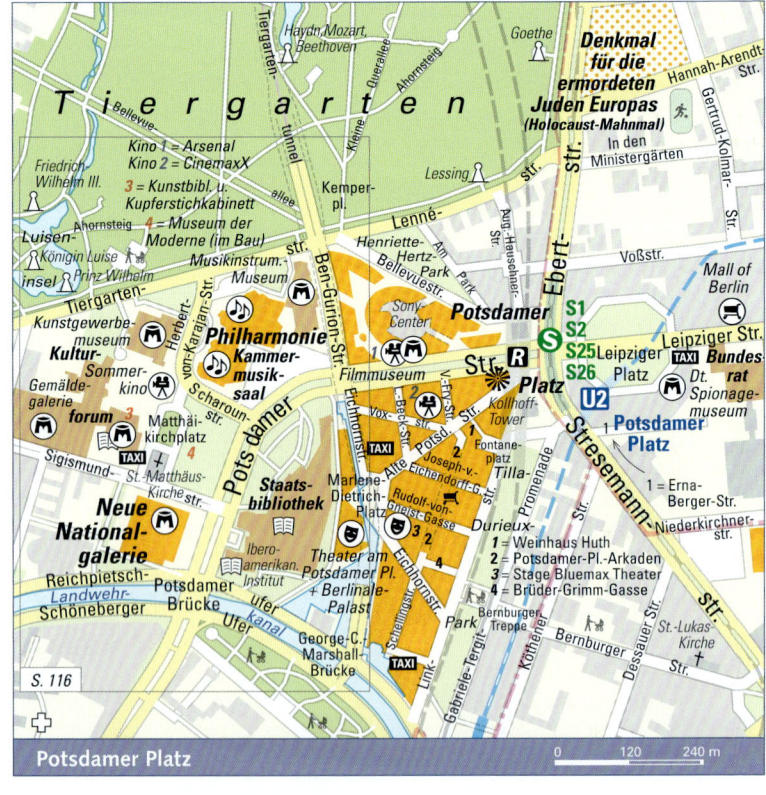

Potsdamer Platz

ben bis spät in die Nacht, keine Spur von Geisterstadt und verwaisten Bürotürmen. Berlin hat die einzigartige Chance genutzt, sich in wenigen Jahren ein komplett neues Stadtzentrum zuzulegen. Neben dem ebenfalls völlig neu entstandenen Regierungsviertel um den Reichstag verkörpert der Potsdamer Platz das »Neue Berlin« – die Metamorphose von der geteilten und isolierten Mauerstadt zur weltoffenen Metropole in der Mitte Europas.

Mittlerweile besteht der Potsdamer Platz aus drei »Stadtteilen«: dem **Quartier Potsdamer Platz**, auch Daimler-City genannt, dem **Sony Center** und dem **Beisheim Center**. Nur wenige Schritte entfernt liegt der achteckige **Leipziger Platz**.

Quartier Potsdamer Platz

Das Quartier umfasst 19 Gebäude, zehn Straßen und zwei Plätze. Neben Büros und Wohnungen gibt es Kino, Spielbank, Hotels, Theater, ein Shopping-Center mit 130 Geschäften sowie rund 30 Restaurants, Bars und Cafés. Vom Potsdamer Platz aus führt die Alte Potsdamer Straße mitten hinein ins Quartier.

Rechter Hand steht der **Kollhoff-Tower**. Der schnellste Aufzug Europas bringt Besucher in den 24. Stock des verklinkerten Gebäudes. Der Panoramapunkt bietet eine Aussichtsplattform und ein Café mit Sonnenterrasse sowie aus 100 Metern Höhe einen Blick über alle Sehenswürdigkeiten der Berliner Mitte.

Linker Hand trifft man nach wenigen Metern auf das **Weinhaus Huth**, den einzig erhalten gebliebenen Altbau. Inmitten der Stahl- und Glasriesen wirkt das kleine Haus ein wenig verloren. Gleich nach der Fertigstellung des Quartiers zog ins Erdgeschoss das Berliner Traditionsrestaurant **Lutter & Wegner** ein. In den oberen Etagen befindet sich seit 1999 die **Daimler Kunstsammlung**. Dahin-

ter erstrecken sich die **Potsdamer Platz Arkaden**, ein bei Berlinern wie Besuchern beliebtes Einkaufszentrum. Rechts mündet die Voxstraße ein, in der sich mit dem **CinemaxX** das größte Multiplex-Kino Berlins befindet.

Das Zentrum der Daimler-City bildet der **Marlene-Dietrich-Platz**, auf den die Alte Potsdamer Straße mündet. Hier findet man die Spielstätte der »Blue Man Group«, die Spielbank, das Grand Hyatt Hotel und das derzeit nicht genutzte Theater am Potsdamer Platz.

Wenn man in Richtung Landwehrkanal geht, kommt man zum **Debis-Haus** von Renzo Piano, einem 163 Meter langen und 22 Stockwerke aufragenden, mit Terrakotta verkleideten Block. Bemerkenswert ist das glasgedeckte Atrium, das die Größe einer Kathedrale besitzt und in dem die Maschinenskulptur »Meta-Maxi« von Jean Tinguely steht.

Sony Center

Nördlich der Potsdamer Straße schließt sich an das Quartier Potsdamer Platz das Sony Center an. Das Ensemble von Helmut Jahn besteht aus sieben Einzelbauten und wirkt geschlossener als das Quartier. Hier befinden sich das **Filmmuseum**, die **Deutsche Film- und Fernsehakademie**, die Reste des Hotels Esplanade, mehrere Kinos und Restaurants sowie im Untergeschoss das **Legoland Discovery Centre**, ein Indoor-Legoland für kleinere Kinder.

Den Mittelpunkt des Sony Centers bildet das ovale **Forum**, das von einem aufgefächerten Zeltdach überspannt wird, das die Form des heiligen Berges der Japaner, des Fujiyama, hat. Überragt wird das Forum vom 103 Meter hohen, gläsernen **Bahn-Tower**, einem der beiden höchsten Häuser am Platz.

Ein wenig Ehrfurcht vor dem alten Potsdamer Platz mag mitgespielt haben, als man den **Kaisersaal**, in dem Kaiser Wilhelm II. seine Herrenabende feierte, aus dem ehrwürdigen, aber maroden Grandhotel Esplanade herauslöste und auf eine zwar nur 75 Meter lange, aber sündhaft teure Reise schickte. Am neuen Standort wurde der Saal als Restaurant und Café wieder zum Leben erweckt.

■ **Museum für Film und Fernsehen**
Ein absolutes Muss für Cineasten ist das Filmmuseum der Deutschen Kinemathek im dritten Stock des Sony Centers, das man über rasante, gläserne Fahrstühle erreicht. Dieses hervorragend gemachte und auch architektonisch interessante Multimedia-Museum lädt den Besucher auf 1500 Quadratmetern zu einer spannenden Reise durch die deutsche Filmgeschichte ein – von den ersten bewegten und handkolorierten Bildern bis zur Gegenwart. Ein wichtiger Teil der Ausstellung sind die drei Räume, die dem Leben und Schaffen von Marlene Dietrich gewidmet sind. In Berlin geboren, avancierte sie zur Filmikone des vorigen Jahrhunderts. Highlights aus ihrem Nachlass, darunter etliche Film- und Showkostüme und Portraitfotos sowie Liebesbriefe von Jean Gabin und Ernest Hemingway werden gezeigt (→ S. 188).

Im Keller des Filmmuseums befindet sich das **Kino Arsenal**, das zur Stiftung Deutsche Kinemathek gehört und dessen deutschlandweit einzigartiges Programm jedes Cineastenherz höherschlagen lässt (→ S. 196).

Auf dem Mittelstreifen der Potsdamer Straße entsteht seit einigen Jahren der **Boulevard der Stars**, auf dem deutsche Film- und Fernsehgrößen mit Messingsternen gewürdigt werden.

Beisheim Center
Rund 460 Millionen Euro hat Otto Beisheim, der 2013 verstorbene Chef der Mediamarkt-Gruppe, in das umstrittene Luxusprojekt am Nordrand des Potsdamer Platzes investiert. Mit der Fertigstellung des Beisheim Centers 2004 auf dem Lenné-Dreieck, das bis an den Tiergarten heranreicht, wurde das Bauvorhaben Potsdamer Platz abgeschlossen. Die Hochhäuser mit klaren Formen stehen dicht an dicht, in ihnen sind Büros, Luxusappartements und mit dem Ritz Carlton sowie dem Berlin Marriott auch zwei Luxushotels untergebracht.

Leipziger Platz
Bevor man die wenigen Schritte zum Leipziger Platz geht, kann man sich noch die bunten **Mauerreste** und die **Infotafeln** am S-Bahnhof Potsdamer Platz anschauen. Der achteckige Leipziger Platz schließt unmittelbar östlich an den Potsdamer Platz an. Er wurde in der ersten Hälfte des 18. Jahrhunderts nach Plänen

Die Piazza im Sony Center zieht auch abends viele Besucher an

Karte S. 98

Das Denkmal für die ermordeten Juden Europas

von Philipp Gerlach angelegt, der auch den viereckigen Pariser Platz am Brandenburger Tor und den runden Mehringplatz in Kreuzberg entwarf. Bombardierungen während des Zweiten Weltkrieges zerstörten die Bebauung rund um den Platz weitgehend, während der DDR-Zeit tat sich nicht viel, da der Platz zu dicht an der Mauer lag.

Im Jahr 2014 wurde am Leipziger Platz das Einkaufszentrum **Mall of Berlin** mit rund 300 Geschäften eröffnet. Einen weiteren Besuchermagneten am Leipziger Platz bildet das **Deutsche Spionagemuseum**, das einen Einblick in die Arbeit von KGB, Stasi und CIA gibt (→ S. 188).

Denkmal für die ermordeten Juden Europas

Aus genau 2711 grauen Betonstelen – auf einer Fläche von 19 000 Quadratmetern – besteht das Mahnmal für die ermordeten Juden Europas zwischen Potsdamer Platz und Brandenburger Tor. Auf den ersten Blick wirkt der Stelenwald regelmäßig, doch das täuscht, denn die Stelen sind immer eine Winzigkeit aus der Lotrechten. Diese akribisch berechneten Unregelmäßigkeiten und der wellenförmige Boden sollen Leben in das starre Betonfeld bringen. Die Wege durch den Betonwald sind geradlinig, die Stelen unterschiedlich hoch, aber immer so angeordnet, dass der Sichtkontakt zur Außenwelt nie gänzlich verlorengeht. Wurde der Architekt des Mahnmals, der New Yorker Peter Eisenmann, nach einer Interpretation seines Entwurfs gefragt, war seine Antwort stets »Nichts«. Hier wird niemandem eine Interpretation aufgezwungen, stattdessen lädt das Kunstwerk jeden Besucher ein, sich auf seine ganz persönliche Weise durch das Stelenfeld bewegen und das Kunstwerk zu deuten.

Sightseeing-Busse

Seit 1988 hatten die Journalistin Lea Rosh und der Historiker Eberhard Jäckel für den Bau des Denkmals gekämpft, in der Öffentlichkeit wurde über das Vorhaben sehr kontrovers diskutiert. Am 25. Juni 1999 schließlich entschied sich der Deutsche Bundestag für den Entwurf Eisenmanns, der in der Mitte Berlins in unmittelbarer Nähe zum Reichstag und zum Brandenburger Tor verwirklicht werden sollte. Anfangs gab es kritische Stimmen, doch schon kurz nach der feierlichen Einweihung wurde dieses ungewöhnliche Mahnmal von den meisten als zur Stadt gehörig akzeptiert (→ S. 187).

■ **Ort der Information**
Würde es den unterirdischen Ort der Information nicht geben, das Mahnmal würde seinen Sinn verfehlen, nämlich an den Holocaust zu erinnern. Unter der Erde geht es in erster Linie um Information und nicht um grausame Bilder von Leichenbergen und verhungerten Menschen. Zum Auftakt bekommt man mit Texten und Bildern einen Überblick über die nationalsozialistische Verfolgung zwischen 1933 und 1945.

Der **Raum der Dimensionen** zeigt 15 Selbstzeugnisse, die während der Judenverfolgung niedergeschrieben wurden. Im **Raum der Familien** werden exemplarisch 15 Familienschicksale aus unterschiedlichen europäischen Ländern geschildert. Der **Raum der Namen** ist bis auf einige Sitzgelegenheiten leer und bildet einen dramaturgischen Höhepunkt der Ausstellung. Hier werden die Namen und Kurzbiografien ermordeter Juden aus ganz Europa verlesen und auf die Wände projiziert. Würde man aller sechs Millionen Opfer in dieser Form gedenken, würde das Verlesen der Namen mehr als sechs Jahre dauern. Im **Raum der Orte** wird der Holocaust in seiner geografischen Ausdehnung dargestellt.

Die Ausstellung endet mit dem **Gedenkstättenportal**, wo man sich an PC-Terminals über die aktuellen Gedenkstätten in Europa informieren kann.

▲ Karte S. 98

Das Regierungsviertel – Neustart auf belastetem Grund

Nach dem »Hauptstadtbeschluss« stand schnell fest, dass das historische Reichstagsgebäude Sitz des Deutschen Bundestages werden sollte. Bereits am 4. Oktober 1990 war hier das aus Bundestag und Volkskammer zusammengesetzte gesamtdeutsche Parlament zu seiner ersten Sitzung zusammengekommen. Doch es fehlte an Bürogebäuden für die damals rund 660 Bundestagsabgeordneten und für mehrere hundert Mitarbeiter der Bundesregierung. Deshalb gönnte sich die Bundesrepublik ein neues, 20 Milliarden Euro teures Regierungsviertel an der Spree. Bauland war vorhanden – im Spreebogen nördlich des Reichstages lag eine Fläche brach, die in den Jahrzehnten der deutschen Teilung im Schatten der Mauer zu Ödland verkommen war.

Mit dem Erbe aus der düstersten Epoche deutscher Geschichte – hier sollten Monumentalbauten von Hitlers »Welthauptstadt Germania« entstehen – hatten sich auch die Architekten Axel Schultes und Charlotte Frank intensiv auseinandergesetzt, als sie 1992 ihren Plan für die Gestaltung des neuen Regierungsviertels präsentierten. Das von Schultes und Frank entworfene »Band des Bundes« mit Kanzleramt, Bürogebäude für die Abgeordneten und Parlamentsbibliothek erstreckt sich auf mehr als einem Kilometer Länge in Ost-West-Richtung und durchkreuzt damit symbolisch den Bebauungsplan aus Nazi-Tagen, der auf eine Nord-Süd-Achse abzielte. Gleichzeitig verbindet das »Band des Bundes« mit seinen die Spree überspannenden

Regierungsviertel

Fußgängerbrücken die einst in Ost und West getrennten Hälften der Stadt. Das Areal erstreckt sich im Bogen der Spree, etwa zwischen den Nord-Süd-Koordinaten Hauptbahnhof und Brandenburger Tor.

Hauptbahnhof

Als Ausgangspunkt für einen Streifzug durchs Regierungsviertel bietet sich der Hauptbahnhof an. 500 000 Kubikmeter Beton, 85 000 Tonnen Stahl, 1500 Kilometer Kabel und 9117 einzeln angefertigte Glasscheiben bilden die materielle Basis für diese Bahnstation der Superlative, die an der einstigen Nahtstelle zwischen Berlin-Ost und Berlin-West entstanden ist und 2006 eröffnet wurde. Mit dem neuen Hauptbahnhof hat die Stadt ihr erstes echtes Verkehrsdrehkreuz bekommen. Die Moskau und Paris verbindende Ost-West-Trasse verläuft über der Erde. Unterirdisch können Züge die Stadt nun auch in nord-südlicher Richtung durchqueren. Das Gebäude mit den gläsernen Türmen und der mehrgeschossigen Shoppingmall ist allerdings nicht ganz so ausgefallen, wie es sich Architekt Meinhard von Gerkan vorgestellt hatte. Aus Kostengründen hatte die Bahn ohne Zustimmung von Gerkans auf die Gewölbekonstruktion im Tiefgeschoss verzichtet und kurzerhand eine Flachdecke einziehen lassen. Auch die gläserne Überdachung der Bahnsteige an der Ost-West-Trasse, war von 430 auf 320 Meter gekürzt worden. Aus Sicht des Architekten sind beide Veränderungen völlig inakzeptabel. Sie beeinträchtigen nicht nur den ästhetischen Gesamteindruck des Gebäudes, sondern auch dessen Funktionalität, argumentiert der Architekt. Denn weil das Glasdach so kurz geraten ist, muss ein Teil der Passagiere auf dem Bahnsteig an Schlechtwettertagen im Regen stehen. Von Gerkan klagte wegen Urheberrechtsbruch und Rufschädigung und gewann schließlich den lang

andauernden Prozess. Für längere Pausen bietet sich die **Strandbar Capital Beach** auf der gegenüberliegenden Spreeseite an.

Futurium

Nur wenige Meter vom Hauptbahnhof entfernt liegt das Futurium. Das im Herbst 2019 eröffnete »Haus der Zukünfte« – die Macher verwenden hier bewusst den Plural – bietet dem Besucher unterschiedliche Visionen für die kommenden Jahre und Jahrzehnte an. Egal ob im Städtebau, Umweltschutz oder dem Gesundheitswesen, für nahezu jeden Lebensbereich zeigt die imposante Ausstellung alternative Konzepte auf. Der Besucher spaziert auf drei Ebenen durch eine Phantasiewelt, die in Teilbereichen aber durchaus einmal zur Realität werden könnte. Oben auf dem Skywalk, vom Dach des Hauses, bietet sich dem Besucher dann ein Blick auf die städtebauliche Gegenwart des Regierungsviertels. Der Bau, der von Wirtschaftsunternehmen, Stiftungen und der Bundesregierung finanziert wurde, hat aber auch Kritik hervorgerufen. Denn anders als die im Inneren vorgestellten Konzepte ist das Gebäude allzu sehr in der Gegenwart verwurzelt, denn es ist keineswegs energieautark, und statt begrünter Fassaden oder Holz als Baustoff haben die Architekten ganz konventionell auf Stahlbeton, Stahl und Glas zurückgegriffen.

Bundeskanzleramt

Über den Washingtonplatz und die Gustav-Heinemann-Brücke erreicht man das Bundeskanzleramt. Der klotzige Kubus steht an der Stelle, an der sich zu Kaiserzeiten das Generalstabsgebäude des Kriegsministeriums befand. Die Pläne fürs neue Kanzleramt wurden noch vom damaligen Bundeskanzler Helmut Kohl abgesegnet – und natürlich machte der

Am Spreebogen, links das Reichstagsgebäude

Einheitskanzler persönlich 1997 den ersten Spatenstich. Mit einer Gesamtfläche von 73 000 Quadratmetern ist das anfangs als »Kohlosseum« bespöttelte Gebäude etwa viermal so groß wie das Weiße Haus in Washington. Herzstück des 238 Millionen Euro teuren Gebäudekomplexes ist ein achtgeschossiger Würfelbau mit quadratischem Grundriss. Das oberste Stockwerk beherbergt unter anderem eine kleine Dienstwohnung für den amtierenden Regierungschef respektive die Regierungschefin – zwei Zimmer, Küche, Bad und eine kleine Terrasse.

Im siebenten Stock des Kanzleramts befindet sich das Kanzlerbüro. In der sechsten Etage liegen der große und der kleine Kabinettssaal. In der mittleren Etage liegen hinter Lamellenjalousien die abhörsicheren Räume des Bundesnachrichtendienstes (BND). Hier tagt der Krisenstab, wann immer sich eine besondere Bedrohungslage für die Sicherheit der Bundesrepublik Deutschland ergibt. In den Seitenflügeln des Gebäudes befinden sich mehrere hundert Büros, insgesamt arbeiten fast 500 Menschen im Kanzleramt. Staatsgäste werden in der Regel im Ehrenhof auf der dem Reichstag zugewandten Seite des Gebäudes empfangen. Die Skulptur vor dem Ge-

lände stammt vom spanischen Künstler Eduardo Chillida und trägt den schlichten Titel »Berlin«.

Schweizer Botschaft

Wie aus der Zeit gefallen liegt das klassizistische Gebäude zwischen Kanzleramt und Hauptbahnhof. Die 1870 erbaute Villa, die von der Schweizer Regierung 1920 gekauft und als diplomatische Vertretung eingerichtet wurde, hat als einziges Gebäude des alten Alsenviertels sowohl die Weltkriegsbomben als auch die Abrisspläne der Nazis überstanden. Zu Mauerzeiten lag das Haus als Schweizer Generalkonsulat in wenig attraktiver Randlage in einem mauernahen Zipfel Westberlins. In den 1990ern wollte die Bundesregierung den Schweizern das Grundstück unbedingt abkaufen. Das kleine Alpenland mochte es aber partout nicht hergeben.

Im Jahr 2000 zog der Schweizer Botschafter in die alte Villa, die noch einen modernen Anbau bekam.

Paul-Löbe-Haus

Vis-à-vis dem Kanzleramt und in nächster Nähe zum Reichstag liegt das vom Architekten Stephan Braunfels entworfene Paul-Löbe-Haus, in dem viele Ab-

Im Paul-Löbe-Haus befinden sich Abgeordnetenbüros

geordneten ihre Büros haben. Unter dem ausladenden, von filigranen Säulen gestützten Vordach auf der Westseite reihen sich wochentags die schwarzen Limousinen, in denen das politische Personal zu dienstlichen Terminen kreuz und quer durch die Stadt gefahren wird. Benannt wurde das Bürogebäude nach dem Reichstagspräsidenten der Weimarer Republik und erstem Alterspräsidenten des Bundestages (SPD).

Setzt man die Tour auf der Nordseite des Gebäudes fort, kommt man am **Bundeskindergarten** vorbei. Mit seinen beiden Kuppeln ruft der extravagante Bau – wohl nicht bei den Kindern, aber bei den meisten Erwachsenen – unwillkürlich Assoziationen hervor: Hier hat sich der Architekt wohl von der weiblichen Anatomie inspirieren lassen. Eine schmale Brücke, der **Sprung über die Spree**, verbindet das ehemalige Westberlin mit dem ehemaligen Ostberlin und das Paul-Löbe- mit dem Marie-Elisabeth-Lüders-Haus. Während das gemeine Volk die untere Brücke nutzen kann, bleibt die politische Welt auf der zweiten, darüberliegenden Brücke unter sich – was dem überdachten

Steg auch den Beinamen »höhere Beamtenlaufbahn« eingebracht hat.

Marie-Elisabeth-Lüders-Haus

Das Marie-Elisabeth-Lüders-Haus bildet den östlichen Abschluss des »Bandes des Bundes«. Das ebenfalls vom Architekten Stephan Braunfels entworfene Gebäude beherbergt 650 Büroräume sowie die Parlamentsbibliothek. Der Öffentlichkeit ist die Bibliothek nicht zugänglich. Marie Elisabeth Lüders, Namensgeberin des 200 Millionen teuren Gebäudes, hatte als eine der ersten Frauen in Deutschland schon zu Kaiserzeiten Staatswissenschaften studiert und promoviert. Von 1953 bis 1961 saß sie als Abgeordnete der FDP im Bundestag. Im Foyer auf der Spreeseite wurden Teilstücke der Berliner Mauer aufgestellt. Das **Mauer-Mahnmal** erinnert mit weißen Zahlen auf schwarzem Beton an die DDR-Bürger, die bei Fluchtversuchen ums Leben kamen.

Eine weitere Baupanne hat der jüngste Erweiterungsbau der Stadt beschert – wegen massiver Baumängel verzögerte sich die Fertigstellung immer wieder, mit der Eröffnung ist nicht vor 2024 zu rechnen.

ARD-Hauptstadtstudio

In unmittelbarer Nachbarschaft zu Regierung und Parlament bezogen um die Jahrtausendwende verschiedene Medien ihre neuen Hauptstadtstandorte. Die Agentur Reuters, n-tv und andere schlugen ihre Zelte am Rand des neuen Regierungsviertels auf. 1994 entschied sich die ARD, auf dem unbebauten Grundstück am Spreeufer ihr Hauptstadtstudio zu errichten. 1999, pünktlich zum Umzug der Regierung vom Rhein an die Spree, wurde Eröffnung gefeiert. Seitdem produzieren hier rund 200 Mitarbeiter Hörfunk- und Fernsehbeiträge zu aktuellen Ereignissen des Regierungsgeschehens.

Karte S. 103

Jakob-Kaiser-Haus

Östlich des Reichstages erstreckt sich auf beiden Seiten der Dorotheenstraße das Jakob-Kaiser-Haus, benannt nach einem CDU-Politiker. Das Parlamentsgebäude besteht aus acht sechsgeschossigen Einzelbauten, die in ihrer Gesamtheit den größten Parlamentsneubau des Berliner Regierungsviertels darstellen – insgesamt liegen hier 2000 Arbeitsräume, davon Büros für mehr als 300 Abgeordnete, zwei Sitzungssäle und ein Fernsehstudio. Einige historische Gebäude wurden in den Bürokomplex integriert, zum Beispiel das ehemalige Reichstagspräsidentenpalais. Darin hat seit 1999 die **Deutsche Parlamentarische Gesellschaft** ihren Sitz. Erbaut wurde das Gebäude zwischen 1899 und 1904 als Amtssitz des Reichstagspräsidenten nach Plänen des Architekten Paul Wallot, der auch für den historischen Reichstag verantwortlich zeichnete.

Gedenkort Weiße Kreuze

Zwischen Reichstag und dem gegenüberliegenden Reichstagspräsidentenpalais verlief die Mauer. Ein schmaler Kopfsteinpflasterstreifen markiert heute den Verlauf. Vor dem Ostportal des Reichstags, direkt am Spreeufer, haben die »Weißen Kreuze« einen weiteren Standort gefunden. Vor dem Mauerfall standen sie auf der Westseite der Berliner Mauer zum Gedenken an Menschen, die bei ihren Fluchtversuchen von Ost nach West ums Leben gekommen waren. Eines der Kreuze ist Günther Litfin gewidmet, der nur wenige Tage nach dem Mauerbau im August 1961 am Humboldthafen in die Spree gesprungen war, um in den Westen zu gelangen und durch den Schuss eines DDR-Grenzers getötet wurde. Ein weiteres Kreuz erinnert an Chris Gueffroy, der im Februar 1989, wenige Monate vor dem Fall der Mauer, einen Fluchtversuch unternahm, der ebenfalls tödlich endete.

Das ARD-Hauptstadtstudio

Reichstagsgebäude

Der Reichstag gehört zweifellos zu den interessantesten Orten und seit seiner Wiedereröffnung 1999 zu den meistbesuchten Touristenattraktionen der Stadt. Historisch gesehen ist er steinernes Symbol für die ersten Gehversuche der Demokratie in Deutschland, für ihr Scheitern und für den Neuanfang. Geplant wurde das Gebäude 1871, als Deutschland noch eine Monarchie war. Als Kontrollinstanz mit eingeschränkten Machtbefugnissen stand dem Kaiser aber das Parlament mit Abgeordneten aus allen Teilen des Landes gegenüber. Als Tagungsstätte für die gewählten Volksvertreter sollte in der Hauptstadt ein repräsentatives Gebäude errichtet werden. 1884 begannen schließlich die Bauarbeiten nach Plänen des Frankfurter Architekten Paul Wallot. Ende des Ersten Weltkrieges rief der Sozialdemokrat Philipp Scheidemann am 9. November 1918 vom Fenster des Zeitschriftenlesesaales am Westportal des Reichstages die »Deutsche Republik« aus. Am 30. Januar 1933 wurde Hitler zum Reichskanzler ernannt. Vier Wochen später, in der Nacht vom 27. auf den 28. Februar, stand der Reichstag in Flammen

Potsdamer Platz und Regierungsviertel

– für die Nationalsozialisten Anlass, das Ermächtigungsgesetz auf den Weg zu bringen, das die in der Weimarer Verfassung formulierten Grundrechte außer Kraft setzte, die rigorose Verfolgung sämtlicher Oppositioneller legalisierte und die Diktatur in Deutschland binnen kürzester Zeit fest verankerte. Während der NS-Zeit spielte das brandbeschädigte Reichstagsgebäude dann praktisch keine Rolle mehr.

Am 30. April 1945 hissten Soldaten der Sowjetarmee die Rote Fahne auf dem Südwestturm, nach der Kapitulation stand der Reichstag stark zerstört inmitten einer Trümmerlandschaft. 1954 wurde die einsturzgefährdete Reichstagskuppel gesprengt. Ein Jahr später beschloss der Bundestag in Bonn, das Gebäude notdürftig wiederherzurichten. Auf den Rasenflächen vor dem Westportal wurden zu Zeiten der Teilung Demonstrationen abgehalten und spektakuläre Rock- und Popkonzerte veranstaltet – so laut, dass es auch den Menschen auf der anderen Seite der Mauer nicht entgehen konnte, dass sich Größen wie

Pink Floyd oder Elton John in West-Berlin ein Stelldichein gaben. In der Nacht vom 2. auf den 3. Oktober 1990 fand vor dem Westportal des Reichstags der offizielle Festakt zur Wiedervereinigung statt. Seinen letzten spektakulären Auftritt vor dem Umbau hatte das alte Reichstagsgebäude im Sommer 1995, als es von den Verpackungskünstlern Christo und Jeanne-Claude komplett in Stoff gehüllt wurde. Zwei Wochen lang blieb der Reichstag verhüllt, und Hunderttausende kamen, um sich das Kurzzeitkunstwerk anzusehen.

■ Fosters Neubau

Nach dem Hauptstadtbeschluss beschäftigte sich der Bundestag in Bonn mit der Neugestaltung seines künftigen Sitzes an der Spree. 1992 ging der britische Architekt Norman Foster als Sieger aus einem Wettbewerb hervor. Fosters Entwurf sah zunächst einen kuppellosen Reichstag mit umliegenden, luftig transparenten Ergänzungsbauten vor. Später musste Foster nachbessern und eine kostengünstigere Lösung finden. Das Ergebnis der

▲ *Die Spreeseite des Reichstags*

Karte S. 103

Kanzleramt und Paul-Löbe-Haus

300 Millionen Euro teuren Umbauarbeiten ist ein Gebäude, das die historischen Fassaden als Hülle nutzt, innen aber völlig entkernt und neugestaltet wurde. Gekrönt wird der Parlamentssitz von einer 800 Tonnen schweren Kuppel aus Stahl und Glas. Im Gegensatz zum historischen Vorbild ist die moderne Variante begehbar. Über zwei spiralförmige Aufgänge erreichen Reichstagsbesucher eine **Aussichtsplattform**, die in fast 50 Metern Höhe spektakuläre Panoramablicke gewährt.

Der **Besuchereingang** befindet sich auf der westlichen Tiergartenseite. Aus Sorge vor einem Anschlag auf den Parlamentssitz wird nur angemeldeten Besuchern Einlass gewährt. Kurzentschlossene können sich in der Serviceaußenstelle des Besucherdienstes in der Nähe des Reichstagsgebäudes neben dem Berlin-Pavillon an der südlichen Seite der Scheidemannstraße zum Kuppelbesuch anmelden. Bei freien Kapazitäten werden dort bis zu zwei Stunden vor dem Besuchstermin Zutrittsberechtigungen ausgestellt (→ S. 189).

Und noch ein »Schlupfloch« gibt es: Wer im von Feinkost Käfer betriebenen **Dachrestaurant** (Tel. 2262990, erreichbar nur von 10 bis 16 Uhr) mindestens vier Stunden vor dem geplanten Besuch einen Tisch reserviert und zumindest auf Kaffee und Kuchen einkehrt, kann am etwas versteckten Eingang rechts neben der Treppe am Westportal nutzen und bekommt nach einem Sicherheitscheck einen Besucherausweis, der zum Restaurant- und Kuppelbesuch berechtigt.

2012 wurde unmittelbar südlich des Reichstags das **Denkmal für die im Nationalsozialismus ermordeten Sinti und Roma** eingeweiht. Nach dem Entwurf von Dani Karavan wurde ein schlichtes Wasserbecken in einer kleinen Grünanlage gestaltet, aus Lautsprechern in den Bäumen ertönt eine Melodie des Komponisten Romeo Franz.

Hamburger Bahnhof und Umgebung

Wer nach dem Streifzug durchs Regierungsviertel etwas Abwechslung in Form von Wissenschaft und Kunst sucht, findet sie in Hauptbahnhofsnähe.

Hamburger Bahnhof – Museum für Gegenwart

Verlässt man den Hauptbahnhof am Ausgang Europaplatz, ist es nur ein Katzensprung bis zum Hamburger Bahnhof. Der alte Kopfbahnhof aus Kaiserzeiten wurde nach der Wende unter der Regie von Josef Paul Kleihues grandios restauriert und neugestaltet und ist heute *die* Berliner Adresse für zeitgenössische Kunst. Auf 13 000 Quadratmetern werden verschiedene Sammlungen und wechselnde Ausstellungen – Malerei, Fotografie und Installationen – präsentiert. Die **Sammlung Marx**, mit der der Hamburger Bahnhof 1996 eröffnet wurde, ist mit herausragenden Werken von Künstlern wie Joseph Beuys, Anselm Kiefer, Robert Rauschenberg und Andy Warhol weltberühmt geworden.

Im Zuge des Baus der **Europacity**, einem komplett neuen Stadtteil mit fast 3000 Wohnungen und 9000 Büroplätzen werden auch die historischen Rieckhallen abgerissen. Damit verlor auch die hier angesiedelte Kunstsammlung von Friedrich Christian Flick ihre Heimat.

Museum für Naturkunde

Ebenfalls an der Invalidenstraße hat das Bundesministerium für Wirtschaft seinen Sitz, und noch ein Stück weiter Richtung Nordosten findet sich das Museum für Naturkunde. Hier können Besucher unter anderem ergründen, wie die Welt vor rund 150 Millionen Jahren ausgesehen haben muss.

Prunkstück des Museumstempels ist das 13 Meter hohe **Skelett eines Brachiosauriers**, das Forscher Anfang des 20. Jahrhunderts bei einer Expedition in Ostafrika ausgegraben und nach Berlin gebracht haben. Weitere Ausstellungen in dem neu konzipierten Museum widmen sich dem Sonnensystem und der

▲ Karte S. 103

▲ *Erste Adresse für zeitgenössische Kunst: der Hamburger Bahnhof*

Eingang zum Medizinhistorischen Museum

Erde, außerdem werden Mineralien und Insektenmodelle gezeigt.

Einzigartig ist die **Forschungssammlung** des Museums mit 30 Millionen Objekten. Einen Teil der Objekte können Besucher besichtigen (→ S. 189).

Charité

Die Geschichte des traditionsreichen Krankenhauses mit dem französischen Namen, der ins Deutsche übersetzt »Barmherzigkeit« bedeutet, begann, als hier ein Pesthaus gegründet wurde, das unter Friedrich Wilhelm I. zu einem Garnisonshospital ausgebaut wurde. Im Laufe des 19. Jahrhunderts entstand eine bedeutende Einrichtung für medizinische Forschung und Lehre. Mit der Universitätsklinik verbinden sich große Namen wie Ferdinand Sauerbruch, der in der ersten Hälfte des 20. Jahrhunderts zu den berühmtesten Chirurgen weltweit gehörte. Acht spätere Nobelpreisträger haben ihre wissenschaftliche Karriere an der Charité begonnen. Seit 2003 sind die Fakultäten der früher im Ostteil der Stadt gelegenen Humboldt-Universität und der Westberliner Freien Universität unter dem Dach der Charité vereint, die seither zu den größten Universitätskliniken Europas gehört.

■ Medizinhistorisches Museum

In den Gärten und Außenanlagen des Klinikums finden sich zahlreiche Büsten von Medizinern und Politikern, die sich um die medizinische Forschung verdient gemacht haben. Führungen über das Gelände werden vom Medizinhistorischen Museum organisiert.

Die sehenswerte Dauerausstellung spannt einen Bogen über 300 Jahre Medizingeschichte und nimmt den Besucher mit auf einen hochinteressanten Rundgang, der im frühen 18. Jahrhundert mit einem Besuch des Berliner Anatomischen Theaters beginnt. Über das Anatomische Museum gelangt man in den Seziersaal, in die Präparate-Sammlung des berühmten Rudolf Virchow und in die Labore der medizinischen Forschung (→ S. 189).

Straßen von Berlin
Ihr habt noch immer
Alle Sünden mir verziehen.
Ihr seid die Adern meiner Heimatstadt Berlin
Linden, Tauentzien,
Niemand, der dich nie gesehn,
kann jemals das Gefühl verstehn.
Straßen von Berlin am frühen Morgen
Sieht man in Berlin mal ohne Sorgen,
Punk und Abendkleid
als Strangers in the Night.

Harald Juhnke, Straßen von Berlin, 1998

Kaiser-Wilhelm-Gedächtniskirche und Bikinihaus

TIERGARTEN UND CITY WEST

Grüne Lunge: Tiergarten und drumherum

Der Tiergarten ist die älteste und größte Berliner Grünanlage und gibt einem ganzen Ortsteil den Namen. Die grüne Lunge der Stadt wird vor allem an Wochenenden und Feiertagen zum Treffpunkt der Berliner, die zum Sonnen, Joggen, Skaten, Fußballspielen oder Spazierengehen in den Tiergarten kommen. Inzwischen gilt ein generelles Grillverbot, aber immer noch wird das Grün der Anlage von zahlreichen Großveranstaltungen zwischen Siegessäule und Brandenburger Tor strapaziert.

Dort, wo sich heute der Tiergarten ausbreitet, hatten im 16. Jahrhundert die Kurfürsten von Brandenburg ihr Jagdrevier. 1742 beauftragte König Friedrich II. seinen Architekten Georg Wenzeslaus von Knobelsdorff, das Jagdrevier in einen Barockpark für die Bevölkerung umzugestalten. In der ersten Hälfte des 19. Jahrhunderts war es dann Peter Joseph Lenné, der den Tiergarten in einen englischen Landschaftspark verwandelte. In den kalten Wintern nach dem Zweiten Weltkrieg verfeuerten die frierenden Berliner nahezu den gesamten Baumbestand. Ab 1949 begann die Aufforstung, wobei man Lennés Ideale nicht aus den Augen verlor. Weite, von kleinen Wasser-

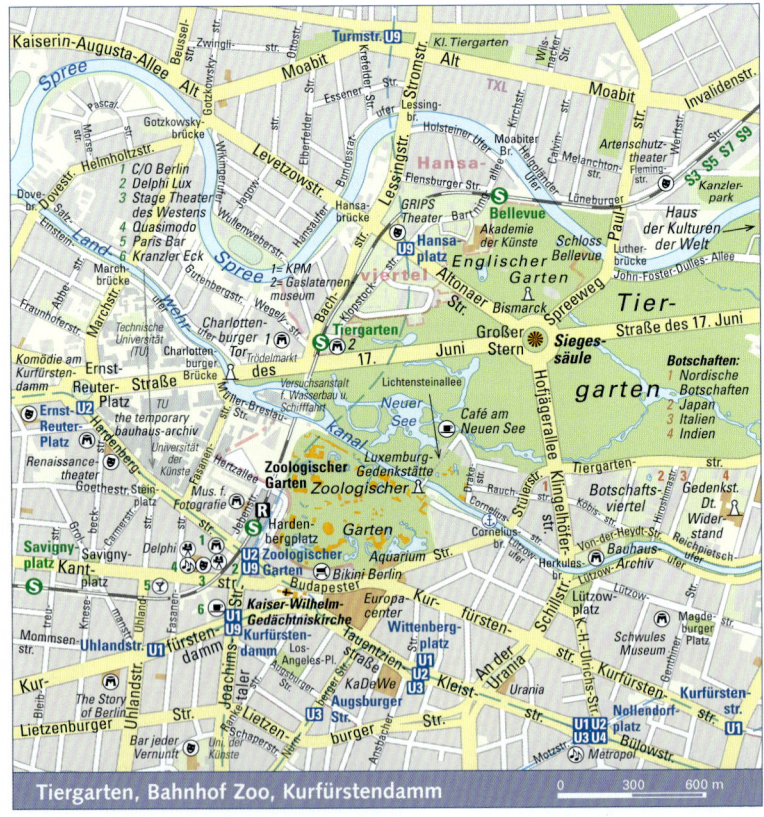

Tiergarten, Bahnhof Zoo, Kurfürstendamm

läufen und Seen unterbrochene Wiesen und Baumgruppen bestimmen das Bild. Wichtigste Verkehrsachse ist die in Ost-West-Richtung vom Brandenburger Tor über die Siegessäule bis zum Ernst-Reuter-Platz verlaufende Straße des 17. Juni. Viele Sehenswürdigkeiten liegen nur wenige Schritte vom Grün des Großen Tiergartens entfernt, so kann man die Stadtbesichtigung immer wieder unterbrechen und sich auf einer der Wiesen entspannen.

Skulpturen und Mahnmale im Tiergarten

Teils versteckt, teils aber auch an prominenter Stelle gibt es rund 70 Skulpturen und Mahnmale im Tiergarten. Nicht weit vom Brandenburger Tor, direkt an der Straße des 17. Juni, befindet sich das monumentale **Sowjetische Ehrenmal** von 1945. An der Nordseite des Großen Sterns steht das nicht minder monumentale **Denkmal des ersten deutschen Reichskanzlers Bismarck**. Auf einem Sockel aus rotem, poliertem Granit steht Bismarck mehr als sechs Meter groß in herrschaftlicher Pose.

Erheblich bescheidener werden die Dichter, Denker und Musikgenies geehrt. In der Südostecke des Tiergartens, nahe der Ebertstraße, haben Goethe und Lessing ihren Platz gefunden. Die Komponisten Beethoven, Mozart und Haydn teilen sich ein Denkmal im Südostteil. Der Komponist Richard Wagner wird gegenüber der Indischen Botschaft in der Tiergartenstraße geehrt. Um ihn scharen sich Figuren aus seinen Opern.

In der Verlängerung der Stauffenbergstraße empfängt Königin Luise Besucher auf der kleinen **Luiseninsel**. Ihr Mann, König Wilhelm III., durfte nicht mit auf die Insel, er blickt aus der Ferne auf seine Frau.

Die **Löwenbrücke** befand sich seit 1838 im südwestlichen Tiergarten, nicht weit vom Neuen See. Von der schönsten Brü-

Goethe im Tiergarten

cke im Tiergarten sind nur noch drei gusseiserne Löwen auf Steinsockeln übriggeblieben, die die Stahlbänder, an denen die Brücke aufgehängt war, im Maul hielten. Die Brücke selbst wurde 2014 abgerissen, ein Neubau nach historischem Vorbild ist auf unbestimmte Zeit vertagt.

Kulturforum

Einen guten Ausgangspunkt für einen Spaziergang rund um den Tiergarten bildet das Kulturforum, das zwischen Landwehrkanal, Potsdamer Platz und dem Südostrand des Tiergartens liegt. Das neue Kulturzentrum Westberlins hätte, wenn es nach dem Architekten Hans Scharoun gegangen wäre, aus einer Ansammlung beeindruckender Solitärgebäude bestanden, doch die Pläne seines Gesamtkonzepts wurden nur zum Teil realisiert, denn mit dem Bau der Neuen Nationalgalerie wurde Ludwig Mies van der Rohe beauftragt.

Heute umfasst das Kulturforum mit **Neuer Nationalgalerie, Gemäldegalerie, Kupferstichkabinett, Musikinstrumentenmuseum** und **Kunstgewerbemuseum** eine Ansammlung hochkarätiger Museen. Zu dem Komplex gehören auch die goldgelb leuchtende **Philharmonie**, eines der bekanntesten Konzerthäuser der Welt, der **Kammermusiksaal** und die **Staatsbibliothek**.

Einziges Relikt aus der Vorkriegszeit ist die von Friedrich August Stüler zwischen 1844 und 1846 erbaute **St.-Matthäus-Kirche** in der Mitte des Kulturforums.

Seit Jahrzehnten wird über eine Neugestaltung des Areals gestritten. Mittlerweile hat man sich auf einen Neubau für ein Museum der Moderne geeinigt. Die Fertigstellung des rund 450 Millionen teuren Neubaus ist für 2026 geplant.

■ **Gemäldegalerie**

Die Gemäldegalerie ist ein hochkarätiges Museum, die Sammlung europäischer Malerei vom 13. bis zum 18. Jahrhundert zählt zu den größten und weltweit bedeutendsten. Insgesamt verfügt die Gemäldegalerie über rund 3000 Werke, von denen immer ungefähr ein Drittel in den 53 Ausstellungsräumen zu sehen ist, dazu kommen noch die 350 Bilder der Studiengalerie. Die Galerie ist systematisch aufgebaut und chronologisch sowie nach Regionen und Kunstschulen geordnet.

Rechts der Eingangsrotunde befinden sich die Räume mit deutscher Malerei des 13. bis 16. Jahrhunderts, niederländischer Malerei des 14. bis 16. Jahrhunderts sowie flämischer Malerei des 17. Jahrhunderts. Links der Haupthalle sind die italienische Malerei vom 13. bis zum 18. Jahrhundert sowie die spanische und französische Malerei des 17. und 18. Jahrhunderts untergebracht. Die Kopfseite ist für die holländische

Malerei des 17. Jahrhunderts reserviert, hier befindet sich auch der **Rembrandt-Saal** mit 16 seiner Werke, in dem auch das berühmte Bild »Der Mann mit dem Goldhelm« zu sehen ist, das einem seiner Schüler zugeschrieben wird.

Neben den Werken von Rembrandt präsentiert die Gemäldegalerie eine Vielzahl hochkarätiger europäischer Maler wie Bosch, Botticelli, Bruegel, Canaletto, Caravaggio, Dürer, Gainsborough, Rubens, Tizian, van Eyck, Velázquez, Vermeer und Watteau (→ S. 190).

■ **Kupferstichkabinett**

Das Kupferstichkabinett beherbergt die größte graphische Sammlung Deutschlands. Sie umfasst mehr als eine halbe Million druckgraphische Werke sowie über 100 000 Zeichnungen, Aquarelle, Pastelle und Ölskizzen vom Mittelalter bis zur Gegenwart. Vertreten sind bedeutende Künstler wie Botticelli, Dürer, Rembrandt, Picasso und Warhol. Weil immer nur ein kleiner Teil der Sammlung gezeigt werden kann, gibt es häufig Wechsel- und Sonderausstellungen (→ S. 190).

■ **Kunstgewerbemuseum**

Das Kunstgewerbemuseum zeigt auf vier Stockwerken die historische Entwicklung des europäischen Kunsthandwerks vom Mittelalter bis zur Gegenwart. Gold- und Silberschmiedearbeiten, Glas- und Porzellangefäße, Möbel und Stoffe – die Vielfalt der Ausstellungsstücke ist erstaunlich. Im Erdgeschoss ist der äußerst sehenswerte **Welfenschatz** ausgestellt. Dabei handelt es sich um 42 Reliquiare, Tragaltäre und Kreuze aus der Zeit zwischen dem 11. und 15. Jahrhundert, die einst zum Domschatz von Braunschweig gehörten (→ S. 190).

■ **Musikinstrumenten-Museum**

Das Museum zeigt regelmäßig rund 800 der 3000 Instrumente umfassenden Sammlung vom 16. Jahrhundert bis zur Gegenwart. Zu sehen sind **Bachs Cembalo**, **Carl Maria von Webers Hammerflügel** oder das **Reisecembalo Friedrichs des Großen**. Ein besonderes Er-

lebnis sind die Führungen donnerstags um 18 Uhr und samstags um 11 Uhr, bei denen einige Instrumente gespielt werden (→ S. 191).

■ **Neue Nationalgalerie**

Wegen umfangreicher Sanierungsarbeiten war die Neue Nationalgalerie, die zwischen 1965 und 1968 nach Plänen von Ludwig Mies van der Rohe erbaut wurde, von Januar 2015 bis August 2021 geschlossen. Seit der Neueröffnung werden in dem imposanten Glaspavillon wieder europäische Malerei und Plastik des 20. Jahrhunderts von der klassischen Moderne bis zur Kunst der 1960er Jahre gezeigt (→ S. 191).

■ **Philharmonie**

Die Philharmonie entstand zwischen 1960 und 1963 und gilt als wichtigster Bau von Hans Scharoun. Musikkenner loben sie wegen der hervorragenden Akustik. Nicht minder berühmt sind die **Berliner Philharmoniker**, die hier ihre Spielstätte haben und als eines der besten Orchester der Welt gelten (derzeit geschlossen, Spielplan unter www.berliner-philharmoniker.de). In den

Eingang zur Gemäldegalerie

Tiergarten und City West

Das Gebäude der Philharmonie von Hans Scharoun

1980er Jahren entstand direkt neben der Philharmonie der ähnlich gestaltete **Kammermusiksaal**, der von Scharouns Schüler Edgar Wisniewski verwirklicht wurde (→ S. 191).

■ **Staatsbibliothek**
Die gegenüber der Philharmonie gelegene Staatsbibliothek entstand von 1967 bis 1978 ebenfalls nach Plänen von Scharoun und bildet den östlichen Abschluss des Kulturforums. Schon die gelb eloxierten Aluminiumplatten der Fassade zeigen unmissverständlich, dass beide Bauten aus der gleichen Feder stammen. Der Neubau wurde nötig, da die alte Staatsbibliothek in Ostberlin nach der Teilung der Stadt für Westberliner nicht mehr zugänglich war (→ S. 191).

Gedenkstätte Deutscher Widerstand
In der benachbarten Stauffenbergstraße trifft man auf den sogenannten **Bendlerblock**, einen Gebäudekomplex, der heute einer der Dienstsitze des Bundesverteidigungsministeriums ist. Unter den Nationalsozialisten befand sich hier das Allgemeine Heeresamt, hier hatte auch

die Widerstandsgruppe um Oberst Claus Schenk Graf von Stauffenberg ihr Zentrum. Nach dem gescheiterten Attentat auf Hitler vom 20. Juli 1944 wurden Mitglieder der Widerstandsgruppe auf dem Hof des Bendlerblocks hingerichtet. An die Widerstandskämpfer erinnert ein Ehrenmal im Hof und die **Dauerausstellung Widerstand gegen den Nationalsozialismus**, die nicht nur der Gruppe um Stauffenberg gewidmet ist, sondern die gesamte soziale Breite und weltanschauliche Vielfalt des Kampfes gegen die nationalsozialistische Diktatur darstellt (→ S. 190).

Botschaftsviertel
Zurück in der Tiergartenstraße kommt man bald an einer Reihe von Botschaften vorbei. Die prächtigen **Botschaften Japans** und **Italiens** aus den 1930er Jahren erstrahlen mittlerweile wieder in neuem Glanz, neue Botschaften und Landesvertretungen sowie luxuriöse Appartements in den Nebenstraßen sind hinzugekommen. Die **Botschaft Indiens** (Tiergartenstraße 17) wurde aus rotem Sandstein aus Rajasthan gebaut. Die **Vereinigten Arabischen Emirate** (Hiroshimastraße

18) entschieden sich für einen Palast wie aus Tausendundeiner Nacht.

Im Vergleich zur benachbarten Indischen Botschaft wirkt die **Botschaft von Südafrika** (Tiergartenstraße 18) fast bescheiden.

An der Klingelhöfer Straße/Ecke Stülerstraße befinden sich die Botschaften der **Nordischen Länder**, die beschlossen haben, ihre Botschaften in einem Komplex zusammenzufassen.

Bauhaus-Archiv

Das weiße Gebäude mit den markanten Oberlichtern ist ein Spätwerk des Bauhaus-Gründers Walter Gropius. Seit 2018 wird es saniert und erweitert. Bis zur Neueröffnung gibt es das **Temporary Bauhaus-Archiv/Museum für Gestaltung** in der Knesebeckstraße mit Ausstellungen, Informationen zum Neubau und dem bauhaus-shop (→ S. 129).

Am alten Standort sollen dann wieder der Nachlass von Walter Gropius, Werke von Paul Klee, Lyonel Feininger, Wassily Kandinsky, Josef Albers und Ludwig Mies van der Rohe sowie Sonderausstellungen aus den Bereichen Kunst, Architektur und Design zu sehen sein (→ S. 190).

Das Bauhaus-Archiv

Schwules Museum

Das 1985 gegründete Museum war das erste weltweit, das sich mit schwulen und lesbischen Themen befasste. Wechselnde Ausstellungen des Museums in der Lützowstraße zeigen lesbische, schwule, transidentische, bisexuelle und queere Lebensgeschichten. Zahlreiche Veranstaltungen, Führungen durch das Museum, eine Bibliothek und ein Archiv gibt es auch (→ S. 191).

Neuer See

Im südwestlichen Teil des Tiergartens in unmittelbarer Nähe zur Spanischen Botschaft liegt der Neue See. Neben einem kleinen Café gibt es an seinem Ufer einen großen, immer gut besuchten Biergarten. Beliebt ist auch der Bootsverleih, vor allem Familien mit Kindern machen gerne einen Ausflug auf den See.

Folgt man vom Café der Lichtensteinallee und überquert auf der gleichnamigen Brücke den Landwehrkanal, kommt man zu dem gusseisernen **Namenszug Rosa Luxemburg**. Er erinnert daran, dass hier die ermordete Revolutionärin in den Kanal geworfen wurde. Etwas weiter nördlich gibt es am Ufer des Neuen Sees ein **Denkmal für Karl Liebknecht**.

Zaun der Botschaft der Vereinigten Arabischen Emirate in der Hiroshimastraße

Bahnhof Zoologischer Garten und Umgebung

Von 1884 bis 2006 hielten Fernzüge am Bahnhof Zoo. Während der Teilung der Stadt war der Bahnhof der wichtigste Verkehrsknotenpunkt im Westteil Berlins. Vor dem Bahnhofsgebäude auf dem Hardenbergplatz startet auch die berühmte **Buslinie 100**, mit der man für den Preis eines normalen Fahrscheins eine Stadtrundfahrt machen kann. Der Bahnhof Zoo, vor allem dessen Rückseite zur Jebensstraße, ist einer der sozialen Brennpunkte der Stadt und Treffpunkt der Drogen- und Stricherszene. Das Buch »Wir Kinder vom Bahnhof Zoo« und der Film von 1981, die die Geschichte der Christiane F. erzählen, erlangten bundesweite Bekanntheit.

Museum für Fotografie

Alte Liebe rostet nicht. So könnte man das Verhältnis von Helmut Newton zu seiner Heimatstadt Berlin beschreiben – und das, obwohl die ihn nicht immer gut behandelt hat. Denn 1938 musste New-

ton als 18-Jähriger seine Heimatstadt auf der Flucht vor den Nazis verlassen. Das Museumsgebäude in der Jebensstraße ist das letzte Gebäude, auf das Newton einen Blick werfen konnte, bevor er 1938 den Zug ins Exil bestieg. Neben mehr als 1000 Fotografien umfasst der Nachlass viele persönliche Gegenstände und seine komplette Kamerasammlung. Es finden auch regelmäßig Wechselausstellungen mit Werken anderer Fotografen statt (→ S. 192). Noch mehr Fotokunst gibt es direkt um die Ecke, im **C/O Berlin** in der Hardenbergstraße 22–24 (Amerika-Haus, → S. 191)

Zoologischer Garten

Die Berliner lieben ihren Zoo, der als erster deutscher Tierpark auf Initiative von Alexander von Humboldt entstand. Nach dreijähriger Bauzeit öffnete die von Gartenbaudirektor Peter Joseph Lenné entworfene Anlage 1844 ihre Eingänge. Die ersten Tiere waren ein Geschenk

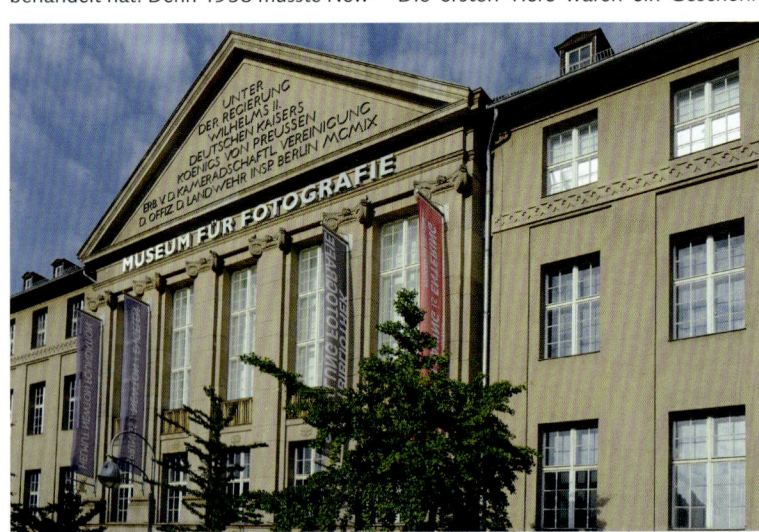

Karte S. 114

▲ *Das Museum für Fotografie*

von König Wilhelm IV. Heute werden auf einer Fläche von 34 Hektar mitten in der Stadt mehr als 20 000 Tiere gehalten. Architektonisch interessant sind das **Elefantentor** in der Budapester Straße, das historische **Giraffenhaus** und das moderne **Flusspferdhaus**.

Mit knapp 3,5 Millionen Besuchern jährlich zählt der Zoo zu den meistbesuchten Sehenswürdigkeiten der Stadt. Die Pandabären – eine Leihgabe aus China – gehören nach wie vor zu den Hauptattraktionen (→ S. 191).

Aquarium

Gleich neben dem Zoologischen Garten liegt das von 1911 bis 1913 errichtete Aquarium, das zu den größten der Welt zählt. Im Altbau befinden sich 72 Aquarien mit einem Volumen bis zu 12 000 Li-

Das Elefantentor ist einer von mehreren Eingängen zum Zoo

tern, in denen Süß- und Meerwasserfische aus aller Welt zu sehen sind (→ S. 191).

Straße des 17. Juni und nördlicher Tiergarten

Im Dreieck zwischen Hardenbergstraße, Straße des 17. Juni und den S-Bahn-Gleisen befinden sich fast ausschließlich Einrichtungen der Technischen Universität Berlin und der Universität der Künste. Durch die Fasanenstraße gelangt man direkt an der Charlottenburger Brücke auf die schnurgerade Straße des 17. Juni und kann schon die Siegessäule sehen. Zu beiden Seiten der Brücke befindet sich das **Charlottenburger Tor**, ein neobarockes Bauwerk vom Anfang des 20. Jahrhunderts. Es bildet das weniger bekannte Pendant zum Brandenburger Tor auf der anderen Seite des Tiergartens.

Auf der linken Straßenseite zwischen Charlottenburger Tor und S-Bahn-Brücke findet jeden Samstag und Sonntag der **Floh- und Kunsthandwerkermarkt** statt. Nur wenige Meter weiter und von der Straße kaum zu erahnen, liegen an der Tiergartenschleuse einige Hausboote vor Anker.

Gaslaternen-Museum

Was haben eine »Wilmersdorfer Witwe« und ein »Bullenbein« gemeinsam? Beide sind Gaslaternen und befinden sich im Gaslaternen-Freilichtmuseum in unmittelbarer Nähe des S-Bahnhofs Tiergarten. Gleich hinter der S-Bahn-Brücke sind 90 historische Gaslaternen im Tiergarten im Abstand von wenigen Metern aufgereiht, die aus der Zeit zwischen 1826 und 1956 stammen. Da die Laternen jedoch mehrfach zerstört oder beschädigt wurden, wird ein neuer Standort gesucht.

Königliche Porzellan-Manufaktur

Für Liebhaber edlen Porzellans ist der kurze Abstecher vom S-Bahnhof Tiergarten in die Wegelystraße 1 zur KPM-Welt Pflicht. Friedrich der Große gründete die Königliche Porzellan-Manufaktur 1763.

Das Firmensignet ist seit jeher das kobaltblaue Zepter, das auf jedem Stück zu finden ist. Die KPM ist auch heute noch eine Manufaktur, das heißt, alle Stücke sind handsignierte, hochpreisige Unikate (→ S. 192).

Siegessäule

Egal, aus welcher Richtung man sich dem Großen Stern, dem zentralen Platz mitten im Tiergarten, nähert, die Siegessäule ist schon aus der Ferne zu sehen. Fünf große Hauptstraßen treffen hier auf einen Riesenkreisverkehr. Im Zentrum erhebt sich die 69 Meter hohe Siegessäule. Auf deren Spitze steht die Bronzeskulptur der Siegesgöttin Viktoria, mit Lorbeerkranz, adlergeschmücktem Helm und Feldzeichen mit Eisernem Kreuz. Von den Berlinern wird die vergoldete Viktoria respektlos »Goldelse« genannt. Ursprünglich stand die Siegessäule auf dem Königsplatz, dem heutigen Platz der Republik, vor dem Reichstag, sie wurde jedoch von den Nationalsozialisten 1939 an ihren heutigen Standort umgesetzt. Errichtet wurde sie von 1871 bis 1873 als Erinnerung an die siegreichen Kriege Preußens gegen Österreich, Frankreich und Dänemark.

Im Innern der Säule führen 285 Stufen zur **Aussichtsplattform** in 50 Metern Höhe, von der man einen weiten Blick über den Tiergarten und die Stadt genießt.

Englischer Garten

Seit 1952 gibt es innerhalb des Tiergartens nördlich der Siegessäule den Englischen Garten. Der Name sagt nichts über den Stil der Anlage, sondern geht auf den englischen General Geoffrey Bourne zurück, der mit dem Park an die gute deutsch-britische Zusammenarbeit während der Blockade (1948/49) erinnern wollte. Nach der Umgestal-

tung des reetgedeckten **Teehauses** ist dieses Kleinod wieder einen Besuch wert. An kühlen Tagen gibt es drinnen Kunst am Kamin, im Sommer hat man von der Terrasse einen schönen Blick auf die gepflegte Gartenanlage. Während des Konzertsommers stehen zwischen Ende Juni und Mitte August an den Wochenenden Live-Konzerte auf dem Programm.

Hansaviertel

Das Hansaviertel am nördlichen Rand des Tiergartens reicht bis in die Parkanlage. Im Zweiten Weltkrieg wurde der bürgerliche Stadtteil Tiergarten mit seinen prächtigen Altbauten fast vollständig zerstört und dann im Rahmen der Bauausstellung Interbau zwischen 1953 und 1957 völlig neu gestaltet. Das Hansaviertel war als Antwort auf den Aufbau Ostberlins gedacht, der mit der Stalinallee sein Vorzeigeprojekt hatte. Anstelle der geschlossenen Blockbebauung der Vorkriegszeit entstanden im neuen Hansaviertel aufgelockerte Strukturen aus Flachbauten und höheren Häusern, die fließend in das Grün des Tiergartens übergehen. Zentraler Bereich der Internationalen Bauausstellung war das Gebiet zwischen S-Bahn-Trasse und Tiergarten. An der Gestaltung waren 48 Architekten aus 13 Ländern beteiligt, unter ihnen viele namhafte Vertreter des modernistischen Bauens wie Alvar Aalto, Walter Gropius, Arne Jacobsen, Oscar Niemeyer und Max Taut.

Seit 1974 hat das **Grips-Theater** seine Spielstätte am U-Bahnhof Hansaplatz. Auch dieses Haus entstand im Rahmen der Internationalen Bauausstellung. Schon bald machte sich das Theater mit politisch nicht immer unumstrittenen linken Kinder- und Jugendstücken einen Namen, größter Erfolg war 1985 das Stück »Linie 1«. (www.grips-theater.de).

◀ Karte S. 114

Die Siegessäule mitten auf dem Großen Stern

Das Haus der Kulturen der Welt mit dem Bronze-Schmetterling von Henry Moore

Schloss Bellevue

Schloss Bellevue liegt ebenfalls im nördlichen Tiergarten am Ufer der Spree. 1784 erwarb Prinz August Ferdinand von Preußen, der jüngste Bruder von Friedrich dem Großen, das Areal und ließ in den darauffolgenden Jahren von dem Architekten Michael Philipp Boumann das Schloss Bellevue – damals noch vor den Toren der Stadt gelegen – errichten. Der langgestreckte Hauptbau wird von zwei Seitenflügeln, dem »Damenflügel« und dem »Spreeflügel«, flankiert. Das Gebäude wurde in einem Übergangsstil zwischen Barock und Klassizismus gestaltet und sollte in erster Linie als Wohnschloss dienen. Seit 1994 ist das Gebäude der erste Amtssitz des Bundespräsidenten.

Der **Schlosspark** gehörte zu den ersten Landschaftsgärten in Preußen. Der Entwurf sah ein System von Sichtachsen vor, die fächerartig vom Schloss in die Landschaft führen. Der damals hervorragenden Aussicht in die umgebende Parklandschaft und auf diverse »Points de Vue« verdankt die Anlage ihren Namen »Bellevue«.

Haus der Kulturen der Welt

Das Gebäude mit der eigenwilligen Dachkonstruktion wurde 1957 zur internationalen Bauausstellung als Symbol der deutsch-amerikanischen Freundschaft errichtet. Im Volksmund »Schwangere Auster« genannt, wurde es bis 1980, als ein Teil des Daches einstürzte, als Kongresshalle genutzt. Erst sieben Jahre später, zur 750-Jahr-Feier Berlins, war das Dach wieder instandgesetzt. 1989 zog das »Haus der Kulturen der Welt« ein, ein Forum für Theater- und Tanzaufführungen, Ausstellungen, Lesungen und Filme, hauptsächlich aus Ländern der sogenannten Dritten Welt. Im Wasserbecken vor dem Gebäude befindet sich die Plastik »Zwei Formen« von Henry Moore.

Zur 750-Jahr-Feier wurde südöstlich auch das **Carillon**, das größte Glockenspiel Europas, eingeweiht, das auf Pläne des Musikwissenschaftlers Jeffery A. Bossin zurückgeht. Im Innern des 42 Meter hohen, mit Granit verkleideten Betonturmes befinden sich 68 Glocken, die um 12 und 18 Uhr für jeweils fünf Minuten erklingen (→ S. 190).

Karte S. 114

Es tut sich was: die City West

Die City West hat die Wende komplett verschlafen. Als es die Mauer noch gab, waren Tauentzien und Kurfürstendamm, den die Berliner nur Ku'damm nennen, konkurrenzlos. In Charlottenburg und Wilmersdorf und vor allem in weitem Umkreis rund um den Ku'damm konnte man feiern und ausgehen, egal, ob Studentenkneipe oder Edelrestaurant. Vom Boom der Ost-Szeneviertel wie Prenzlauer Berg, Mitte und Friedrichshain war man im Westen völlig überrascht. So verlagerten sich die Touristenströme bald in Richtung Osten, anfangs vielleicht nur aus Neugier, später aus Überzeugung. Einzelne Neubauvorhaben wie das Kranzler-Eck konnten den Gesamteindruck des Stillstandes nicht verwischen.

Seit einigen Jahren aber stehen die Renaissance des Westens und die Rückeroberung der Touristen ganz oben auf der Agenda der Ku'damm-Anrainer. Am stärksten hat sich die Silhouette der City West durch das 119 Meter hohe »Zoofenster« verändert, ein Hochhaus zwischen Hardenberg-, Kant- und Joachimsthaler Straße. Auch Breitscheid-platz und Kaiser-Wilhelm-Gedächtniskirche wurden in das Sanierungsprogramm einbezogen.

Wittenbergplatz und Tauentzienstraße

Der in den 1890er Jahren angelegte Wittenbergplatz erhielt seinen Namen nach der Schlacht von Wittenberg im Jahr 1813 während der napoleonischen Befreiungskriege. Vom Wittenbergplatz bis zum Breitscheidplatz führt die breite Tauentzienstraße, die zur Kaiserzeit nach dem Vorbild Pariser Boulevards angelegt wurde. Sie ist der Beginn der berühmten Einkaufsmeile, die sich bis zum Ende des Kurfürstendamms hinzieht.

KaDeWe

Mit rund 60 000 Quadratmeter Verkaufsfläche ist das »Kaufhaus des Westens« eines der größten Kaufhäuser Europas. Schnäppchenjäger verirren sich nur selten in diesen Konsumtempel, denn hier wird edel und fein geshoppt. Legendär ist die **Feinschmeckerabteilung** im sechsten Stock. Dort soll es – neben Speziali-

Tiergarten und City West

Symbole des neuen Aufbruchs in der City West: Bikinihaus und Zoofenster

täten aus aller Welt – geschätzte 400 Brot-, 1200 Wurst- und 1300 Käsesorten geben (→ S. 198).

Zum 750-jährigen Stadtjubiläum 1987 wurde auf dem Mittelstreifen der Tauentzienstraße die nicht zu übersehende **Skulptur Berlin** aufgestellt. Das Künstlerpaar Matschinsky-Denninghoff wollte mit den verschlungenen, aber zerrissenen Chrom-Nickel-Röhren die damals geteilte und doch zusammengehörige Stadt symbolisieren. Mit dem Mauerfall zwei Jahre später hatte sich das Thema eigentlich erledigt, aber die »tanzenden Spaghetti« stehen immer noch an ihrem Platz.

Kaiser-Wilhelm-Gedächtniskirche

Der Breitscheidplatz, einer der belebtesten Treffpunkte der Stadt, liegt am Übergang von Tauentzienstraße zum Kurfürstendamm. Den Mittelpunkt bildet eines der Wahrzeichen Berlins, die

Die Ruine der Kaiser-Wilhelm-Gedächtniskirche

Kaiser-Wilhelm-Gedächtniskirche. Die von 1891 bis 1895 erbaute neoromanische Kirche sollte dem ersten deutschen Kaiser ein prunkvolles Andenken sichern. Doch am 23. November 1943 fielen große Teile einem Bombenangriff zum Opfer. Nur der Westturm blieb als Ruine stehen und war fortan eines der Wahrzeichen Berlins.

1956 sollte auch der Rest der Ruine einem Neubau weichen, doch die Berliner protestierten vehement. So entstand zwischen 1959 und 1961 nach Plänen von Egon Eiermann lediglich um das Mahnmal herum ein Neubau. Das neue Ensemble besteht aus einem achteckigen Kirchenschiff, einem sechseckigen Betonturm und einer kleinen rechteckigen Sakristei. Alle Gebäude haben wabenförmige Wände aus insgesamt 33 000 Glasbausteinen, die im Innern ein intensiv blaues Licht erzeugen.

Beliebt ist der Weihnachtsmarkt an der Gedächtniskirche. Am 19. Dezember 2016 ereignete sich hier ein Terroranschlag, bei dem zwölf Menschen getötet wurden. An die Opfer des Anschlags erinnert ein Riss mit Bronzelegierung, der als Mahnmal in die Stufen zur Gedächtniskirche eingelassen wurde (→ S. 126).

Europa-Center und Zoobogen

Zwischen Gedächtniskirche und Europa-Center befindet sich der **Weltkugelbrunnen**, auch als Wasserklops bekannt, aus rotem Granit mit mehreren Bronzefiguren. Von dort sind es nur wenige Schritte zum Mitte der 1960er Jahre errichteten **Europa-Center** mit fast 100 Geschäften und zahlreichen Restaurants. Eine Sehenswürdigkeit im Innern ist die drei Stockwerke hohe »Uhr der fließenden Zeit«. Sie besteht aus einem System kommunizierender Röhren, in denen farbiges Wasser fließt. Im Zwölf-Stunden-Takt, jeweils um 1 Uhr und 13 Uhr, leert

Café am Kurfürstendamm

sich das gesamte System, und der Zyklus beginnt von neuem.

Mit der Fertigstellung des an den Breitscheidplatz angrenzenden Hochhausprojektes **Zoofenster** und der Sanierung des sogenannten **Bikinihauses**, einem länglichen, ehemaligen Industrie-, Geschäfts- und Bürogebäude aus den 1960er Jahren, hat sich das Aussehen des Platzes in den letzten Jahren stark verändert. Das Bikinihaus beherbergt seit der Eröffnung 2014 ein Einkaufszentrum sowie gastronomische Betriebe. Zu den Highlights gehören Restaurant und Bar im obersten Stock des Hotels 25hours (→ S. 181) – der Blick ist spektakulär.

Kurfürstendamm

Gleich zu Beginn der Hauptschlagader der City-West, dem Kurfürstendamm, sieht man linker Hand das **Marmorhaus**, einst eines der beliebtesten Kinos am Ku'damm. Nur noch die Marmorfassade mit dem Schriftzug hoch oben erinnert an das Kino. Nach dem Auszug eines Modelabels wird das Haus von der japanischen Lifestyle-Marke Muji genutzt.

An der Ecke zur Joachimsthaler Straße liegt das altehrwürdige **Kranzler-Eck**, dahinter das **ehemalige Bilka-Kaufhaus**. Das Baudenkmal wird heute von Karstadt-Sports betrieben. Doch ins Auge fallen nicht diese flachen Nachkriegsbauten, sondern die 60 Meter hohe, gläserne Wand, die in einer messerscharfen Spitze am Ku'damm endet. Der 16-geschossige moderne Glaspalast von Stararchitekt Helmut Jahn ist Teil des **Neuen Kranzler-Ecks** und reicht bis zur Bahntrasse an der Kantstraße. Wer durch die Passage schlendert, kommt ungefähr auf halbem Weg zu einem Durchlass, der in einen ruhigen Innenhof zwischen altem und neuem Kranzler-Eck führt. Zur Überraschung steht man dann vor zwei großen Volieren, in denen über 150 Vögel leben, darunter Fasane, Sittiche und Enten.

■ Café Kranzler

Das alte Café Kranzler war einst Treffpunkt der oberen Zehntausend und eines der legendärsten Cafés der Stadt. Doch von der einst großzügigen Kaffeehaus-Architektur ist im Zuge der Neubebau-

Tiergarten und City West

Das Literaturhaus in der Fasanenstraße

ung nur die Rotunde auf dem Flachdach übriggeblieben. Ohne die Auflagen des Denkmalschutzes hätte das Café wohl ganz weichen müssen. Gegenüber hat das **Neue Ku'damm-Eck** das alte aus den 1970er Jahren ersetzt. Das geschwungene Gebäude des Hamburger Büros »gmp« von Gerkan, Marg & Partner, beherbergt Geschäfte und ein Hotel.

■ Fasanenstraße
Auch in den ruhigen Nebenstraßen des Ku'damms gibt es wunderschöne Gründerzeithäuser sowie attraktive Geschäfte und Restaurants. Eine der feinsten Adressen ist die Fasanenstraße. Hier lohnt ein Besuch des **Literaturhauses** (Fasanenstraße 23) schon wegen des Cafés mit Wintergarten.

■ The Story of Berlin
Zwischen Uhlandstraße und Knesebeckstraße lädt »The Story of Berlin« auf der linken Straßenseite zu einer multimedialen Zeitreise durch 800 Jahre Berliner Geschichte ein (Kurfürstendamm 207–208). Eine weitere Attraktion sind die Führungen durch den **Atomschutzbunker** unter dem Kurfürstendamm (wegen

Umbau geschlossen, Wiedereröffnung vermutlich im Herbst 2023, → S. 192).

■ Schaubühne am Lehniner Platz
Je weiter man sich vom Stadtzentrum entfernt, desto seltener werden die Geschäfte der Luxusmarken. Die Schaubühne ist Teil eines Bauensembles aus den 1920er Jahren von Erich Mendelsohn. Der Komplex beherbergte ursprünglich ein großes Kino, 1981 zog nach einem Umbau die Schaubühne am Halleschen Ufer ein und nannte sich fortan Schaubühne am Lehniner Platz. Legendäre Inszenierungen von Peter Stein haben den Ruhm der Bühne begründet (→ S. 196).

■ Rathenauplatz
Den westlichen Abschluss des Boulevards bildet der Rathenauplatz. Auf der Rasenfläche in der Mitte stehen seit 1987 zwei vom Künstler Wolf Vostell in Beton gegossene Cadillacs. Sein Anliegen, den »24-stündigen Tanz der Autofahrer um das Goldene Kalb« darzustellen, konnten die Berliner lange nicht nachvollziehen. Die inzwischen sanierten Cadillacs waren eines der umstrittensten Kunstwerke im Berlin der Nachkriegszeit.

Kantstraße
Die rund vier Kilometer lange Kantstraße – im weiteren Verlauf wird sie zur Neuen Kantstraße – führt vom Breitscheidplatz in westlicher Richtung bis zum Messegelände. Seit 1887 ist sie nach dem Philosophen Immanuel Kant benannt.
Nur wenige Schritte hinter der Kreuzung mit der Joachimsthaler Straße fällt das 1896 fertiggestellte **Theater des Westens** mit seiner prunkvollen weißen Fassade sofort ins Auge. Bei genauerer Betrachtung erkennt man einen Stilmix aus Renaissance-, Empire- und Jugendstilelementen. Das überladene Foyer bildet den Höhepunkt des Plüsch und Pomp im

Das Stage Theater des Westens

Innern. Auf der »Bühne der Weltstars« sind schon Größen wie Marlene Dietrich oder Hildegard Knef aufgetreten, heute werden im Stage Theater des Westens Musicals aufgeführt (→ S. 196). Neben dem Theater, im Keller unter dem sehens- und besuchenswerten Delphi-Filmpalast, befindet sich das **Quasimodo**, einer der ältesten Berliner Jazzclubs, in dem aber auch andere Stilrichtungen gespielt werden (→ S. 187). Auf der anderen Straßenseite wurde Mitte der 1990er Jahre mit dem **Kant-Dreieck** eines der wenigen Nachkriegshochhäuser der City-West errichtet. Unverwechselbar ist das Gebäude des Stararchitekten Josef Paul Kleihues durch die große Wetterfahne in Form eines drehbaren Aluminiumsegels – dem Hahnenkamm – auf dem Dach.

In der Kantstraße 152 kommt man linker Hand zur **Paris Bar**, die schon zu Mauerzeiten eine Institution war und in der schon fast jeder Weltstar auf Berlinbesuch einmal gesessen hat (→ S. 182).

Zwischen Uhlandstraße und Savignyplatz liegt auf der linken Straßenseite (Kantstraße 148) ein absoluter Klassiker: das **Schwarze Café**, in dem man rund um die Uhr einkehren kann.

Savignyplatz

Der Savignyplatz wird von der Kantstraße in der Mitte durchschnitten. Die kleine grüne Oase mit Restaurants, Bars und Cafés ist seit den 1968ern beliebter Treff von Studenten und Touristen. Im **Zwiebelfisch** (geschlossen, Wiedereröffnung ungewiss) diskutieren noch heute die Alt-68er über die Weltrevolution. Auch die **Dicke Wirtin** gibt es schon seit dieser Zeit und immer noch ist sie für preisgünstige deutsche Hausmannskost bekannt. Im **Bücherbogen** findet man so manch schönen Band über Architektur, Foto, Film und Design. Lust, in einem Museum schwimmen zu gehen? Dann unbedingt in die Krumme Straße abbiegen und eine Eintrittskarte für die Alte Halle des **Stadtbades Charlottenburg** kaufen. Das 1898 erbaute Bad ist ein architektonisches Kleinod und sucht in Deutschland seinesgleichen: im Jugendstil ausgeschmückt, mit Gaslaternen über dem Becken, verklinkerten und gekachelten Wänden (derzeit geschlossen).

In der Knesebeckstraße 1–2, fast am Ernst-Reuter-Platz, befindet sich **the temporary bauhaus-archiv**, der vorübergehende Sitz des Bauhaus-Archivs (→ S. 119).

Buchhandlung am Savignyplatz

Tiergarten und City West

Prachtbau der Hohenzollern: Schloss Charlottenburg

Schloss Charlottenburg und Umgebung

Schloss Charlottenburg, ohne Zweifel das größte und schönste Schloss der Stadt, ist der glanzvolle Höhepunkt barocker Architektur und zeugt von der beeindruckenden Baukunst und dem Repräsentationsbedürfnis der preußischen Könige. Es entstand 1695 bis 1699 als Sommerresidenz für Sophie Charlotte, die Gemahlin des Kurfürsten Friedrich III., der sich 1701 selbst zum König krönte und fortan als Friedrich I. regierte.

Das spätere Schloss wurde zunächst Lietzenburg genannt, nach dem Dorf, auf dessen Grund das Bauwerk stand. Anfangs hatte es noch recht bescheidene Ausmaße und wurde, nach dem Vorbild von Versailles, im Laufe der folgenden hundert Jahre immer wieder erweitert, bis der Bau schließlich eine Länge von 505 Metern erreichte. Zur Zeit Sophie Charlottes wurden glanzvolle Feste im Schloss gefeiert und es war kultureller Mittelpunkt der feinen Gesellschaft. Nach Sophie Charlottes Tod im Jahre 1705 erhielt es ihren Namen und hieß von nun an Schloss Charlottenburg.

Aufgrund der zahlreichen An- und Umbaumaßnahmen gliedert sich das Schloss heute in eine Reihe von unterschiedlichen Gebäudetrakten. Der im Gelb der Hohenzollern gehaltene Mitteltrakt mit dem charakteristischen Kuppelturm ist der älteste Teil des Schlosses, die Orangerie und die Seitentrakte kamen nach der Krönung des Kurfürsten zum König hinzu, der östliche Neue Flügel wurde zwischen 1740 und 1746 unter Friedrich II. errichtet.

Im Mitteltrakt liegen die **Räume von Friedrich I. und seiner Frau Sophie Charlotte**, die Einrichtung besteht hauptsächlich aus chinesischen Lackmöbeln, die zur damaligen Zeit in Europa in Mode waren. Die Leidenschaft des Königs für asiatische Kunst lässt sich auch im **Porzellankabinett** bewundern, einem der bemerkenswertesten Räume des Schlosses, das annähernd 3000 kostbare ostasiatische Porzellanstücke aus dem 17. und 18. Jahrhundert zeigt. Sehenswert sind außerdem die **Schlosskapelle**, der **Gobelinraum** und die vertäfelte **Eichengalerie**, die bis zur Wende für Staatsempfänge genutzt wurde. Im Erdgeschoss des Neuen Flügels liegen die Wohnräume einiger Preußenkönige, im ersten Stock gelangt man in die **Wohnräume Friedrichs des Großen** und in die 42 Meter lange **Goldene Galerie** und den mit rosa Stuckmarmor verkleideten großen **Speisesaal** (Weißer Saal). → S. 192. Im Vestibül des Neuen Flügels werden klassizistisch-romantische Skulpturen ausgestellt.

Schlosspark

Der weitläufige Schlosspark ist eine der schönsten Grünanlagen der Stadt und nicht nur ein Anziehungspunkt für Touristen, sondern auch ein beliebter Treffpunkt der Berliner. Der 55 Hektar große Schlossgarten wurde unter Siméon Godeau, einem Schüler Le Nôtres, als erster deutscher Garten im französischen Stil mit Brunnenanlage angelegt – sehr streng und sehr geometrisch. Im Laufe der Jahre änderte sich die Mode und mit ihr der Park. Ein Teil der Fläche wurde nun naturnah im englischen Stil neu angelegt. Ab 1819 war Peter Joseph Lenné für den Schlosspark verantwortlich, unter ihm verschwand die Barockanlage fast vollständig. Nach den Kriegsschäden begann man in den 1950er Jahren damit, den ursprünglichen Zustand wiederherzustellen, womit man erst 2001 fertig war.

Der vordere Teil des Parks ist nach den Idealen des Barock geometrisch auf das

Schloss ausgerichtet, der hintere Teil ist aufgelockerter und ähnelt eher einem Landschaftspark des 19. Jahrhunderts. Im Schlosspark liegen das **Mausoleum von Königin Luise** und der Rokokopavillon **Belvedere**, der König Friedrich Wilhelm II. als Rückzugsort diente. In den Innenräumen wird heute kostbares Porzellan gezeigt. Der klassizistische **Neue Pavillon**, ein Juwel der Schinkelzeit, ist ein königliches Sommerhaus aus dem frühen 19. Jahrhundert. Im Innern zeigt eine Dauerausstellung das vielfältige Wirken Schinkels.

Käthe-Kollwitz-Museum

Der Theaterbau des Schlosses beherbergt seit Herbst 2022 das **Käthe-Kollwitz-Museum** mit vielen bedeutenden Werken der Künstlerin (→ S. 191).

Classic Remise

Wer nach dem Schlossbesuch und vor den nächsten Kunstgenüssen etwas Abwechslung sucht, kann einen Abstecher zur Classic Remise in der Wiebestraße 36–37 machen – ein Traum für Oldtimerfans. Die Wiebehallen in Tiergarten wurden zwischen 1899 und 1901 als größtes Straßenbahndepot Europas errichtet. Seit 2003 stehen in den denkmalgeschützten Hallen statt Straßenbahnwaggons unzählige Oldtimer zum Teil in gläsernen Garagen.

Museum Berggruen

Für Picasso-Fans ist das Berggruen-Museum im westlichen Stülerbau gegenüber dem Schloss Charlottenburg ein Muss. Hier sind mehr als 90 Werke des spanischen Künstlers ausgestellt: Gemälde, Skulpturen und Zeichnungen aus allen Schaffensperioden. Die außergewöhnliche Sammlung verdankt ihre Existenz der Freundschaft zwischen Heinz Berggruen und Pablo Picasso.

Den zweiten Schwerpunkt bilden über 60 Bilder von Paul Klee. Mit über 20 Werken ist auch Henri Matisse vertreten, darunter einige seiner berühmten Scherenschnitte. Plastische Werke von Alberto Giacometti ergänzen diese äußerst sehenswerte Sammlung.

Der Berliner Heinz Berggruen (1914–2007) war einer der erfolgreichsten Kunstsammler Europas. Er verkaufte seine Sammlung dem Land Berlin, das sie seit 1996 im Stülerbau untergebracht hat. Berlin bedankte sich auf seine Weise: 2004 wurde Berggruen Ehrenbürger seiner Geburtsstadt. Nach seinem Tod stockte seine Familie den Bestand des Museums mit weiteren hochkarätigen Leihgaben nochmals auf (wegen Sanierung bis voraussichtlich 2025 geschlossen, → S. 192).

Bröhan-Museum

Hinter dem Museum Berggruen befindet sich das Bröhan-Museum mit Sammlungen zu Jugendstil, Art Déco und Funktionalismus. Vertreten sind Kunsthandwerk und Bildende Kunst aus der Zeit zwischen 1890 und 1939. Zum Museumskonzept gehört die Einrichtung ganzer Räume mit authentischen Möbeln, Teppichen, Lampen und Gemälden der jeweiligen Epoche, was sehr anschauliche Einblicke in das Alltagsleben gibt (→ S. 191).

Sammlung Scharf-Gerstenberg

Im östlichen Stülerbau, ebenfalls gegenüber dem Haupteingang des Schlosses, wird die Ausstellung »Surreale Welten« gezeigt. Auf drei Etagen kann man in die fantastischen Welten von bekannten Surrealisten wie Max Ernst, René Magritte oder Salvador Dalí eintauchen. Gemälde und Skulpturen werden ergänzt durch surrealistische Filme von Dalí und Luis Buñuel. Otto Gerstenberg war Anfang

Faltkarte E4

Traumhafte Oldtimer in der Classic Remise

des 20. Jahrhunderts einer der größten Kunstsammler Berlins (→ S. 192).

Gipsformerei

Folgt man dem Spandauer Damm vom Haupteingang des Schlosses in westlicher Richtung, kommt man nach rund 400 Metern zur Gipsformerei. Sie geht auf Friedrich Wilhelm III. zurück, seit 1891 ist sie in der Sophie-Charlotten-Straße untergebracht. Es ist die weltweit älteste und größte Sammlung dieser Art. Im Ausstellungsraum gibt es eine Auswahl an Repliken; man darf aber nicht nur schauen, sondern kann sich auch die Büste der Nofretete oder eines der anderen 7000 Objekte als Gipsreplik bestellen. Die Auswahl an Kunstwerken reicht von der Antike bis ins 20. Jahrhundert.

Besondere Hotels

➜ Mitte
Arte Luise Kunsthotel Nomen est omen: Kunstvoll nächtigen in von Künstlern individuell gestalteten Zimmern. → S. 180
Honigmond Garden Hotel Stilvolle, liebevoll gestaltete Zimmer, hübscher Garten. Mittendrin und trotzdem ruhig. → S. 180

➜ Friedrichshain
Almodóvar Hotel Boxhagener Str. 83, 10245 Berlin, Tel. 692097080; DZ ab ca. 230 Euro. Modernes, lebendiges Biohotel mit vegetarisch-veganem Restaurant und Sauna auf dem Dach. ➜ **U5** Samariterstraße, **S3, Ringbahn S41/S42, S5, S7, S75, S8, S85** Ostkreuz, Karte F13. www.almodovarhotel.de

Eastern Comfort Hostelboot, Mühlenstr. 73, 10243 Berlin, Tel. 66763806; Doppelkabine ab 82 Euro, Bett in Mehrbettkabine ab 19 Euro. An der Oberbaumbrücke, beliebt bei jüngeren Touristen. ➜ **U1, U3** Schlesisches Tor, **S3, S5, S7, S75, S9, U1, U3** Warschauer Straße, Karte F12. www.eastern-comfort.com

➜ Charlottenburg
Sir Savigny, Kantstr. 144, 10623 Berlin, Tel. 3021782638; DZ ab ca. 130 Euro. Cool-stylische Zimmer und Suiten. ➜ **S3, S5, S7, S9** Savignyplatz, Karte F5. www.sirhotels.com
25hours Hotel im Bikinihaus. Witzig eingerichtete Zimmer mit Blick auf die Gedächtniskirche oder den Zoo. → S. 181

Tiergarten und City West

Guten Morgen Berlin ...
Ich bin kaputt und reib mir aus
meinen Augen deinen Staub,
du bist nicht schön und das weißt du auch,
dein Panorama versaut,
siehst nicht mal schön von weitem aus,
doch die Sonne geht gerade auf,
und ich weiß, ob ich will oder nicht,
dass ich dich zum Atmen brauch.

Peter Fox, Schwarz zu Blau, 2008

Die Sunset-Bar auf Deck 5 an der Schönhauser Allee

PRENZLAUER BERG
FRIEDRICHSHAIN
KREUZBERG

Ein Kiez macht Karriere: Der Prenzlauer Berg

Prenzlauer Berg, das ist der Kiez, in dem die Besserverdiener mit ihren tiefer gelegten Kinderwagen unterwegs sind und zwischen Yogakurs und Selbstfindungsgruppe noch schnell im Biosupermarkt einkaufen. Holzfahrradkinder, von baden-württembergischen Eltern gezeugt, fahren den alteingesessenen Nachwendealternativen über die Füße. Hier hat gespritztes Gemüse keine Chance, und wessen Lampe nicht dank Biostrom leuchtet, der muss mit Zurechtweisung durch die Nachbarn rechnen. Das alles haben zumindest die Edelfedern der großen deutschen Zeitungen und Magazine notiert, die den Prenzlauer Berg als »Hassobjekt«

entdeckt haben. Ganz so schrecklich kann es aber denn doch nicht sein im Prenzlauer Berg. Denn selbst die Journalisten, die über den Kiez herziehen, trinken hier gern ihren Latte oder wohnen hier. Ausgehen kann man hier immer noch ganz ausgezeichnet.

Noch im 18. Jahrhundert lag Prenzlauer Berg außerhalb der Stadt, die an der Torstraße endete. Den Berg im Namen hat sich die Gegend durchaus verdient. Zumindest für Berliner Verhältnisse geht es steil hinauf, weshalb hier, auf der Hochfläche, früher auch Mühlen standen. Ende des 19. Jahrhunderts siedelten sich dann zahlreiche Brauereien an:

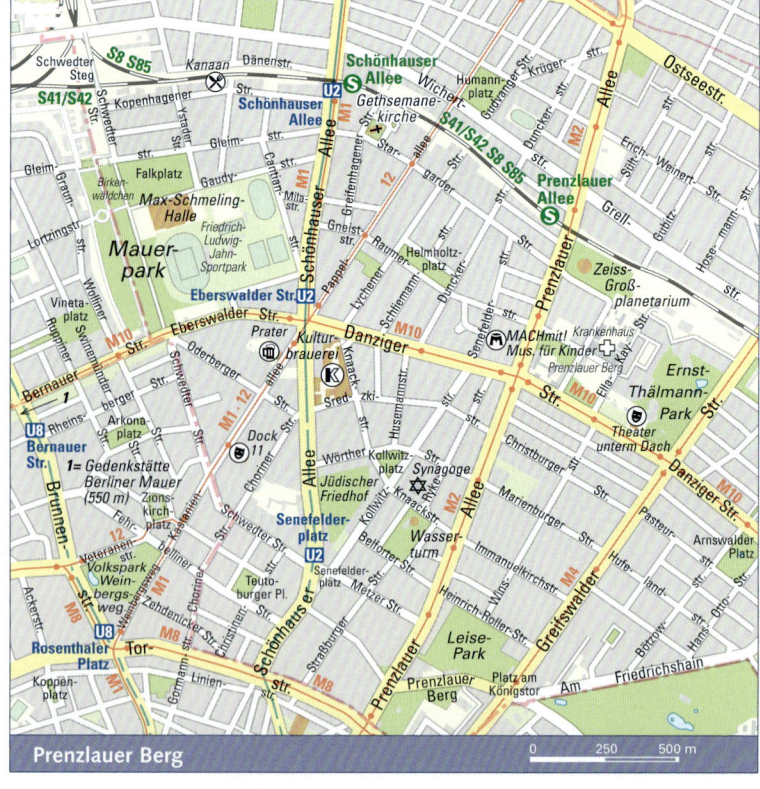

U-Bahn-Brücke an der Schönhauser Allee/Ecke Eberswalder Straße

Schultheiss, Bötzow, Prater und Pfeffer hießen sie. Für die Brauereien war der »Höhenzug« am Prenzlauer Berg ideal, bot er doch günstige Voraussetzungen für den Bau von Gärkellern. Außerdem war genügend Platz für die riesigen Biergärten der Brauereien vorhanden, die sich schnell zu beliebten Ausflugszielen entwickelten.

Die Industrialisierung bescherte Berlin einen sprunghaften Bevölkerungsanstieg; Berlin wurde zur drittgrößten Stadt der Welt. Wohnraum war knapp, und deswegen wurden nun auch hier, jenseits der Torstraße, vor allem Mietshäuser für Arbeiter gebaut.

Im Zweiten Weltkrieg blieb der Prenzlauer Berg weitgehend von Zerstörungen verschont – über 70 Prozent der Gebäude waren zu Kriegsende noch bewohnbar. Gerüchten zufolge hatten die Sowjets das Viertel aus Solidarität zu den dort lebenden Arbeitern bewusst verschont. Handfeste Beweise für diese Vermutungen gibt es aber nicht.

Zu DDR-Zeiten dann war der Prenzlauer Berg das Rückzuggebiet für alle, die dem Staat kritisch gegenüberstanden. In den heruntergekommenen Altbauten schufen sich Künstler, Aussteiger und Intellektuelle ihre Freiräume. Nach der Wende kamen Künstler, Studenten, Hausbesetzer und Alternative. Später folgte der ökologisch orientierte Mittelstand und mit ihm kamen die Investoren, die alte Häuser billig aufkauften, sanierten und teuer wiederverkauften – Gentrifizierung, wie sie im Buche steht.

Schönhauser Allee

Einen Rundgang durch den Prenzlauer Berg beginnt man am besten an der U-Bahn-Station Rosa-Luxemburg-Platz (U2). Von dort aus steigt man an der Schönhauser Allee gleich den »Berg« hinauf. Nach wenigen hundert Metern erreicht man den unscheinbaren Senefelderplatz mit dem **Denkmal für Alois Senefelder**, den Erfinder der Lithografie. Der Berliner Bildhauer Rudolf Pohle, der das Marmordenkmal 1892 schuf, hat diesen Fakt in sein Werk aufgenommen und den Namen Senefelders auf dem Denkmal spiegelverkehrt angebracht.

Jüdischer Friedhof

Ein paar Schritte weiter, an der Schönhauser Allee 23, liegt der Jüdische Friedhof. Hier wurden von 1827 bis 1942 Verstorbene beigesetzt, unter anderem der Maler Max Liebermann, der Komponist Giacomo Meyerbeer und der Autor David Friedländer. Insgesamt befinden sich über 20 000 Grabstätten auf dem verwunschenen Areal. Umgeworfene und zerstörte Grabsteine zeugen noch heute von den Schandtaten der Nazis. Am Friedhofseingang werden in einem **Lapidarium** restaurierte Grabsteine gezeigt und deren Symbolik erklärt. Männliche Besucher des Friedhofs müssen eine Kopfbedeckung tragen, die am Eingang ausgeliehen werden kann (→ S. 192).

Kulturbrauerei

Immer geradeaus die vielbefahrene Schönhauser Allee entlang geht es vom Jüdischen Friedhof weiter zur Kulturbrauerei (Ecke Sredzkistraße). Die ehemalige Schultheiss-Brauerei wurde 1891 von Franz Schwechten entworfen, der sich als Architekt der Kaiser-Wilhelm-Gedächtniskirche einen Namen gemacht hat. Heute sind auf dem Gelände Kinos, Theater, Konzertsäle, Restaurants und Diskotheken zu finden. Immer sonntags (12–18 Uhr) findet hier ein **Streetfood-Markt** statt.

2013 eröffnete auf dem Gelände das **Museum in der Kulturbrauerei**, in dem die **Dauerausstellung Alltag in der DDR** gezeigt wird. Initiator ist das Haus der Geschichte in Bonn – sehr zum Ärger des DDR-Museums am Berliner Dom (→ S. 67), das sein Ausstellungskonzept kopiert sieht.

Spaziert man die Schönhauser Allee von der Kulturbrauerei weiter stadtauswärts, erreicht man nach etwa einem Kilometer das Einkaufszentrum **Schönhauser Allee Arcaden**. Dieses Einkaufszentrum hat sich den Eintrag in den Reiseführer durch das Dach seines Parkhauses verdient. Dort oben lockt nämlich im Sommer die **Strandbar Deck 5** – mit einem richtigen Sandstrand und einem weiten Blick über Teile des Prenzlauer Bergs. Zugänglich ist Deck 5 über den Fahrstuhl in den Arkaden und nach Schließung des Einkaufszentrums über die Treppen des Parkhauses an der Greifenhagener Straße.

Oderberger Straße

Gegenüber der Kulturbrauerei biegt die Oderberger Straße von der Schönhauser Allee ab. Sie ist Standort zahlreicher Cafés, Restaurants und Boutiquen – und der ältesten **Feuerwache** Berlins. Das ehemalige **Stadtbad** in der Oderberger Straße 57, erbaut zwischen 1899 und 1902, wurde aufwendig saniert und beherbergt heute ein stylisches Boutiquehotel. Auch das Bad, das zu den schönsten Stadtbädern Berlins zählt, wurde wieder eröffnet und steht an fünf Tagen in der Woche Nicht-Hotelgästen zur Verfügung. Die Oderberger Straße blickt auf eine bewegte Geschichte zurück. Zu DDR-Zeiten demonstrierten die Anwohner gegen den geplanten Abriss einiger Gebäude – die in den 1980er Jahren durch Plattenbauten ersetzt werden sollten. Öffentliches Aufbegehren der Bürger war damals die Ausnahme, und noch seltener war es, wenn der Protest wie in diesem Fall erfolgreich war.

Mauerpark

Vor einigen Jahren war der Park am ehemaligen Grenzstreifen noch ein Geheimtipp. Inzwischen ist der Mauerpark eines

Karaoke im Mauerpark

Kastanienallee/Ecke Oderberger Straße

der Lieblingsziele für die Besucher der Stadt und deswegen am Wochenende gnadenlos überlaufen. Wenn der Kanadier Joe Hatchiban am Sonntag (Mai–Okt.) ab etwa 14 Uhr seine **Karaoke**-Anlage aufbaut, strömen die Schaulustigen in Massen herbei.

Am **Flohmarkt** am Mauerpark (sonntags 10 bis 18 Uhr, → S. 199) sind fast nur noch Profihändler unterwegs. Wirkliche Schnäppchen entdeckt man hier kaum noch. Der Atmosphäre wegen kommen aber immer noch viele Touristen hierher. Für die Berliner ist der Mauerpark zu einer Art verlängertem Wohn- oder Spielzimmer geworden. Im Sommer ziehen Grilldüfte durch den Park, Jugendliche liefern sich Basketball- und Fußballmatches und die älteren Semester werfen eine ruhige Kugel beim Boule. Wer sich nach so viel Freizeitstress erst mal ein kühles Bier gönnen will, findet am Rande des Parks im **Biergarten Mauersegler** selbst am Wochenende meist noch ein ruhiges Plätzchen.

Am Rand des Mauerparks liegen die **Max-Schmeling-Halle**. Die Schmeling-Halle war anlässlich der Berliner Bewerbung für die Olympischen Spiele im Jahr 2000 erbaut worden. Bekanntermaßen hat Berlin damals den Zuschlag nicht bekommen, die Halle wird aber trotzdem rege genutzt. Lange spielten hier die Bundesligabasketballer von Alba Berlin. Nach deren Umzug in die noch größere Arena am Ostbahnhof tragen die Handballer von Füchse Berlin und auch die Volleyballer von den Berlin Recycling Volleys hier ihre Spiele aus. Außerdem finden regelmäßig Konzerte statt. Im **Friedrich-Ludwig-Jahn-Stadion** trug zu DDR-Zeiten der als Stasiclub verschriene BFC Dynamo seine Heimspiele aus. Das marode Stadion soll bis 2026 durch einen Neubau in gleicher Größe ersetzt werden.

Unweit des Mauerparks, an der Bernauer Straße, erinnert die überaus sehenswerte **Gedenkstätte Berliner Mauer** an die brutale Teilung der Stadt (→ S. 193).

Karte S. 136

Kastanienallee

Die Kastanienallee war zu DDR-Zeiten eine Straße, in der viele Künstler und Alternative wohnten. Ein bisschen lebt dieses alte Gefühl weiter im **Schwarzsauer**, einer Kneipe in der Kastanienallee 13. Hier treffen sich die Intellektuellen vom Prenzlauer Berg – oder die, die sich dafür halten – zum Diskutieren, Essen und Trinken. Am Nordende der Kastanienallee liegt das Café **An einem Sonntag im August**, die überwiegend jungen Gäste schätzen das günstige Preisniveau. Allerdings ist das Essen hier keine Offenbarung. Im Dachgeschoss des Gebäudes haben die Brüder Skladanowsky gelebt, die in den 1890er Jahren einen Filmvorführapparat erfanden, selbst erste Kurzfilme drehten und so zu den Wegbereitern des modernen Kinos gehören.

Schräg gegenüber liegt der **Prater-Biergarten**. Hier wird seit 1837 Bier aus-geschenkt – richtig lecker ist das helle Praterpils (→ S. 183). Auf demselben Gelände lud die Praterbühne, eine »Zweigstelle« der Volksbühne, zu experimentellem Theater und Konzerten. Das baufällige Gebäude sollte renoviert werden. Inzwischen gibt es aber Streit um die Besitzverhältnisse. Bis der geklärt ist, sind erst einmal alle Bauarbeiten eingestellt, und solange heißt es hier: Theaterpause.

Einmal bei »An einem Sonntag im August« um die Ecke gehen und schon sieht man unter der Hochbahn mitten im Verkehrsgetöse Berlins bekannteste Currywurstbude: **Konnopke**.

Gethsemanekirche

Rund 100 Meter östlich der Schönhauser Allee, an der Ecke Stargarder Straße/Greifenhagener Straße, steht die Gethsemanekirche. Sie wurde von 1891 bis 1893 nach Plänen von August Orth erbaut und ist weniger aus kunsthistorischen denn aus zeitgeschichtlichen Gründen sehenswert. Sie verdankt ihre Bekanntheit vor allem der Tatsache, dass sich hier im Wendeherbst 1989 die DDR-Opposition traf. Schon während der 1980er Jahre hatten sich in der Kirche regelmäßig die Mitglieder der DDR-Friedensbewegung getroffen. Später wurde die Kirche dann zum Ort öffentlicher Diskussionen und von Mahnwachen. Als am 7. Oktober 1989, dem 40. Jahrestag der Staatsgründung der DDR, Volkspolizei und Stasi in der Schönhauser Allee mit Gewalt gegen Demonstranten vorgingen, flüchteten viele Menschen in die Gethsemanekirche. Im südlichen Querschiff lohnt eine 1923 von Wilhelm Groß geschaffene **Holzplastik Christus in Gethsemane kniend** einen Blick. Sie zeigt den betenden Jesus vor seiner Gefangennahme im Garten Gethsemane. Die riesige Bronzeplastik an der inneren Südwestwand zeigt einen Engel auf einem Löwen, heißt aber **Der Geistkämpfer** und ist ein Abguss einer Plastik, die 1928 von Ernst Barlach geschaffen wurde (→ S. 192).

Die Gethsemanekirche

Helmholtzplatz

Der Helmholtzplatz, benannt nach dem Physiker Hermann von Helmholtz, ist eines der Ausgehzentren des Prenzlauer Bergs. Hier und in den angrenzenden Straßen findet man Dutzende von Kneipen und Restaurants. Nicht wegen des Essens, sondern wegen der entspannten Atmosphäre trifft man sich im **Wohnzimmer** an der Ecke Helmholtzplatz/nördliche Schliemannstraße. Diese Kneipe ist genau das, was ihr Name sagt: Das Wohnzimmer für viele Bewohner aus dem Kiez. Eine ganz normale Mietwohnung wurde hier ohne große Umbauarbeiten in eine Kneipe umfunktioniert. Man holt sich sein Bier am Eingang und sucht sich dann in einem der Zimmer einen Platz.

Das Haus an der Ostecke des Helmholtzplatzes/Ecke Dunckerstraße hat für Filmfans einen gewissen Kultstatus – hier drehte Andreas Dresen 2005 einige Szenen seines Spielfilms »Sommer vorm Balkon«.

Im Kiez um den Helmholtzplatz liegen viele kleine Läden und Boutiquen.

Husemannstraße und Kollwitzplatz

Die Husemannstraße – benannt nach einem Widerstandskämpfer gegen die Nazis – führt von der Danziger Straße zum Kollwitzplatz. In den letzten Jahren der DDR wurde die Husemannstraße – die bis dahin eine ganz normale Straße mit bröckelnden Fassaden war – zum Vorzeigeprojekt befördert. 1986/87 war sie anlässlich des 750-jährigen Geburtstages von Berlin saniert worden und stellte seitdem die einsame Schönheit dar, umgeben von viel Tristesse.

Der Kollwitzplatz ist nach der Bildhauerin Käthe Kollwitz benannt, die im Eckhaus Kollwitzstraße/Knaackstraße viele Jahre lebte. Das Haus wurde im Krieg zerstört, an dem gesichtslosen Neubau aus der DDR-Zeit ist eine Gedenkplakette angebracht. Auf dem Platz steht direkt neben dem großen Kinderspielplatz ein großes Bronzedenkmal, das Käthe Kollwitz zeigt.

Donnerstags von 12 bis 19 Uhr findet am Kollwitzplatz ein **Ökomarkt** statt (→ S. 200). Wer nicht nur auf die Auslagen, sondern auch aufs Publikum schaut, kann hier den einen oder anderen Promi entdecken. Samstags von 9 bis 16 Uhr ist Wochenmarkt auf dem Platz.

Rund um den Wasserturm

Der Wasserturm an der Ecke Rykestraße/Kollwitzstraße, 1877 erbaut, ist der älteste Wasserturm in Berlin und heute ein Wohnhaus. Die Geschichte des Gebäudes hat auch dunkle Flecken: Nach 1933 verwendete die SA das Maschinenhaus des Wasserturms als Gefängnis und Folterkeller.

Karte S. 136

Am Wasserturm

In unmittelbarer Nachbarschaft, in der Rykestraße, liegt die größte **Synagoge** Deutschlands, erbaut zu Beginn des 20. Jahrhunderts im neoromanischen Stil. Die Pogromnacht 1938, als landesweit Synagogen geschändet und die meisten niedergebrannt wurden, überstand die Synagoge in der Rykestraße deswegen, weil sie von Wohnhäusern direkt flankiert wird. Um diese nicht zu zerstören, verzichteten die Nazis darauf, das jüdische Gotteshaus abzufackeln (→ S. 192).

Kiez der Kontraste: Friedrichshain

Friedrichshain ist heute einer der gefragtesten Bezirke Berlins. In seinen Kneipen fühlt sich vor allem das junge Publikum wohl. Auch die Nähe zur Spree lockt. Doch schon lange haben auch die Immobilienspekulanten den Kiez entdeckt, und auch hier wird bereits vor den Gefahren der Gentrifizierung gewarnt.

Im Zweiten Weltkrieg wurde das Arbeiterviertel Friedrichshain schwer zerstört. Zu DDR-Zeiten fehlten Geld und politischer Wille, die alte Bausubstanz instand zu halten. Trotzdem war der Bezirk von großer wirtschaftlicher Bedeutung: Hier produzierten die Glühlampenwerke NARVA, die etwa 5000 Arbeiter beschäftigten. Unmittelbar nach der Wende entdeckten und eroberten Hausbesetzer Friedrichshain für sich. Viele unsanierte und leerstehende Altbauten wurden besetzt. Bald schon meldeten aber die »Alteigentümer« ihre Rechte an. Und wenn die Besetzer nicht freiwillig abzogen, rückte die Polizei an. Legendär ist die Räumung der Mainzer Straße, wo sich 1990 mehrere tausend Polizisten ausgerüstet mit Wasserwerfern und Räumpanzern eine regelrechte Straßenschlacht mit den Besetzern lieferten. Als unmittelbare Folge des von vielen als völlig überzogen bezeichneten Polizeieinsatzes traten damals die Senatorinnen der Alternativen Liste – die zusammen mit der SPD die Stadtregierung gebildet hatte – zurück: Die rot-grüne Regierung unter Führung von Walter Momper zerbrach. Einige der ehemaligen Hausbesetzer bekamen aber auch normale Mietverträge in »ihren« Häusern. Und in ihrem Sog zogen viele junge Leute – Künstler, Studenten und Alternative – nach Friedrichshain. Bars, Restaurants, Kinos und eine ganze Reihe sozialer Einrichtungen entstanden. Friedrichshain wurde zum »Szene-Stadtteil«, der Besucher aus der ganzen Welt anlockt. Immer wieder für Schlagzeilen sorgte und sorgt das Wohnprojekt Rigaer Straße 94, wo es immer wieder zu Querelen zwischen Hauseigentümern und Polizei auf der einen und Hausbesetzern auf der anderen Seite kommt.

Der folgende Rundgang durch Friedrichshain führt von der Karl-Marx-Allee und dem Ausgehbezirk um die Simon-Dach-Straße bis zu den von Künstlern bemalten Mauerresten der East Side Gallery.

Karl-Marx-Allee

Am **Frankfurter Tor** flankieren zwei nach Entwürfen von DDR-Stararchitekt Hermann Henselmann erbaute Turmhochhäuser die Straße. Ihre Kuppeln wurden denen am Gendarmenmarkt nachempfunden. Das Tor ist der Anfangs- beziehungsweise Endpunkt der Karl-Marx-Allee. Die fast zwei Kilometer lange und 90 Meter breite Straße, durch die die DDR-Führung ihre Aufmärsche dirigierte, wird von Wohnblöcken aus den 1950er Jahren im »Zuckerbäckerstil« des **Sozialistischen Klassizismus** gesäumt. Die neungeschossigen »Arbeiterpaläste«

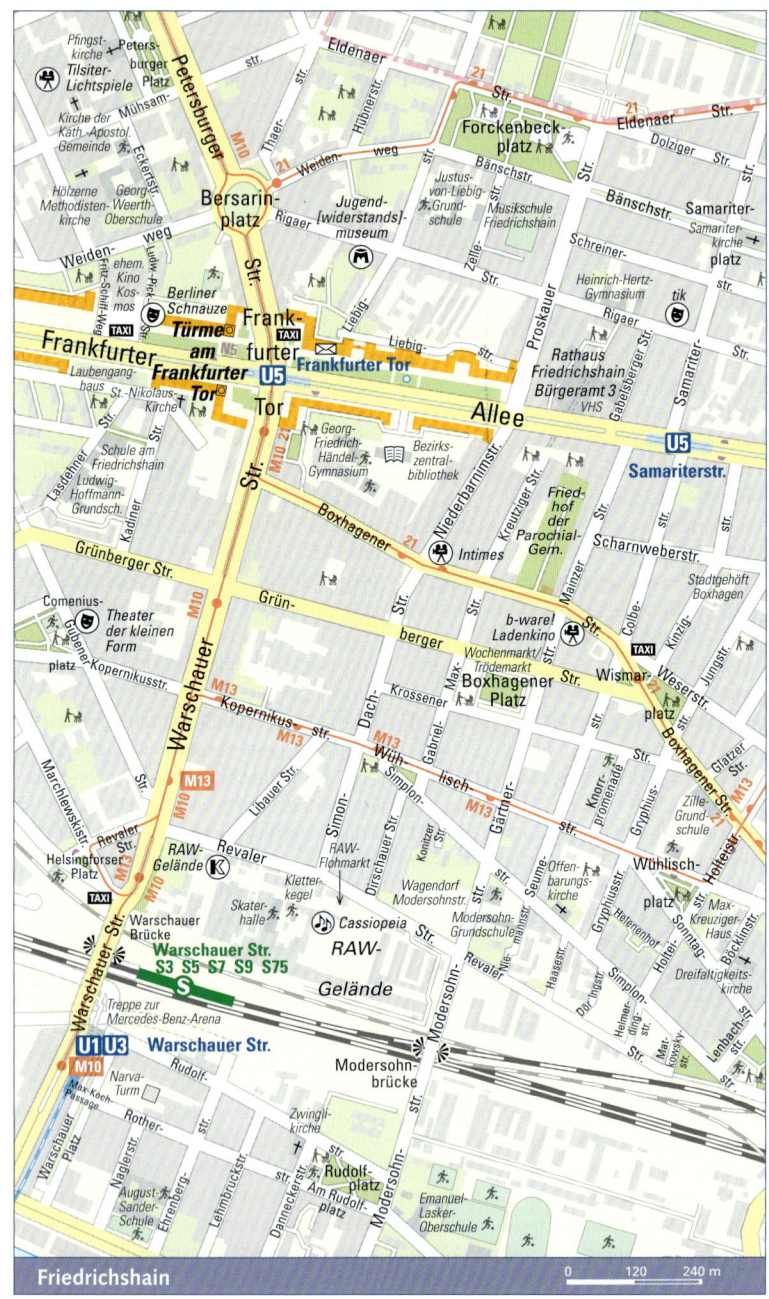

Friedrichshain

0   120   240 m

mit ihren Türmchen und Säulen waren für die damaligen Verhältnisse äußerst luxuriös, sie sollten die Überlegenheit des Sozialismus dokumentieren. Gebaut wurden sie zum Teil von Freiwilligen. Für 300 Arbeitsstunden bekam man ein Los der Aufbaulotterie, mit dem man das Wohnrecht für eine von etwa 1000 Wohnungen in der damaligen Stalinallee gewinnen konnte.

Einen wichtigen Platz in der deutschen Geschichte eroberte sich die Straße am 17. Juni 1953. Damals weitete sich der Protest der Bauarbeiter in der Stalinallee gegen das staatlich verordnete Arbeitspensum zu einem Volksaufstand aus, der letztendlich durch den Einsatz sowjetischer Panzer niedergeschlagen wurde. Und auch die ersten Proteste der Bürgerrechtsbewegung Ende der 1980er Jahre nahmen hier ihren Anfang.

Eines der schönsten Kinos der Stadt: das International an der Karl-Marx-Allee

■ Kino International

Zu breit und zu ungemütlich ist der einstige Prachtboulevard, als dass sich hier kleine Restaurants oder Boutiquen auf Dauer etablieren könnten. Ausnahmen gibt es allerdings: allen voran das Kino International, das zwar seinen DDR-Charme in die neue Zeit hinübergerettet hat, aber trotzdem kreativ mit neuen Ideen arbeitet. Das Kino International wurde Anfang der 1960er Jahre im Rahmen des zweiten Bauabschnitts der Karl-Marx-Allee erbaut. Damals hatte man aus finanziellen Gründen aufgehört, im wuchtigen Zuckerbäckerstil zu bauen (→ S. 196).

■ Café Sibylle

Interessant ist auch das Café Sibylle in der Karl-Marx-Allee 72. Es ist Veranstaltungsort und Kaffeehaus in einem und zeigt zudem eine sehenswerte **Dauerausstellung** über die Geschichte der Karl-Marx- beziehungsweise Stalinallee. »Die Sybille« gibt es schon so lange wie die Allee – allerdings hieß sie in den Anfangszeiten noch »Milchtrinkhalle«. Der alte DDR-Stil hat den Lauf der Jahre und alle Renovierungen überdauert.

In dem Café kann man Audioguides ausleihen und damit einen kurzweiligen Spaziergang durch den geschichtsträchtigen Stadtteil Friedrichshain unternehmen.

Im Frühjahr 2018 schien das Ende dieser Berliner Institution besiegelt, der Besitzer musste Konkurs anmelden. Doch der Dornröschenschlaf dauerte nur gut ein halbes Jahr. Seit November 2018 kann man – unter neuer Führung – wieder seinen Kaffee in der »Sibylle« trinken.

■ Computerspielemuseum

Auf eine Zeitreise geht man im Computerspielemuseum: zurück in die Jahre, in denen Tetris der Renner unter den PC-Spielen war und man stolz auf seinen Atari war (→ S. 192).

Stasi-Museum

Die östliche Verlängerung der Karl-Marx-Allee ist die Frankfurter Allee. Kurz hinter der Bezirksgrenze zu Lichtenberg liegt die ehemalige Zentrale der Staatssicherheit der DDR. Mit dem Sturm auf diese

Prenzlauer Berg, Friedrichshain, Kreuzberg

Blick vom Frankfurter Tor auf die westliche Karl-Marx-Allee

Einrichtung am 15. Januar begann die Aufarbeitung des Überwachungsstaates DDR. Das Gebäude beherbergt heute die **Forschungs- und Gedenkstätte Normannenstraße** und ein **Museum**. Zu sehen sind zum Beispiel die Amtsräume von Erich Mielke (→ S.193).

Simon-Dach-Straße

In der Gegend um die Simon-Dach-Straße reiht sich eine Kneipe an die andere. Im Sommer sind besonders die Tische im Freien gefragt. Wer den marodierenden Pub-Crawls und Junggesellenabschieden ausweichen will, verzieht sich in die Kneipen der Nebenstraßen. Oder probiert es mit dem **Himmelreich** in der Simon-Dach-Straße 36 und **Paules Metal Eck** an der Ecke Krossener Straße/Simon-Dach-Straße: Die beiden Kneipen sind Friedrichshainer Institutionen. Das eine ist eine Schwulen- und Lesbenkneipe, in der aber Heteros wohlwollend geduldet werden. Am Wochenende serviert man dort ausgezeichnete Kuchen. In der anderen Kneipe wird laute Heavy-Metal-Musik gespielt und bei preisgünstigem Bier die Nacht durchgefeiert (→ S. 186).

Boxhagener Platz

Auf dem **Flohmarkt** am Boxhagener Platz (So 10–18 Uhr, Wochenmarkt Sa 9–15.30 Uhr) sind relativ wenige Profihändler unterwegs, und dem jungen Publikum ist der Plausch mit den Freunden aus der Nachbar-WG mindestens ebenso wichtig wie die Schnäppchenjagd.

RAW-Gelände

An der Revaler Straße liegt das RAW-Gelände – das ehemalige Reichsbahnausbesserungswerk. Dort, wo früher Loks und Eisenbahnwaggons repariert wurden, liegen heute Clubs, Bars, Restaurants, Konzerthallen, Galerien, ein Open-Air-Kino, eine Kletter- und eine Skaterhalle. Und am Sonntag schlendern Schnäppchenjäger über den Flohmarkt. Das riesige Areal, das nach der Wende zur Heimat der Berliner Subkultur wurde, ist inzwischen auch in den Fokus finanz-kräftiger Investoren gerückt, und so liegen Kultur und Kommerz seit Jahren im Clinch. Dass in den nächsten Jahren die »Kunst in Ruinen« zurückgedrängt wird und Büros und Wohngebäude an ihre Stelle treten, scheint festzustehen. Wann genau das sein wird, steht aber noch in den Sternen, und bis dahin bleibt das RAW-Gelände die Topadresse für alle, die feiern wollen.

Rund um die Oberbaumbrücke

Für viele Berliner ist die Oberbaumbrücke die schönste Brücke ihrer Stadt. Sie wurde 1896 anlässlich der Gewerbeausstellung im Treptower Park im Stil der märkischen Backsteingotik erbaut und ist heute das Wahrzeichen des Bezirks Friedrichshain-Kreuzberg. 1945 sprengten Hitlers Truppen die Brücke, beschädigten sie dabei schwer, brachten sie aber nicht zum Einsturz. Bis 1955 fuhren noch Fahrzeuge über die Brücke, danach war sie, bis zum Mauerbau am 13. August 1961, nur noch für Fußgänger passierbar. Ab 1972 konnten Westberliner die Grenzbrücke im Rahmen des Viermächteabkommens wieder zu Fuß überqueren. Nach der Wende wurde die Brücke renoviert und durch den spanischen Architekten Santiago Calatrava erweitert. Er entwarf eine Stahlkonstruktion, über die nun auch die U-Bahn wieder verkehrt (U1). Ein Spaziergang über die Brücke lohnt sich, denn die Aussicht auf die Spree und ihre Ufer ist in beide Richtungen fantastisch. Blickfang in Richtung Südosten sind die **Treptowers** und die Skulptur **Molecule Man**.

An zwei Sonntagen im Sommer findet auf der dann für den Verkehr gesperrten Oberbaumbrücke die **Open Air Gallery** statt: Künstler stellen ihre Werke aus, und Kunstfans haben die Möglichkeit, ihre Sammlung zu erweitern (www.openairgallery.de).

■ East Side Gallery

Die East Side Gallery ist ein 1,3 Kilometer langes Stück der Hinterlandmauer der DDR, das 1990 – also im Jahr nach dem Mauerfall – von 118 Künstlern aus 21 Ländern bemalt wurde. Es entstand die längste Open-Air-Galerie der Welt. International bekannt wurde das Bild, das Honecker und Breschnew beim sozialistischen Bruderkuss zeigt.

Ein weiterer Superlativ der East Side Gallery ist, dass sie das erste gesamtdeutsche Kunstprojekt war. Denn die Künstler malten im offiziellen Auftrag der ersten und einzigen frei gewählten DDR-Regierung. Im September 1990 wurde die East Side Gallery eröffnet – und bereits 1991 unter Denkmalschutz gestellt. Gegen Wind und Wetter, Mauerspechte und zerstörungswütige Graffitisprayer half aber auch das nichts. In den Jahren 2000 und 2008 musste die Mauer deswegen saniert werden. Damals kam es zu teilweise heftigen Kontroversen zwischen den Künstlern und dem Berliner Senat. Dabei ging es um Geld und Copyright-Verletzungen durch Postkartenvertrieb. Nicht in allen Fällen konnte man sich einigen, daher wurden einige Bilder entfernt und an diesen Stellen blieb die Mauer grau.

■ Mercedes-Benz-Arena

Bis zu 17 000 Zuschauer fasst die bei weitem größte Halle Berlins. Erbaut wurde sie zwischen 2006 und 2008, und heute ist sie die Heimspielhalle der Basketballer von Alba Berlin und des Eishockeyteams von Eisbären Berlin. Für die Halle musste ein 45 Meter langes Stück der East Side Gallery weichen – ein Abriss, der von massiven Protesten begleitet war.

Die nach der Wende renovierte und umgebaute Oberbaumbrücke

Prenzlauer Berg, Friedrichshain, Kreuzberg

Mauerkunst an der East Side Gallery

Obwohl riesig, ist die Halle hinter den wuchtigen Zweckbauten des 2017/18 erbauten Büro- und Einkaufsviertels kaum mehr zu sehen. Anfang November 2018 wurde hier, trotz vorangegangener heftiger Proteste, das 69. Einkaufszentrum der Stadt eröffnet.

■ **Strandbars an der Spree**
Nordwestlich der Mercedes-Benz Arena liegen einige der schönsten und beliebtesten Strandbars der Stadt. Direkt an der Spree wird hier im Sommer gefeiert und gechillt. Ein Klassiker ist das **Yaam** direkt am Ostbahnhof, in dem hauptsächlich Reggae gespielt wird (→ S. 186). Aller-

dings haben Immobilieninvestoren die teuren Grundstücke entlang der Spree schon lange im Visier. Unter dem Label »Mediaspree« sollen die zahlreichen Freiflächen und pittoresken Industrieruinen einer kommerziellen Nutzung zugeführt werden. Der Protest gegen den Ausverkauf des öffentlichen Raums, der hier nach Meinung der Kritiker stattfindet, wird von der Bürgerinitiative »Mediaspree versenken« koordiniert. Das Zauberwort heißt hier momentan Zwischennutzung. Übersetzt bedeutet das: Die Strandbars haben eine Galgenfrist, entlang der Spree wird noch gefeiert, bis der Bagger kommt.

Alles im Fluss: Kreuzberg und Neukölln

Fast jeder, der nach Berlin kommt, hat schon mal von Kreuzberg gehört. Als Zentrum der Alternativbewegung, der Hausbesetzerszene und der Krawalle am 1. Mai. Eine gewisse Neugierde entfachte auch das Lied »Kreuzberger Nächte« der Gebrüder Blattschuss, das 1978 lange in den Charts war. Den größten Anteil an der überregionalen Bekanntheit dieses Stücks Berlin hatte der von drei Seiten von der Mauer umschlossene Kreuzberger Südosten – benannt nach der ehemaligen Postleitzahl – SO 36. Der

größere Teil des Bezirks – Kreuzberg 61 – südlich des Landwehrkanals, war damals eher ruhig und schon fast gutbürgerlich. Zu Mauerzeiten war Kreuzberg noch ein eigener Bezirk in Randlage, nach der Wiedervereinigung und der Bezirksreform von 2001 liegt der neue Bezirk Friedrichshain-Kreuzberg nun mitten in Berlin. Die ersten Jahre nach der Wende stürzte sich die Szene auf Prenzlauer Berg und dann auf Friedrichshain; Kreuzberg bekam erstaunlich wenig Aufmerksamkeit. Mittlerweile hat sich das aber geän-

▲ Karte S. 144/149

dert. Die Nächte sind immer noch lang, die Maikrawalle aber eher zahm.

Rund um den Anhalter Bahnhof

Heute erinnert nur noch die Ruine des Portikus an den einst wichtigen Anhalter Bahnhof. Vor dem Zweiten Weltkrieg fuhren von den Gleisen in der 170 Meter langen Bahnsteighalle die Züge in Richtung Anhalt. Die Kriegsschäden hat man noch notdürftig repariert, den Kopfbahnhof dann jedoch 1952 endgültig stillgelegt und bald darauf auch das Bahnhofsgebäude abgerissen. Vom unterirdischen S-Bahnhof sind es nur wenige Schritte

zum **Tempodrom**, einem Betonbau in Zeltform, der einer der bekanntesten Berliner Veranstaltungsorte ist. Neben dem großen und kleinen Saal gibt es noch das **Liquidrom**, dessen Hauptattraktion neben Saunen und Dampfbädern ein abgedunkeltes Solebecken unter einer Betonkuppel ist, bei leiser Musik der ideale Ort für entspannte Stunden (→ S. 200). Der Luftschutzbunker aus dem Zweiten Weltkrieg in der nahen Schöneberger Straße 23a wurde zum **Berlin Story Museum und Bunker** umfunktioniert und bietet 800 Jahre Berlin-Geschichte (→ S. 193).

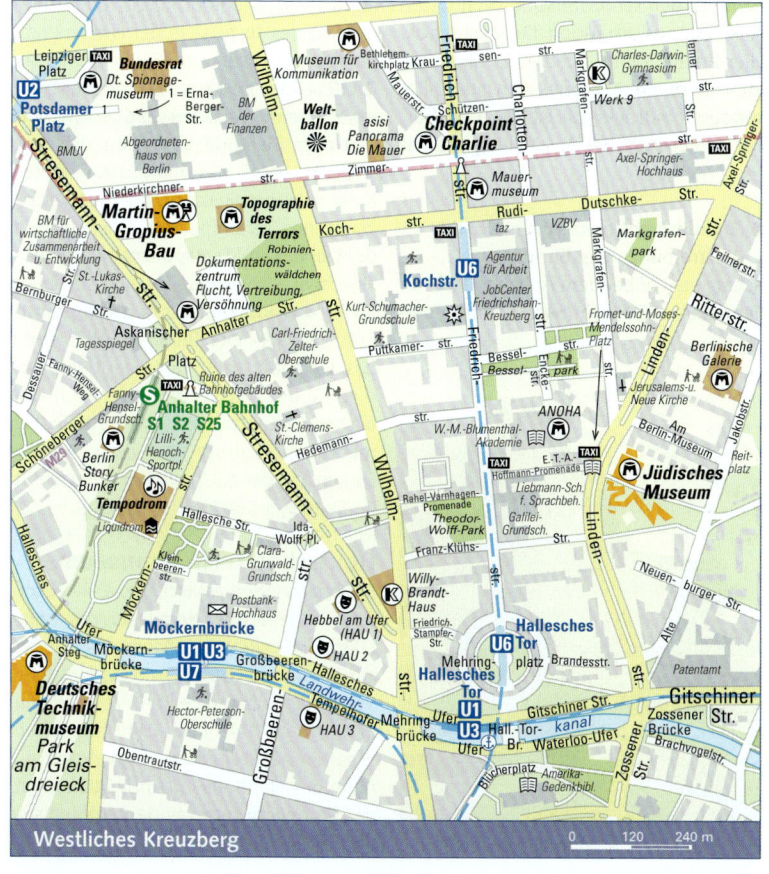

Westliches Kreuzberg

Prenzlauer Berg, Friedrichshain, Kreuzberg

■ **Martin-Gropius-Bau**

Zu Fuß einige Minuten nördlich vom Anhalter Bahnhof, und damit auch ziemlich nahe am Potsdamer Platz, liegt der Martin-Gropius-Bau. Das Haus im Stil der italienischen Renaissance wurde 1881 fertiggestellt und von den Architekten Martin Gropius und Heino Schmieden als Kunstgewerbemuseum konzipiert. Nach 1918 war es unter anderem Sitz des Museums für Vor- und Frühgeschichte. Im Zweiten Weltkrieg zerstört, in den 1970er Jahren, um die Jahrtausendwende und im Jahr 2011 behutsam restauriert, zählt der Martin-Gropius-Bau heute zu den schönsten und wichtigsten Ausstellungsgebäuden Deutschlands. Hier finden immer wieder hochkarätige internationale Ausstellungen statt. Besonders eindrucksvoll ist der **Lichthof**, der als Zentrum der Ausstellungen dient (→ S. 193).

■ **Dokumentationszentrum Flucht, Vertreibung, Versöhnung**

Schräg gegenüber dem Anhalter Bahnhof liegt das 2021 eröffnete Dokumenta-

tionszentrum Flucht, Vertreibung, Versöhnung. Die ständige Ausstellung befasst sich mit politisch, ethnisch und religiös begründeten Zwangsmigrationen im 20. und 21. Jahrhundert. Dabei stellt sie sich auch Fragen nach den Gründen für Flucht und Emigration und beschreibt die Erfahrungen der Geflüchteten in den jeweiligen Aufnahmeländern. Die Wechselausstellungen befassen sich mit dem Thema Flucht unter spezielleren Blickwinkeln.

■ **Topographie des Terrors**

Das hinter dem Martin-Gropius-Bau gelegene Dokumentationszentrum »Topographie des Terrors« in der Niederkirchnerstraße hat sich seit seiner Eröffnung 2010 schnell zu einem der bedeutendsten Erinnerungsorte der Stadt entwickelt. Auf dem Gelände befanden sich von 1933 bis 1945 die wichtigsten Einrichtungen des nationalsozialistischen Verfolgungs- und Terrorapparats: Die Zentralen der Geheimen Staatspolizei, der SS, das »Hausgefängnis« der Gestapo sowie ab 1939 das Reichssicherheitshauptamt. Zur 750-Jahr-Feier Berlins 1987 wurde das Gelände unter dem heutigen Namen für Besucher geöffnet. Am authentischen Ort informiert das neue Dokumentationszentrum über die gewaltige Dimension der NS-Schreckensherrschaft (→ S. 193).

Deutsches Technikmuseum

Ein Rosinenbomber vom Typ »C-47 B Skytrain« scheint über dem Dach des architektonisch gelungenen Museumsneubaus zur Landung anzusetzen. Das Flugzeug soll an die Luftbrücke, die Westberlin in den Jahren 1948 und 1949 am Leben erhalten hat, erinnern. Nach der Eröffnung des Neubaus im April 2005 zählt das Technikmuseum zu den größten seiner Art weltweit. Neben dem Neubau

▲ Karte S. 149

▲ *Die Portalruine des Anhalter Bahnhofs*

nutzt das Museum auch das Gelände des ehemaligen Anhalter Güterbahnhofs einschließlich der Lokschuppen und die restaurierten Gebäude der Markt- und Kühlhallengesellschaft. Dieses direkt an den Neubau anschließende Gelände bildet ein einzigartiges industriearchitektonisches Ensemble.

In 14 Abteilungen werden Oldtimer, Flugzeuge, Lokomotiven, Computer, Schiffsmodelle und Maschinen aller Art gezeigt. Besonders interessant ist die **Lokschuppenanlage** von 1874, in der auf mehr als 30 Gleisen 40 Schienenfahrzeuge zu sehen sind.

Die beiden unteren Etagen des Neubaus sind der **Schifffahrt** gewidmet. Schon im Treppenhaus wird man mit dem zweiten Thema des Neubaus, der **Luftfahrt**, konfrontiert. Die Nase senkrecht in den Himmel gereckt, hängt neben einigen anderen Fluggeräten eines der bekanntesten deutschen Sportflugzeuge, der leuchtend gelbe Doppeldecker Bücker Bü 131 Jungmann. Unbedingt sehenswert ist auch das zentrale Ausstellungsstück der Abteilung Verkehrsfliegerei, eine Junker Ju 52, Baujahr 1941, auch als »Tante Ju« bekannt, in tadellosem Zustand. Eine Ju 52 war es auch, die als letztes Flugzeug am 30. Oktober 2008 um 23.59 Uhr vom danach stillgelegten Flughafen Tempelhof starten durfte (→ S. 193).

Im nur wenige Meter entfernten **Science Center Spectrum** kann man nach Herzenslust selber experimentieren. Gleich am Eingang sieht man im Lichthof ein Foucaultsches Pendel langsam schwingen, ein Experiment, mit dem Mitte des 19. Jahrhunderts der Franzose Jean-Bernard Léon Foucault die Erdrotation nachgewiesen hatte.

Vor dem Museum erblickt man eine Kuriosität: Die U-Bahn (U2) fährt als Hochbahn mitten durch ein Gebäude.

Für große und kleine Kinder: das Technikmuseum

Jüdisches Museum

Ein Museum »wie andere auch, mit weißen Wänden, auf die man Bilder hängen, vor denen man Objekte ausstellen kann« – so beschreibt Daniel Libeskind, der Architekt des Jüdischen Museums Berlin, seinen Museumsbau. Diese bescheidene Meinung werden nur wenige Besucher teilen, und mögen sie das Museum auch nur von außen betrachten. Schließlich zählt es zu den spektakulärsten Museumsbauten in ganz Deutschland und zu den meistbesuchten Museen Berlins. Schroff, fast fensterlos, gleicht es von außen einem zerborstenen Davidstern oder einem Blitz. Libeskind selbst hat sich nie festgelegt, wie sein Bau zu deuten sei.

Im Innern des Museums verbinden sich Thematik und Architektur zu einem interessanten Ganzen. Drei unterirdische, sich kreuzende Achsen sollen die drei Wirklichkeiten der deutschen Juden architektonisch symbolisieren. Die Wände sind schräg, der Boden uneben: Ein Gefühl der Orientierungslosigkeit macht sich

Prenzlauer Berg, Friedrichshain, Kreuzberg

breit. Die **Achse des Holocaust** endet in einer Sackgasse – dem **Holocaust-Turm**, einem dunklen, leeren, nicht isolierten, 24 Meter hohen Raum aus kaltem Beton. Beeindruckend ist auch ein Gang durch den **Garten des Exils**, in dem 49 Betonstelen auf abschüssigem Grund dem Besucher ein Gefühl der Verwirrtheit und Hilflosigkeit vermitteln sollen. Die Dauerausstellung hat es sich zum Ziel gemacht, knapp zwei Jahrtausende deutsch-jüdische Geschichte und Kultur zu dokumentieren und multimedial zu veranschaulichen (→ S. 193).

Im Juni 2021 hat gegenüber dem Hauptgebäude des Jüdischen Museums die Kinderwelt **ANOHA** eröffnet. Der Name steht für »Arche Noah« und gibt damit auch schon grob Konzept des Museums für Kinder im Kita- und Grundschulalter an. Die Kleinen gehen an Bord einer riesigen Arche und sollen dort erleben, wie in der Zukunft ein respektvolles Miteinander von Mensch, Tier und Natur gelingen kann. Gott sei Dank wird der didaktische Ansatz den jungen Besuchern nicht mit pädagogischer Brachialgewalt übergestülpt, so dass die Arche vor allem ein toller Abenteuerspielplatz ist.

Berlinische Galerie

Hier geht es vor allem um Berliner oder in Berlin lebende Künstler, daher der Name. Das **Landesmuseum für Moderne Kunst, Fotografie und Architektur**, das im Oktober 2004 an neuem Standort

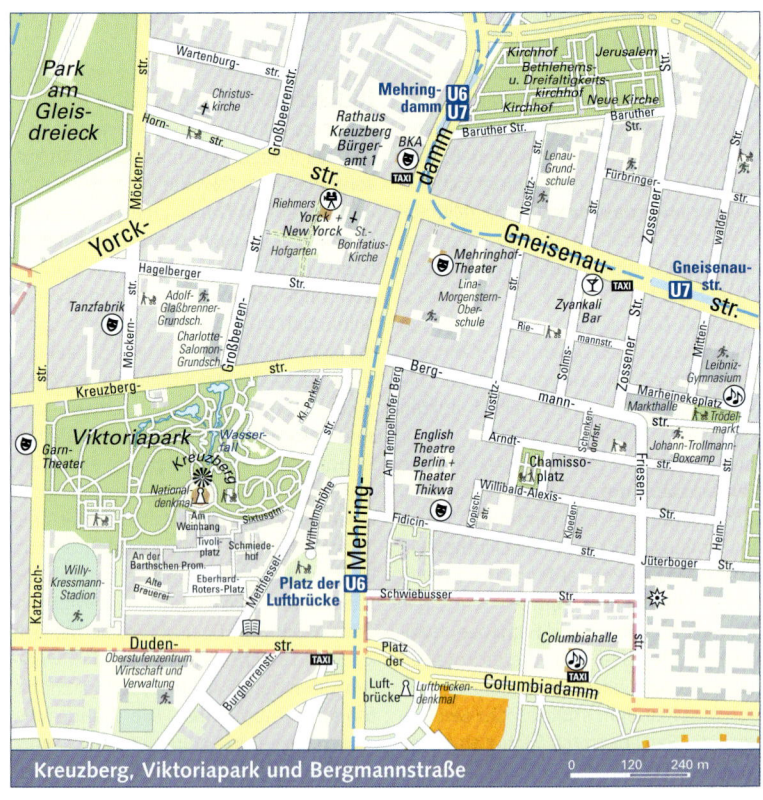

Kreuzberg, Viktoriapark und Bergmannstraße

Schon von außen spektakulär: das Jüdische Museum

in einer umgebauten Industriehalle (Alte Jakobstraße 124–128) eröffnet wurde, gehört zu den jüngsten und experimentierfreudigsten Museen Berlins. Gezeigt wird ein breites Spektrum – Malerei, Grafik, Skulpturen, Video, Fotografie – von 1870 bis zur Gegenwart. In der ständigen Sammlung im Bereich Bildende Kunst sind große Namen wie Otto Dix, Hannah Höch, Max Liebermann und Georg Baselitz vertreten. Auch die Sonderausstellungen lohnen einen Besuch (→ S. 193).

Rund um den Kreuzberg

Der Kreuzberg liegt im gleichnamigen Ortsteil und ist mit 66 Metern der höchste natürliche Hügel der Stadt. Er bildet das Zentrum des **Viktoriaparks**, dessen Geschichte mit der Einweihung eines **Nationaldenkmals** 1821 begann, das an die Befreiungskriege gegen Napoleon erinnern sollte. Der Entwurf des Denkmals auf dem Gipfel des Kreuzbergs geht auf Karl Friedrich Schinkel zurück. Er schuf ein turmförmiges Monument

auf achteckigem Sockel, das an eine gotische Kathedrale erinnert. An warmen Sommerabenden und auch zu Silvester trifft sich hier der Kiez und macht Party. Im Sommer ist die Aussicht wegen der Bäume eingeschränkt, aber um das Silvesterfeuerwerk zu genießen, gibt es kaum einen besseren und stimmungsvolleren Ort.

Vom Gipfel plätschert ein künstlich angelegter **Wasserfall**. Bevor das Wasser über die Stufen aus Granit und Kalkstein fließen kann, muss es erst auf den Berg gepumpt werden. Der Wasserfall ist von dichtem Baumbestand umgeben und bildet so eine Sichtachse von der Großbeerenstraße bis zum Monument auf dem Gipfel. Seit 1968 wachsen im Schutz einer wärmespendenden Mauer Rebstöcke, von denen in guten Jahren rund 800 Kilogramm Trauben geerntet werden. Daraus wird dann in Süddeutschland der »Kreuz-Neroberger« gekeltert. Die 700 Flaschen kommen nicht in den Handel, sondern werden ausschließlich an Ehrengäste des Bezirks verschenkt.

Prenzlauer Berg, Friedrichshain, Kreuzberg

Mitten im Park und am besten von der Katzbachstraße zu erreichen liegt der **Biergarten Golgatha**. Seit über 30 Jahren ist er ein beliebter Treffpunkt mit Sonnenterrasse und Grill, abends kann zu DJ-Musik getanzt werden.

Beliebt ist auch das schön am Nordrand des Parks in der Kreuzbergstraße gelegene **Tomasa** in einer schicken Villa, vor allem wegen der nicht ganz billigen, aber reichhaltigen Frühstücksauswahl und dem Brunch am Wochenende.

■ **Bergmannstraße**

Der Straßenzug ist ein Stück Kreuzberg wie aus dem Bilderbuch. Die typische Blockrandbebauung hat Krieg und Kahlschlagsanierung überstanden und sich zu einer bunten Einkaufs- und Restaurantstraße entwickelt. An warmen Sommerabenden schlendert man oft dicht an dicht über die Bürgersteige, die jedes Restaurant als Freiluftterrasse nutzt. Auf wenigen hundert Metern kann man hier auf kulinarische Weltreise gehen, vom Italiener über den Inder und Spanier bis zum Vietnamesen und Japaner reicht das Angebot. Wer tagsüber kommt, kann in einer der letzten Markthallen Berlins, der **Marheinekehalle**, auf kulinarische Entdeckungsreise gehen oder im **Guru-Shop** in der Bergmannstraße 97 nach Kleinmöbeln, Textilien, Schmuck und anderen Accessoires aus Indien stöbern. Jedes Jahr findet am letzten Wochenende im Juni das **Kreuzberg-Festival** (ehemals Bergmannstraßenfest) rund um die Bergmannstraße statt: Kreuzberg jazzt, kocht und spielt Theater.

Ein Abstecher führt zum unter Denkmalschutz stehenden **Chamissoplatz**, der mit seinen frisch gestrichenen Stuckfassaden, den alten Fenstern und Haustüren, dem Kopfsteinpflaster und den Gaslaternen eine perfekte Kulisse für einen Film »Berlin vor 100 Jahren« abgeben könnte.

Rund um den »Kotti«

Beton, Beton, Beton und dazwischen ein paar Satellitenschüsseln. Die Brutalarchitektur, die sich am Kottbusser Tor quer über die Adalbertstraße zieht, ist so hässlich, dass man sie einfach liebhaben muss.

»Zentrum Kreuzberg« prangt in grüner 70er-Jahre-Plastikschrift auf der Fassade. 1974 galt der Komplex aus 367 Wohnungen, zwei Parkhäusern und 15 000 Quadratmeter Laden- und Gewerbefläche als ultramodern, er sollte als Puffer zur geplanten Autobahntangente mitten durch die Berliner Innenstadt dienen. Die Autobahn wurde allerdings nie gebaut. In der verwinkelten Architektur gediehen Kriminalität, Gewalt und Drogenszene. Um die Probleme zu entschärfen, baute man ein bisschen um, kümmerte sich um die meist armen Bewohner und holte Kreative in die leerstehenden Gewerbeflächen.

Schmuddelig ist das Kreuzberger Zentrum heute immer noch, aber es lebt und ist in den letzten Jahren zum Mittelpunkt einer der interessantesten Ausgeh-Ecken der Stadt geworden. Sehenswert ist das **FHXB Friedrichshain-Kreuzberg Museum** (Adalbertstraße 95a), das die Entwicklung der beiden Stadtteile nachzeichnet (→ S. 193).

Tagsüber beobachtet man das urbane Treiben am besten aus dem **Café Kremanski** (Adalbertstraße 96) im turbulenten Erdgeschoss: Menschen aller möglichen Nationalitäten, Schulkinder und Touristen wuseln durcheinander, Handyläden und Kioske, türkische Köfte- und Gözleme-Imbisse drängen sich aneinander.

Ums Eck, im düsteren Durchgang zur Dresdener Straße, trifft sich die queere Szene zum Bier im **Möbel Olfe**. Entlang der Skalitzer Straße haben sich diverse Nachtlokale in den Betonblock eingenis-

▲ Karte S. 152/155

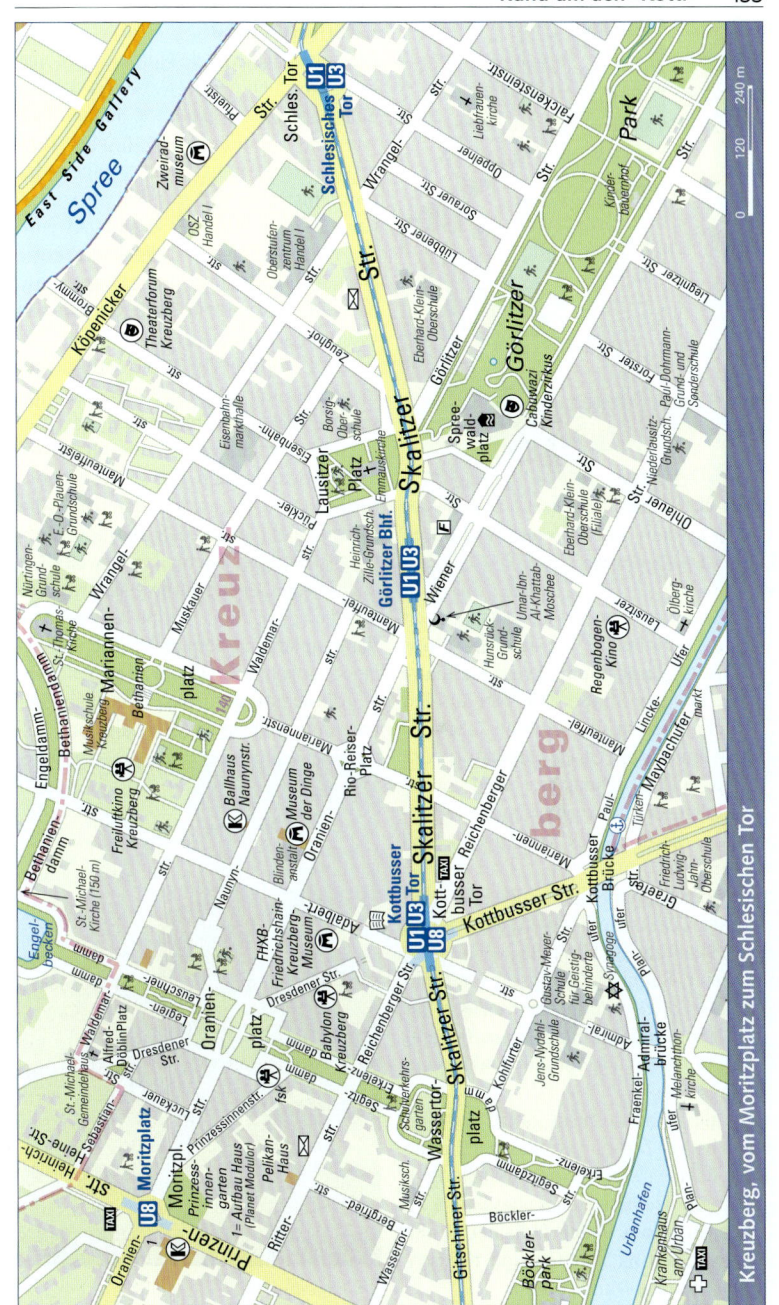

Kreuzberg, vom Moritzplatz zum Schlesischen Tor

Prenzlauer Berg, Friedrichshain, Kreuzberg

Immer gut besucht: Cafés und Restaurants an der Oranienstraße

tet. Einen ganz speziellen Ausblick auf die Stadt bietet die Terrasse des Clubs und Ausstellungsraums **West Germany** in der Skalitzer Straße 133: Wer aus den Räumen einer ausgeweideten Zahnarztpraxis im dritten Stock hinaustritt, um frische Luft zu schnappen, wird von einer vollgeschmierten Betonwand empfangen, die ein Stück Kreuzberger Skyline freigibt.

Eine Spur lieblicher ist der Blick aus den schrägen Panoramafenstern der **Paloma Bar** (Skalitzer Straße 135, → S. 186) auf den U-Bahnhof Kottbusser Tor. Dicht gedrängt sitzt man in der winzigen Bar auf Kissen und beobachtet aus sicherer Entfernung das Treiben der Junkies und Partygänger.

Eigentlich könnte man ganze Tage im Kreuzberger Zentrum verbringen: Zuckersüße Baklava essen, eine Ausstellung in einem der kleinen Ateliers besuchen, im Nachtclub **Xara Beach** (Adalbertstraße 98) eine Shisha rauchen und türkisch-arabische Live-Musik hören.

Oranienstraße

Kreuzbergs Feiermeile Nummer Eins verläuft zwischen Moritzplatz und dem U-Bahnhof Görlitzer Bahnhof. In den Clubs wie dem legendären **SO 36**, aber auch in den Restaurants und Kneipen der Oranienstraße und der Nebenstraßen kann man problemlos die Nacht zum Tag machen. Hier sind die Kreuzberger Nächte wirklich lang. In der Oranienstraße 6 arbeitete gegen Ende des Zweiten Weltkriegs Konrad Zuse, der hier den ersten Computer der Welt entwickelte. In den letzten Jahren eröffneten hier schicke Läden und neue Cafés, der türkische Haushaltswarenladen musste einem Imbiss weichen, das stadtbekannte türkische Restaurant **Hasir** hat sein Stammhaus (Adalbertstr. 10) touristentauglich aufgehübscht und erweitert – auch diese Gegend ändert sich rasant. Nördlich der Oranienstraße liegt der **Mariannenplatz** mit dem ehemaligen Bethanien-Krankenhaus, das 1970 geschlossen wurde. Heute wird das Hauptgebäude von rund zwei Dutzend sozialen und kul-

Am Engelbecken

Karte S. 155

Badeschiff in Treptow

turellen Einrichtungen genutzt. Im Park befindet sich im Sommer ein **Freiluftkino**.

■ **Ehemaliger Luisenstädtischer Kanal**
Geht man vom Moritzplatz die Oranienstraße in östliche Richtung, kommt man bald zum Oranienplatz, den ein schmaler Grünzug kreuzt, der sich in nördlicher und südlicher Richtung fortsetzt. Seit Mitte des 19. Jahrhunderts verlief hier der Luisenstädtische Kanal, der die Spree mit dem Landwehrkanal verband. Doch wegen des geringen Schiffverkehrs hatte er nie eine wirtschaftliche Bedeutung und wurde deshalb schon 1926 wieder zugeschüttet und in eine Grünanlage umgestaltet.

Nur das **Engelbecken** – benannt nach der Figur des Erzengel Michael an der nahen St.-Michael-Kirche – blieb erhalten, allerdings ohne Wasser. Heute ist das Engelbecken mit seinen 16 Fontänen, den Laubengängen und kleinen Rasenflächen wieder ein Schmuckstück. Vor der **St.-Michael-Kirche** überzeugt das **Café am Engelbecken** wegen seiner großen

Sonnenterrasse, die Qualität der Küche ist allerdings schwankend.

Görlitzer Park

Folgt man der Oranienstraße bis zur U-Bahn, die hier auf einer Stelzentrasse fährt, kommt man bald zum Görlitzer Park, einem der größten Parks Berlins, der auf dem ehemaligen Gelände des Görlitzer Bahnhofs entstanden ist. Irgendwie wirkt der Görlitzer Park unfertig, das Grün eher lückenhaft. Doch das tut der Beliebtheit der grünen Insel im Kiez keinen Abbruch. Von den schrägen Typen, die man im Park antrifft, erzählt der Dokumentarfilm »Der Adel vom Görli« von Volker Meyer-Dabisch.

Rund ums Schlesische Tor

Hinter dem U-Bahnhof Schlesisches Tor endet Kreuzberg, und über die Oberbaumbrücke kommt man nach Friedrichshain. Vorher lohnt sich aber ein Bummel durch den sogenannten **Wrangelkiez** zwischen Schlesischer Straße und Görlitzer Park. Hier gibt es noch zahlreiche kleine

Prenzlauer Berg, Friedrichshain, Kreuzberg

Geschäfte, Cafés und Kreuzberger Alltag, auch wenn dieser von vielen als bedroht angesehen wird, da zahlungskräftige Zuzügler den Charme der Gegend bereits für sich entdeckt haben. Am Landwehrkanal und am Flutgraben locken Kneipen wie der **Freischwimmer** oder **Club der Visionäre** in lauen Sommernächten scharenweise Besucher ans Wasser. Das **Badeschiff** und das Restaurantschiff **Hoppetosse** liegen gleich ums Eck, aber – und auf diese Feststellung legt der Berliner Wert – im Bezirk Treptow.

»Kreuzkölln«

Den Namen »Kreuzkölln« findet man auf keinem offiziellen Stadtplan, und auch so mancher Berliner kann mit diesem Kunstwort nur wenig anfangen. Nicht verwunderlich, denn den inoffiziellen Namen für diesen Teil Nordneuköllns, der südlich an Kreuzberg anschließt, gibt es erst seit ein paar Jahren, und die Grenzen sind noch fließend. Für die meisten ist der **Reuterkiez**, der von Kottbusser Damm, Sonnenallee, Wildenbruchstraße und Landwehrkanal

»Kreuzkölln«

0   120   240 m

Flohmarkt am Maybachufer

begrenzt wird, gleichbedeutend mit »Kreuzkölln«. Mittlerweile werden in dem früheren Problemkiez immer mehr Touristen gesichtet, die in den manchmal noch spärlich sanierten Gründerzeit-Häusern nach Ateliers, Bars, Cafés und Restaurants mit dem ganz speziellen Berlin-Flair Ausschau halten.

Ein guter Beginn für einen Spaziergang durch den aufstrebenden Ausgehkiez ist der U-Bahnhof Schönleinstraße (U 8). Nach ein paar Schritten ist man am Landwehrkanal, überquert diesen und biegt rechts in das **Paul-Lincke-Ufer** ein. Wer jetzt schon hungrig oder durstig ist, hat gleich die Qual der Wahl. Im von außen unscheinbaren **Horvath** wird österreichische Küche vom Feinsten serviert – vom Guide Michelin mit zwei Sternen geadelt. Wer weiter am Ufer entlanggeht, fühlt sich bald wie in Frankreich, denn auf dem halben Dutzend Boulebahnen herrscht immer Hochbetrieb.

Kurz bevor der Landwehrkanal im 90-Grad-Winkel abbiegt, wechselt man über die Thielenbrücke auf die andere Uferseite – verlässt damit Kreuzberg und ist in Neukölln oder genauer in »Kreuzkölln«. Ein paar Schritte weiter liegt am Weichselplatz ein großer Spielplatz, auf dem immer viel los ist. Hier wird der neue Trend zum Kind zelebriert, und wer sich das Eltern-Kind-Getümmel anschaut, fühlt sich fast schon wie in Prenzlauer Berg.

Von hier aus lohnt wieder ein kleiner Abstecher. Durch die Nansenstraße geht es weiter zum **Reuterplatz**, dem Zentrum des gleichnamigen Kiezes.

Am Dienstag und Freitag zwischen 11 und 18.30 Uhr sollte man den Spaziergang am Maybachufer fortsetzen, denn zu dieser Zeit findet der **Markt am Maybachufer** statt, es ist einer der größten Wochenmärkte Berlins und wegen seines orientalischen Flairs weit über die Stadtgrenzen hinaus bekannt. Jeden zweiten Sonntag im Monat findet am Maybachufer der **Kiezflohmarkt Nowkölln** statt, mit einer Mischung von privaten und kommerziellen Angeboten (→ S. 200).

Prenzlauer Berg, Friedrichshain, Kreuzberg

Ich liebe dich bei Nebel und bei Nacht,
wenn deine Linien ineinander schwimmen –
zumal bei Nacht, wenn deine Fenster glimmen
und Menschheit dein Gestein lebendig macht.

Was wüst am Tag, wird rätselvoll im Dunkel;
wie Seelenburgen stehn sie mystisch da,
die Häuserreihn, mit ihrem Lichtgefunkel;
und Einheit ahnt, wer sonst nur Vielheit sah.

Christian Morgenstern, Berlin, 1906

In der Victoria-Bar

SIGHTSEEING
AUSSERHALB DER CITY

Berliner Mauerweg

Auch mehr als 30 Jahre nach dem Fall der Berliner Mauer interessieren sich viele Touristen für den ehemaligen Mauerverlauf. Gleich nach der Wende wurden die Sperranlagen schnell, zu schnell, wie manche meinen, abgetragen. Hier und da finden sich aber noch Spuren der Vergangenheit. An manchen Stellen stehen noch alte Wachtürme oder auch einige der Betonelemente, die einst den Mauerstreifen nach Westen abschirmten. An anderen Stellen weisen Gedenktafeln oder im Asphalt eingelassene Stein- und Metallbänder eher dezent auf den Verlauf des einstigen »antifaschistischen Schutzwalls«, wie die Mauer in der DDR offiziell genannt wurde, hin. Einen umfassenden Einblick ermöglicht der Berliner Mauerweg, der sowohl als Fahrrad- als auch als Fußweg immer entlang der einstigen deutsch-deutschen Grenze in Berlin führt: mehr als 160 Kilometer lang und einmal um das ganze ehemalige Westberlin herum. Unter www.berlin.de/mauer/mauerweg gibt es ausführliche Informationen.

Im Norden und Osten

Gedenkstätte Berliner Mauer

Im an Mitte angrenzenden Bezirk Wedding liegt die Bernauer Straße, deren Bewohner einst durch den Mauerbau besonders einschneidende Veränderungen erfuhren. Die Häuser auf der von der Stadtmitte kommend rechten Straßenseite standen auf Ostberliner Gebiet, die Grenze zu Westberlin verlief entlang der Häuserfront. In den ersten Tagen und Wochen nach dem Mauerbau seilten sich Bewohner aus den Fenstern der Grenzhäuser ab oder sprangen in die Sprungtücher der Westberliner Feuerwehr. Doch schon bald unterband die DDR diese dramatischen Aktionen, die Häuser wurden geräumt, den verbliebenen Bewohnern andere Wohnungen zugeteilt und Fenster und Türen zugemauert, um weitere Fluchten in den Westteil der Stadt zu verhindern. Später wurden die Häuser abgerissen.

▲ Karte S. 163

▲ *Die Gedenkstätte Berliner Mauer an der Bernauer Straße*

Der Mauerweg in der Innenstadt

An diesem historischen Ort findet sich noch heute ein Stück der Berliner Mauer. Der Verlauf der sogenannten Vorderlandmauer, also jener Begrenzung, die man auf der Westseite sah, ist durch eine doppelte Reihe rostiger Eisenpfähle kenntlich gemacht. Ein 1,4 Kilometer langer Abschnitt der Straße ist heute die Gedenkstätte Berliner Mauer, der zentrale Erinnerungsort der deutschen Teilung. Den besten Überblick über die Anlage bietet der **Aussichtsturm** des auf der anderen Straßenseite gelegenen **Dokumentationszentrums**. Die ovale Holzkonstruktion im Grenzstreifen ist die **Kapelle der Versöhnung**, die man nach dem Mauerfall an der Stelle der einstigen Versöhnungskirche errichtet hat. Die stand jahrzehntelang funktionslos

mitten im Grenzstreifen und wurde erst in der Endzeit der DDR im Jahre 1985 gesprengt. Zum 25. Jahrestag des Mauerfalls wurde das **Dokumentationszentrum** der Gedenkstätte neu gestaltet und die multimediale Dauerausstellung **1961 | 1989. Die Berliner Mauer** eröffnet. Auch sie widmet sich den Hintergründen von Mauerbau und Mauerfall. Vervollständigt wird das Informationsangebot durch die **Ausstellung Grenz- und Geisterbahnhöfe im geteilten Berlin** im nahegelegenen S-Bahnhof Nordbahnhof (→ S. 193).

Jüdischer Friedhof Weißensee

Der Friedhof Berlin-Weißensee (Herbert-Baum-Straße, Weißensee) ist der größte jüdische Friedhof Westeuropas. Auf dem

Sightseeing außerhalb der City

Wurde von den Nazis geschändet: der Jüdische Friedhof Weißensee

mehr als 43 Hektar großen Gelände sind mehr als 115 000 Menschen begraben. So auch der 2001 verstorbene Schriftsteller Stefan Heym, der nach der Wende kurze Zeit für die PDS, die Vorläuferin der Linken, im Bundestag saß und dort als Alterspräsident fungierte. Durch seine Größe wirkt der Friedhof fast wie ein Park und lädt zu ausgedehnten Spaziergängen ein. Während der Nazizeit wurden 4000 Gräber und eine Trauerhalle zerstört. An die vielen jüdischen Opfer aus der Nazizeit erinnert heute eine **Gedenkhalle** direkt am Eingang (→ S. 194).

Gedenkstätte Hohenschönhausen

Auf DDR-Stadtplänen von Berlin befand sich zwischen Bahnhofs-, Gensler-, Freienwalder und Lichtenauer Straße nur eine weiße Fläche. Vor Ort wurden Besucher durch hohe Mauern und Wachtürme von diesem militärischen Sperrgebiet ferngehalten. Auf dem ehemaligen Gelände einer Großküche entstand nach dem Zweiten Weltkrieg ein sowjetisches Speziallager, nach dessen Auflösung 1946 wurde hier das zentrale sowjetische Un-

tersuchungsgefängnis für Deutschland eingerichtet. Ab 1951 übernahm das Ministerium für Staatssicherheit das Gelände und nutzte es als zentrale Untersuchungshaftanstalt. Mehrere tausend politisch Verfolgte waren hier inhaftiert, darunter fast alle DDR-Oppositionellen. Zusammen mit den weiteren Abteilungen des Ministeriums für Staatssicherheit, die sich in unmittelbarer Nähe befanden, war es die Zentrale kommunistischer Unterdrückung in der DDR. Seit 1994 befindet sich auf dem Gelände, dessen Gebäude und Einrichtungen fast vollständig erhalten sind, die Gedenkstätte Berlin-Hohenschönhausen. Führungen werden von ehemaligen Häftlingen durchgeführt, die oft menschenverachtenden Haftbedingungen und Verhörmethoden der Staatssicherheit am eigenen Leib erlebt haben (→ S. 193).

Tierpark Friedrichsfelde

Wegen der Teilung Berlins wurde 1955 im Schlosspark Friedrichsfelde ein neuer, 160 Hektar umfassender Tierpark mit großen Freigehegen eröffnet. Hier gibt es zwar »nur« rund 8000 Tiere zu sehen, deutlich weniger als im Zoologi-

Gedenkstätte des ehemaligen Stasi-Gefängnisses Hohenschönhausen

Der größte See Berlins: der Müggelsee

schen Garten, doch die Anlage bezieht ihren Reiz aus ihrer Weitläufigkeit. Der Tierpark ist in ganz Europa wegen der Zucht **seltener Huftiere** bekannt, aber auch die klassischen Zootiere wie Dickhäuter, Bären und Raubkatzen sind hier zu finden. Die **Schlangenfarm** zeigt die größte Sammlung an Giftschlangen in einem europäischen Zoo (→ S. 194).

Köpenick und Müggelsee

Köpenick ist ein Bezirk der Superlative: Es ist der größte Bezirk Berlins. Und er hat mit dem Müggelsee den größten See der Stadt. Will man die Altstadt und das Schloss besuchen, fährt man mit der S-Bahn bis zur Station Köpenick (S3) und nimmt dort die Tram 62 oder 67. Der dreigeschossige Barockbau von **Schloss Köpenick** in der Altstadt wurde zwischen 1677 und 1682 errichtet. Ursprünglich mit drei Flügeln geplant, wurde es wegen Geldmangels nie vollendet. Nach der aufwendigen Sanierung befindet sich seit 2004 die Dependance des **Museums für Kunstgewerbe** im Schloss, die vor allem Möbel und Kunstgewerbe aus Renaissance, Barock und Rokoko präsentiert (→ S. 194).

Zum **Müggelsee** steigt man an der Station Friedrichshagen oder Rahnsdorf aus (S3) oder fährt ab Friedrichshagen mit der Tram 60 oder 61 weiter bis fast ans Ufer. Mit einer Wasserfläche von 7,5 Quadratkilometern ist der Müggelsee der größte See Berlins. Die Ufer des Sees sind größtenteils unbebaut und von Wäldern gesäumt, durch die zahlreiche Fahrrad- und Wanderwege führen. Wer nicht mit dem eigenen Boot unterwegs ist, kann sich auf einem der vielen Ausflugsdampfer einbuchen.

Am südlichen Seeufer liegen die Müggelberge mit dem knapp 115 Meter hohen Großen und dem 82 Meter hohen Kleinen Müggelberg. Dort steht auch der 1961 erbaute, knapp 30 Meter hohe **Müggelturm**. Von hier hat man bei schönem Wetter eine gute Fernsicht über das gesamte Stadtgebiet.

Im Sommer lockt das 1912 eröffnete und in den 1930er Jahren erweiterte **Strandbad** am Ostufer viele Besucher an (Eintritt frei, kein Bademeister). Das Bad mit seiner rund 1000 Meter langen sandigen Wasserfront wird bis voraussichtlich 2024 schrittweise saniert. Der Badebetrieb geht aber weiter (S-Bahn-Station Rahnsdorf).

Sightseeing außerhalb der City

Im Süden und Westen

Tempelhof – großes Technikerbe

Tempelhof genießt nicht gerade Kultstatus unter Berlinern. Die Wohngegend gilt als eher bieder. Interessant sind allerdings die Hinterlassenschaften einer Epoche, in der sich Berlin mit Technologie- und Infrastrukturprojekten an die Weltspitze setzte.

■ Flughafen Tempelhof

Von der S-Bahn-Station Julius-Leber-Brücke sind es nur ein paar Busminuten (Linie 104) bis zum Flughafen Tempelhof, der auch mit der U-Bahn (U6, Platz der Luftbrücke) zu erreichen ist. Der riesige Komplex löst bei vielen zwiespältige Gefühle aus. Als der Flughafenbau 1941 fertiggestellt wurde, war er mit 307 000 Quadratmetern Bruttogeschossfläche das flächengrößte Gebäude der Welt – bis zwei Jahre später das Pentagon diese Spitzenposition übernahm. Einen Flughafen gab es in Tempelhof schon in den 1920er Jahren. Ab 1936 wurde aber in großem Stil erweitert. Federführender

Eine Führung durch die Gebäude des ehemaligen Flughafens Tempelhof lohnt sich

Architekt war Ernst Sagebiel, der schon das gigantische Reichsluftfahrtministerium an der Wilhelmstraße (heute Bundesfinanzministerium) entworfen hatte. In den 1930er Jahren rangierte Berlin-Tempelhof noch vor Paris, Amsterdam und London und war der europäische Airport mit dem stärksten Verkehrsaufkommen. Die wichtigste Rolle in seiner und in der Berliner Geschichte spielte der Flughafen zur Zeit der Berlin-Blockade und der Luftbrücke. Dazu war es gekommen, als sich die Nachkriegs-Deutschland verwaltenden Siegermächte – ohnehin im ideologischen Wettstreit verhaftet – über die Frage einer Währungsreform zerstritten hatten. Die Situation eskalierte, und am 24. Juni 1948 riegelten die Sowjets sämtliche Zufahrtswege von und nach West-Berlin, das wie eine Insel in der sowjetischen Besatzungszone lag, für den gesamten Güter-verkehr ab. Für die Westmächte stand fest: West-Berlin muss gehalten werden. Fast ein Jahr lang wurde die vom Umland völlig abgeschnittene Stadt mit Lebensmitteln, Brenn- und Rohstoffen durch die Luft versorgt. Das **Luftbrückendenkmal** am Platz der Luftbrücke vor dem Flughafen erinnert an die logistische Meisterleistung und an die dabei ums Leben gekommenen Piloten. 2008 wurde der Flugbetrieb in Tempelhof eingestellt. Teile des denkmalgeschützten Gebäudes werden von Kultur- und Medienunternehmen sowie einer privaten Hochschule genutzt. Zeitweise wurde hier ein Containerdorf für Geflüchtete errichtet.

Interessant sind die verschiedenen **Führungen** durch die leerstehenden Etagen des alten Airports und durch seine »Katakomben«. Ticketbüro und Treffpunkt am GAT-Bereich am Tempelhofer Damm, gegenüber der Tankstelle (→ S. 193).

▲ Faltkarte H9–K10

Beliebtes Erholungsgebiet mitten in der Stadt: das Tempelhofer Feld

■ **Tempelhofer Feld**

Die gigantische Rollfeldfläche des historischen Flughafens Tempelhof, die man nach Einstellung des Flugbetriebs freigegeben hat, ist ein Dorado für Frischluftaktivitäten jeglicher Art. Auf der 386 Hektar großen Freifläche ist ein Erholungsgebiet der besonderen Art entstanden. An schönen Tagen pilgern tausende Ausflügler mit Decken und Picknickkörben hierher – viele mit Drachen, Rad, Inline-Skates oder anderem Sportgerät, weil man sich auf dem Tempelhofer Feld mehr als anderswo austoben kann. Während manche einfach die unkultivierte Weite genießen, möchten andere das Areal lieber mit Blumenbeeten, Spielplätzen und Blumenrabatten füllen. Am Eingang Oderstraße, auf der Neuköllner Seite des Parks, hat die Parkverwaltung einer Initiative für gemeinschaftliches Gärtnern nachgegeben und ein 6600 Quadratmeter großes Teilstück zur Nutzung freigegeben.

Schöneberg – Ausgeh- und Einkaufskiez

In den 1920ern, als das Nachtleben in Berlin aufregender war als irgendwo sonst auf dem Kontinent, fand man in dieser Gegend die Bars und Nachtclubs, in denen homoerotische Kontakte nicht nur selbstverständlich, sondern geradezu en vogue waren. Etliche schillernde Künstlerpersönlichkeiten lebten in den Seitenstraßen des Nollendorfplatzes – die Dichterin Else Lasker-Schüler, der Maler Oskar Kokoschka, der englische Schriftsteller Christopher Isherwood, der Berlin und dem Lebensgefühl der »Roaring Twenties« mit seinem Roman »Goodbye to Berlin« ein literarisches Denkmal gesetzt hat. Skandale, Tabubruch, Glamour – das war einmal. Schwulenkneipen und -cafés, in denen das männliche Publikum eindeutig in der Überzahl ist, gibt es in dieser Gegend immer noch.

Ein perfekter Ausgangspunkt, um mit einem Stück Schöneberg auf Tuchfühlung zu gehen, ist der **Nollendorfplatz**. Der Platz selbst bietet mit Parkplatz, U-Bahn und Bushaltestellen wenig Anlass zum längeren Verweilen. Doch das markante graue Gebäude Ecke Motzstraße verdient Beachtung. Hinter der Fassade mit dem ausladenden klassizistischen Giebel befand sich in den späten 1920er Jahren eine der aufregendsten Bühnen Berlins. Das »Theater am Nollendorfplatz« wurde seinerzeit vom Avantgarde-Regisseur Erwin Piscator geleitet, und die Schauspielerin Tilla Durieux, der die Berliner

Sightseeing außerhalb der City

Käse für Feinschmecker auf dem Wochenmarkt am Winterfeldtplatz

Männerwelt jener Tage zu Füßen lag, feierte hier rauschende Erfolge. Nun nennt sich das Haus wieder »Metropol« und beherbergt Kulturveranstaltungen. Nicht nur für Kiezbewohner ist der **Wochenmarkt am Winterfeldtplatz** samstags »the place to be«. Für viele ist er der schönste in ganz Berlin. Hier tut sich der multikulturelle Spezialitätenkosmos mit orientalischer, mediterraner und regionaler Vielfalt auf, daneben gibt es genähte, genietete, gefilzte Accessoires in Hülle und Fülle. Nicht nur an Markttagen versorgt der **Imbiss Habibi** direkt am Platz Hungrige mit libanesischen Spezialitäten und den wohl besten Falafeln der Stadt. Hinter der katholischen **St.-Matthias-Kirche** auf der Südseite des Winterfeldtplatzes beginnt die **Goltzstraße**, die mit ihrer Verlängerung, der **Akazienstraße**, zu den beliebtesten Shopping-revieren derjenigen gehört, die für das Standardangebot der Shoppingcenter eher wenig übrig haben. Hier gibt es Textilien, Schuhe und Taschen, Möbel, Schmuck und Schnickschnack aller Art. Eine perfekte Anlaufstelle für relaxtes Abhängen ist das **Café Bilderbuch** (Akazienstraße 28)

mit seinen bunt zusammengewürfelten Wohnzimmergarnituren. Sonntags bedient man sich hier bei Piano-Livemusik am Brunch-Buffet. Ein gut bestücktes Bücherregal, WLAN und nicht nur Vegetarisches zu zivilen Preisen gibt es auch an allen anderen Tagen.

■ **Rathaus Schöneberg**
Um dem Rathaus Schöneberg einen Besuch abzustatten, steigt man am Bayerischen Platz oder zuvor schon am Viktoria-Luise-Platz in die U4 – nach wenigen Minuten Fahrzeit befindet man sich auf dem Platz, auf dem 1963 US-Präsident John F. Kennedy den Bewohnern des mauerumschlossenen West-Berlin seine Solidarität bekundete. Vor der jubelnden Menge sprach der Amerikaner die berühmt gewordenen Worte »Ich bin ein Berliner«. Der **Rathausplatz**, auf dem samstags und sonntags ein Trödelmarkt stattfindet, ist nach Kennedy benannt. Die **Freiheitsglocke** im Rathausturm ist ein Geschenk der amerikanischen Siegermacht. Vom Radiosender »RIAS« (Rundfunk im Amerikanischen Sektor) wurde ihr Geläut samt feierlich gesprochenem

Symbol der Freiheit Westberlins: das Rathaus Schöneberg

▲ Faltkarte G7/H7

Das Olympiastadion hat Platz für 75 000 Zuschauer

Freiheitsgelöbnis regelmäßig ausgestrahlt. Heute führt der »Deutschlandfunk Kultur« sonntags um 12 Uhr diese Tradition fort. Das Schöneberger Rathaus, 1914 eröffnet, im Krieg zerstört und unverzüglich wiederaufgebaut, war von 1949 bis 1991 Amtssitz des Regierenden Bürgermeisters und Sitz des Senats von West-Berlin. Das Abgeordnetenhaus des wiedervereinten Berlin tagte noch bis 1993 hier, dann zog die Landesregierung nach Mitte ins Rote Rathaus um. Fast schon in Vergessenheit geraten ist, dass am Schöneberger Rathaus der Protestmarsch gegen den Besuch des Schahs von Persien im Jahr 1967 seinen Ausgangspunkt hatte. Die Demo endete mit dem Tod des Studenten Benno Ohnesorg und gilt letztlich als Initialzündung für die 68er-Studentenbewegung, die die bundesdeutsche Nachkriegsgesellschaft nachhaltig verändert hat. Heute ist das Haus Verwaltungssitz, wartet aber auch mit der interessanten **Dauerausstellung Wir waren Nachbarn** auf, die Biografien jüdischer Zeitzeugen präsentiert (→ S. 194).

Rund um das Olympiastadion

Das Olympiastadion ist der Mittelpunkt des ehemaligen Reichssportfeldes, auf dem 1936 die XI. Olympischen Spiele ausgetragen wurden. Die Anlage ist ein typisches Beispiel der Monumentalarchitektur der Nationalsozialisten, erbaut von 1934 bis 1936 nach Entwürfen des Architekten Werner March. Das historisch problematische Gelände ist heute der wichtigste Ort für sportliche Großveranstaltungen in Berlin. Der **Olympiapark** umfasst neben dem Stadion das nördlich gelegene Deutsche Sportforum, außerdem eine Reithalle, das Maifeld, den Glockenturm und die Waldbühne. Zur Fußball-Weltmeisterschaft 2006 wurde das Stadion für 75 000 Zuschauer aufwendig saniert und erhielt dabei auch ein neues Dach. Unverwechselbar ist die Tartanbahn, die in der Vereinsfarbe des Berliner Bundesligisten Hertha BSC in kräftigem Blau leuchtet. Regelmäßig im Frühjahr findet im Olympiastadion das DFB-Pokalfinale statt.
Zur Fußball-WM wurde auch der **Glockenturm** saniert, ein gläserner Aufzug bringt nun Besucher, die die weite Aussicht genießen wollen, auf den 77 Meter hohen Turm. Unten dokumentiert die Ausstellung **Geschichtsort Olympiagelände 1909 – 1936 – 2006** die Geschichte des Geländes (→ S. 194).

Sightseeing außerhalb der City

Dahlem, Wannsee, Grunewald

Die vornehmsten Villenviertel der Stadt und ein Forstgebiet, das von einer Kette größerer und kleinerer Seen durchzogen wird, der vielbesungene Wannsee und das beliebte Strandbad mit dem flach abfallenden Ufer, die Freie Universität mit ihrer vielfältigen Wissenschaftslandschaft und der Botanische Garten, einer der größten und artenreichsten der Welt – keine Frage, in den südwestlichen Randbezirken gibt es eine Menge Sehenswertes.

Botanischer Garten

Auf dem um 1900 angelegten 43 Hektar großen Gelände des Botanischen Gartens kann man sich gewissermaßen auf eine Reise um den Globus begeben: Hier werden rund 22 000 Pflanzenarten aus aller Welt kultiviert. Im **Großen Tropenhaus** gedeihen tropische Seerosen, Lianen, Riesenbambus und andere botanische Exoten. Mit 60 Metern Länge und 23 Metern Höhe gehört der glä-serne Pflanzentempel zu den größten Gewächshäusern der Welt (→ S. 193).

Brücke-Museum

Die Sammlung der expressionistischen Künstlervereinigung, der unter anderem die Maler Max Pechstein, Ernst Ludwig Kirchner und Karl Schmidt-Rottluff angehörten, umfasst 400 Gemälde sowie tausende von Zeichnungen und Grafiken und ist weltweit die größte ihrer Art (→ S. 193).

Domäne Dahlem

Mit der großen Eingemeindungsaktion von 1920 wurde das einstige Dorf Dahlem ein Ortsteil von Zehlendorf, damit Teil von Groß-Berlin und entwickelte sich zum vornehmen Villenviertel.

An alte, Vor-Berliner Zeiten erinnert das Gelände der Domäne Dahlem, das direkt gegenüber der U-Bahn-Station Dahlem-Dorf liegt. Die Domäne, ein jahrhundertealtes Rittergut und historischer Mittelpunkt des Dorfes, wurde in ein **Freilichtmuseum** umgewandelt, das als Bioland-Bauernhof bewirtschaftet wird. Hier können Stadtkinder mit Schweinen, Hühnern und Schafen Bekanntschaft machen. Die Erzeugnisse – von Fleisch- und Wurstwaren bis hin zu Bauernblumensträußen und Naturkosmetik – können Besucher im **Hofladen** erstehen (→ S. 193).

Museumsdorf Düppel

Wie die Menschen im Berliner Raum vor rund 800 Jahren lebten, davon kann man sich hier ein Bild machen. Die Häuser auf dem Gelände des **Freilichtmuseums** wurden auf archäologischen Grundrissen neu errichtet, auch Handwerke und Landwirtschaft jener Zeit werden in Düppel nachgestellt (→ S. 194).

Landleben in der Stadt: Domäne Dahlem

▲ Faltkarte L4–L5

Freie Universität Berlin

In Dahlem hat die Freie Universität (FU) Berlin ihren Sitz. Eines der zentralen Gelände erstreckt sich zwischen der Königin-Luise-Straße und der Habelschwerdter Allee. Der zweite Campus liegt etwas weiter südwestlich, entlang der Garystraße zwischen Thiel- und Clayallee. Die Freie Universität wurde 1948 gegründet, als ideologische und machtpolitische Interessenkonflikte zwischen den Siegermächten die Welt bereits wieder in zwei verfeindete Lager geschieden hatten. Mit der 2005 eröffneten **Philologischen Bibliothek** (Habelschwerdter Allee 45) hat die FU ein neues Wahrzeichen bekommen. Architekt war Norman Foster, der auch für die Neugestaltung des Reichstags verantwortlich zeichnet.

Die Radaranlagen auf dem Teufelsberg sind inzwischen verfallen

Grunewald

Mit dem Grunewald und der verzweigten Wasserlandschaft aus Havelarmen, Verbindungskanälen und Seen haben die Berliner ein einzigartiges Erholungsgebiet direkt vor der Haustür. Der **Teufelsberg** ist mit 120 Metern die zweithöchste Erhebung Berlins. Im Gegensatz zum fast gleich hohen Großen Müggelberg (knapp 115 Meter) ist er aber kein natürlich entstandener Berg, sondern von Menschenhand geschaffen. Nach dem Zweiten Weltkrieg wurden hier 25 Millionen Kubikmeter Trümmerschutt aufgehäuft. Den Berlinern schwebte vor, die Anhöhe als Freizeitgelände mit Skipiste und Rodelbahn zu nutzen. Doch die amerikanischen Besatzer hatten andere Pläne. Sie errichteten auf dem höchsten Punkt von West-Berlin eine **Abhörstation** und belauschten mithilfe von fünf Radarkuppeln den kommunistischen Osten. Nach der Wiedervereinigung verkaufte der Senat das Gelände an einen privaten Investor, der an diesem geschichtsumwitterten Ort Museum und Tagungszentrum er-

richten wollte. Daraus ist bislang nichts geworden. Angeboten werden geführte Erkundungstouren durch die Anlagen der einstigen Abhörstation. Infos unter www.teufelsberg-berlin.de (→ S. 180). Am Fuße des Berges bietet das **Ökowerk Teufelssee** vielfältige Veranstaltungen zum Thema Naturschutz, die vor allem auch als Unternehmung mit Kindern interessant sind (www.oekowerk.de).

Pfaueninsel

König Friedrich Wilhelm II. hatte auf der kleinen Havelinsel ein Lustschlösschen für sich und seine Mätresse bauen lassen. Genießen konnte er es nicht mehr: 1797, als das königliche Liebesnest vollendet war, starb der Regent.
Das Schlösschen kann besichtigt werden, die eigentliche Attraktion sind ist der herrliche Landschaftspark nach Plänen von Peter Lenné und natürlich die Pfauen, die würdevoll übers Gelände stolzieren und gelegentlich ganz fotogen ihr Rad schlagen. Die auto- und hundefreie Insel ist auch für einen Ausflug mit kleinen Kindern ideal. Eine schöne kleine Wanderung führt vom An-

Sightseeing außerhalb der City

Im Strandbad Wannsee

leger am See entlang zur historischen Ausflugsgaststätte **Moorlake** und weiter zur **Glienicker Brücke**, die Berlin und Potsdam verbindet und über die während des Kalten Krieges aufgeflogene und inhaftierte Spione zwischen Ost und West ausgetauscht wurden (→ S. 194).

Wannsee

Der See im Süden Berlins ist genau genommen ein Abschnitt der Havel, die sich an dieser Stelle seeartig verbreitert. Vom S-Bahnhof Wannsee (S1, S7) ist es nur ein kurzer Fußweg zur Schiffsanlegestelle. Die **Ausflugsflotte** bietet hier unterschiedliche Touren durch die grandiosen Naturlandschaften der Havel und der Oberhavelseen an. So geht es zum Beispiel vom Wannsee über die Havel nach Potsdam. Die **Fähre nach Kladow** am gegenüberliegenden Havelufer kann man mit einem BVG-Ticket benutzen – ein toller Schiffsausflug für kleines Geld. Das **Strandbad Wannsee** mit dem langen, feinen Sandstrand hat Kultstatus.

Hier tummelten sich die Berliner schon Anfang des vorigen Jahrhunderts. Nach mehreren Teilsanierungen präsentieren sich die denkmalgeschützten Gebäude heute wieder in ordentlichem Zustand (→ S. 200).

Am Westufer des Wannsees liegen Villen in allerfeinster Lage. Auch die hochherrschaftliche Villa Marlier, die mit dem unheilvollsten Kapitel der deutschen Geschichte in engster Verbindung steht (Am Großen Wannsee 56). Hier fand am 20. Januar 1942 eine geheime Konferenz ranghoher Nazis statt, bei der der Plan, alle Juden in Europa zu ermorden, und die Einzelheiten seiner Umsetzung besprochen wurden. Die Villa heißt heute **Haus der Wannseekonferenz** (→ S.194). In ihren Räumen widmet sich eine umfassende Ausstellung dem Themenkomplex Antisemitismus und Völkermord.

Kunstsinnige lockt die **Liebermann-Villa**. Wie viele wohlhabende Berliner seiner Epoche legte sich auch der renommierte Maler Max Liebermann zu Beginn des letzten Jahrhunderts eine Villa am Wannsee zu – seine Sommerresidenz, die er stolz »mein Schloss am See« nannte (Colomierstraße 3). Eine Ausstellung in der Villa zeigt Gemälde, Pastelle und Grafiken des großen Impressionisten, die zum großen Teil hier entstanden sind, und ein hübsches Café gibt es auch (→ S. 194).

Grüne Oasen

⊘ **Tiergarten** Das grüne Herz Berlins zwischen Zoologischem Garten und Brandenburger Tor. → S. 114

⊘ **Schlosspark Charlottenburg** Schöner, weitläufiger Barockgarten rund um das Schloss Charlottenburg. → S. 131

⊘ **Botanischer Garten** Der größte Botanische Garten Deutschlands mit zahlreichen Gewächshäusern und exotischen Pflanzen. → S. 170

⊘ **Treptower Park** In der Parkanlage kann man das monumentale Ehrenmal für die gefallenen sowjetischen Soldaten besichtigen, im Biergarten Zenner einkehren oder mit einem Boot auf der Spree herumschippern. ⊘ **Ringbahn S41/S42, S8, S85, S9** Treptower Park, Karte G13/H14.

⊘ **Engelbecken/Luisenstädtischer Kanal** Der zugeschüttete ehemalige Luisenstädtische Kanal in Kreuzberg ist heute eine Grünanlage, die am Engelbecken endet. → S. 157

⊘ **Park am Gleisdreieck** Das Gelände in Kreuzberg bezieht Außenexponate des Technikmuseums mit ein und bietet Spielflächen, einen Skatepark und einen Beachvolleyballplatz (www.gruen-berlin.de). ⊘ **S1, S2, S25, S26, U7** Yorckstraße, **U7** Möckernbrücke, Karte G8.

⊘ **Schöneberger Südgelände** Spannende Mischung aus alten Eisenbahnanlagen, Naturschutzgebieten und Kunstobjekten (www.gruen-berlin.de). ⊘ **S2, S25, S25** Priesterweg, Karte K7–J8.

⊘ **Mauerpark** Nichts für Ruhesuchende: Im Park am ehemaligen Grenzstreifen ist immer etwas los, ob Flohmarkt oder Karaoke. → S. 138

⊘ **Pfaueninsel** Inselchen in der Havel mit skurrilem Schlösschen und frei herumlaufenden Pfauen. → S. 171

⊘ **Grunewald** Ausgedehntes Waldgebiet, durchzogen von einer Seenkette und nur eine halbe Stunde von der City West entfernt. → S. 171

Am Engelbecken in Mitte

Sightseeing außerhalb der City

Potsdam in Kürze

Brandenburgs Hauptstadt, die sich fast nahtlos ans Berliner Stadtgebiet anschließt, wirkt von Berlin kommend wie ein weiterer Nobelvorort. Zahlreiche Größen aus Politik und Medienwelt verdienen ihr Geld in der Spreemetropole, bevorzugen zum Wohnen aber Berlins beschauliche Schwesterstadt. Wenn es um architektonische und landschaftliche Highlights geht, hat Potsdam Schwergewichtiges in die Waagschale zu werfen – seine Schlösser- und Parklandschaften sind weltberühmt und von den Planern vergangener Epochen so penibel durchkomponiert, dass sie die Stadt zu einem Gesamtkunstwerk machen, das seit 1990 auf der Welterbeliste der UNESCO steht. Wer nur Zeit für einen kurzen Abstecher nach Potsdam hat, ist mit der Erkundung von **Schloss und Park Sanssouci** mehr als ausgelastet. Mit mehr Zeit lohnen auch das **Holländische Viertel** und **Schloss Cecilienhof** einen Besuch – ebenso das neue **Museum Barberini**.

Holländisches Viertel

Die roten Backsteingebäude erinnern an adrette Holland-Städtchen – und für Holländer wurden sie auch gebaut. Unter

Im Holländischen Viertel

Leitung des niederländischen Baumeisters Jan Bouman wurde das Viertel in den 1730er Jahren angelegt. Hier sollten die neuen Arbeitskräfte, die Preußens König in den Niederlanden anwerben ließ, das passende Quartier finden. Es kamen allerdings längst nicht so viele Zuwanderer, wie der König erwartet hatte – so wurden die schmucken Häuser zur Unterbringung von Soldaten genutzt.

In den 1990ern wurde das Stückchen Holland an der Havel gründlich saniert. Heute gehört es zu den Touristenattraktionen, lockt mit kleinen Läden, Galerien und Cafés, von denen einige ihren Gästen auch Plätze in stimmungsvoll gestalteten Hofgärten anbieten. In der Mittelstraße 8 gibt das **Jan-Bouman-Haus** Gelegenheit, sich im originalgetreu rekonstruierten Inneren eines Potsdamer Holland-Siedlungshauses Baujahr 1735 umzusehen (→ S. 201).

Museum Barberini

Potsdam hat eine neue erstklassige Adresse für Kunst des 20. Jahrhunderts – das schmucke Palais Barberini. Friedrich der Große hatte das herrschaftliche Gebäude in direkter Nachbarschaft zum Stadtschloss in den 1779er Jahren errichten lassen, Architekt Carl von Gontard ließ sich bei seinem Entwurf von dem barocken Palazzo Barberini in Rom inspirieren. Mitte des 19. Jahrhunderts wurden in königlichem Auftrag Friedrich Wilhelms IV. zwei Seitenflügel angefügt, mit der Erweiterung beauftragte er die Architekten Ludwig Persius, Friedrich August Stüler und Ludwig Ferdinand Hesse. Das Gebäude im Herzen Potsdams war lange Zeit ein Ort der Kultur, hier fanden Lesungen und Konzerte statt. 1945 wurde das Palais stark beschädigt, 1948 schließlich abgerissen. Der Software-

Karte S. 175

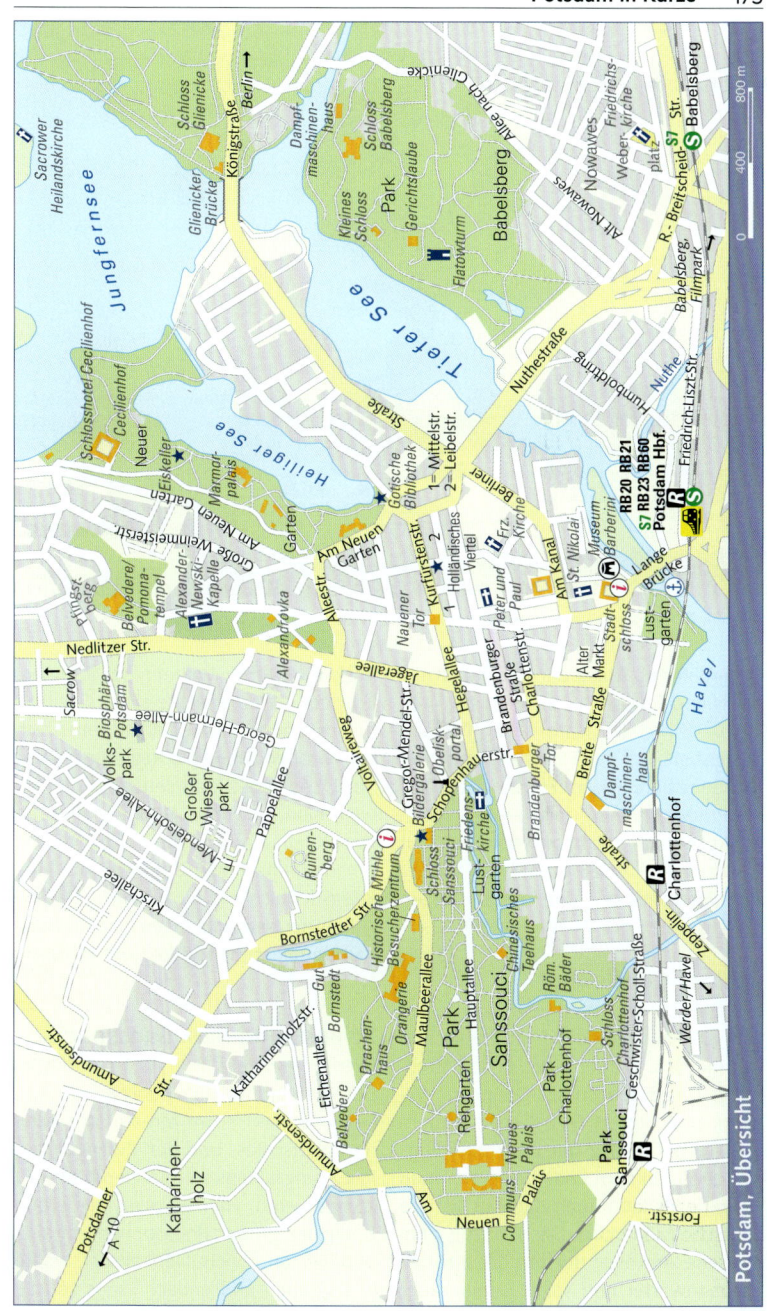

Sightseeing außerhalb der City

Der »Jahrhundertschritt« von Wolfgang Mattheuer im Innenhof des Barberini

Unternehmer, Milliardär und Kunstmäzen Hasso Plattner hat es rekonstruieren lassen. Hinter der historischen Fassade präsentiert sich das Palais als moderner Museumsbau, in dem Plattner Teile seiner Privatsammlung zeigt – der Schwerpunkt liegt auf den **Impressionisten**. Für wechselnde Ausstellungen holt Plattner Hochkarätiges aus den namhaftesten Kunstmuseen der Welt (→ S. 201).

Schloss Cecilienhof

Wilhelm II., der letzte deutsche Kaiser, ließ die Fachwerkidylle im englischen Landhausstil während des Ersten Weltkriegs für seinen Sohn, Kronprinz Wilhelm, und dessen Frau Cecilie bauen. Den Thron bestieg der Prinz allerdings nie, denn mit dem Ende des verlorenen Weltkrieges kam auch das Aus für die deutsche Monarchie. Das großzügig bemessene Anwesen durften der einstige Thronanwärter und seine Familie aber

noch bis 1945 bewohnen. Im Rampenlicht der Weltgeschichte stand Cecilienhof im Sommer 1945. Damals trafen sich die »Großen Drei«, die Regierungschefs der USA, Großbritanniens und der Sowjetunion, und ihre Außenminister im vom Krieg unbeschädigten Cecilienhof, um über die Neuordnung von Nachkriegsdeutschland zu beraten. Das Ergebnis der Verhandlungen ging als **Potsdamer Abkommen** in die Geschichte ein (→ S. 201).

Schloss und Park Sanssouci

Hierher flüchtete sich im 18. Jahrhundert der schöngeistige König Friedrich II. (»der Große«) – um fernab vom Berliner Stadtschloss und den Zwängen des Regierungsalltags zu musizieren und zu komponieren. Hier empfing der große König den großen Philosophen Voltaire, und hier, an seinem Lieblingsort, wollte er begraben und endlich »sans souci«,

Karte S. 175

ohne Sorge, sein. Den Bau eines »Lust-Hauses zu Potsdam« hatte Friedrich II. im Jahr 1745 in Auftrag gegeben und erste Skizzen selbst gefertigt. Mit der Ausführung der Pläne beauftragte er seinen Lieblingsarchitekten Georg Wenzeslaus von Knobelsdorff. Der terrassenförmige Weinberg, der den Sockel des Gebäudes bildet, wurde eigens für diesen Zweck aufgeschüttet. Das Rokoko-Schloss sollte eine Sommerresidenz mit privatem Charakter sein – mit schnellem Zugang zu Terrasse und Garten. Bereits 1747, nach nur zweijähriger Bauzeit, wurde das Schloss auf dem Weinberg eingeweiht. Friedrichs Ehefrau, Elisabeth Christine von Braunschweig, bekam es übrigens nie zu Gesicht. 1740, im Jahr seiner Thronbesteigung, wies der König der ungeliebten Gemahlin Schloss Schönhausen im Norden Berlins zu. Das Leben auf Sanssouci gestaltete der Monarch,

der dem männlichen Geschlecht mehr zugeneigt war als der holden Weiblichkeit, nach seinen Idealvorstellungen – und das hieß frauenlos. Eine schlichte Steinplatte bedeckt das unauffällige Grab am östlichen Rand der Schlossterrasse. In der **Bildergalerie** im Park von Sanssouci findet sich hochkarätige Kunst, heute sind über 100 Gemälde unter einem Dach versammelt, darunter Werke von Rubens und Caravaggio. Am Nordrand des knapp 300 Hektar großen Parks bietet das **Belvedere** auf dem Klausberg grandiose Panoramablicke.

Ganz in der Nähe findet sich eine chinesische Pagode. Dieses sogenannte **Drachenhaus** wurde in den 1770ern von Baumeister Gontard in den Landschaftspark gesetzt. Heute beherbergt das architektonische Kleinod ein Café und ein Restaurant mit schöner Terrasse (→ S. 201).

Potsdams größte Attraktion: Schloss Sanssouci

Sightseeing außerhalb der City

Berlin-Informationen

Wegen der derzeitigen Situation (Corona-Pandemie) ist es möglich, dass sich Öffnungszeiten von Museen, Restaurants, Bars und Clubs ändern, auch kann es sein, dass der eine oder andere Betrieb dauerhaft geschlossen beibt. Besucher sollten sich unbedingt vorher auf den jeweiligen Websites informieren.

Allgemeine Informationen
Vorwahl: 030.
Touristeninfo, Anfragen an: hallo@visit Berlin.de. www.visitberlin.de
Informationsbüros: Brandenburger Tor, Hauptbahnhof, Humboldt Forum, Flughafen BER; Adressen und Öffnungszeiten → S. 14. Auch einzelne Bezirke unterhalten Informationsbüros, Adressen unter www.visitberlin.de/de/tourist-informationen-der-bezirke.

Im Notfall
Feuerwehr: 112.
Polizeinotruf: 110.
Polizei Servicenummer (Bürgertelefon): 46644664.
Giftnotruf: 19240.
Ärztlicher und kinderärztlicher Bereitschaftsdienst: 310031.
Zahnärztlicher Notdienst: 23883578.
Kartensperrung: 116116.

Anreise, Unterwegs in Berlin
→ S. 14.

Stadtrundfahrten und -führungen
Zum Low-Budget-Preis (BVG-Ticket AB für 2,80 Euro) kann man die Stadt im Doppeldeckerbus der **BVG-Linie 100** entdecken; die Tour führt vom Bahnhof Zoo über den Tiergarten nach Mitte. Ähnlich beliebt sind die **Buslinien 200** vom Bahnhof Zoo über Potsdamer Platz zum Prenzlauer Berg und **300** vom Potsdamer Platz über Alexanderplatz zur Warschauer Straße.
Stadtrundfahrten beginnen am Kurfürstendamm/Tauentzienstraße, am Alexanderplatz (Park Inn Hotel) und Unter den Linden/Ecke Friedrichstraße. Hop-On-Hop-Off-Busse verkehren in der Regel täglich 10 bis 18 Uhr im 15-Minuten-Takt, Tickets werden vor Ort verkauft.
Weitere Touren – auch in Kombination von Bus und Schiff – finden sich unter www.sightseeing.de. Tickets für verschiedene Bustouren kann man bei www.visitberlin.de und bei www.getyourguide.de buchen.
Sightseeing Point Berlin, Potsdamer Platz 10, 10785 Berlin, Tel. 220118880. Vermittelt kompetente Guides für Stadterkundungen zu Fuß, per Bus, Schiff oder Rad. Auch individuelle Touren möglich. www.sightseeing-point-berlin.de

Die Berliner lieben es entspannt – wie hier am Urbanhafen in Kreuzberg

StattReisen, Liebenwalder Str. 35a 13347 Berlin, Tel. 4553028. Das umfangreiche Programm der Thementouren-Profis bedient unterschiedlichste Interessen von literarischen Spaziergängen bis zu Kindertouren, www.stattreisenberlin.de.

Art: Berlin, Bessemerstr. 22, 12103 Berlin, Tel. 68915008, www.artberlin-online.de. Spezialist für Streifzüge durch die Berliner Kunst- und Kulturlandschaften.

Übersicht über Stadtrundgänge: www.berlin.de/tourismus/stadtfuehrungen.

■ **Berlin per Schiff**
Die wichtigsten Anlegestellen in der Innenstadt finden sich an der **Jannowitzbrücke** (nahe Alexanderplatz), am **Dom** (nahe Museumsinsel), an der **Weidendammer Brücke** (am Bahnhof Friedrichstraße), hinter dem **Haus der Kulturen der Welt** (im Tiergarten) und am **Charlottenburger Ufer** (am Schloss Charlottenburg). Der Reederverband bietet eine Gesamtübersicht über die Angebote, Tel. 3422431, www.reederverband-berlin.de.

■ **Velo-Taxis**
Fahrradtaxis verkehren rund ums Jahr, fahren auf festgelegten Strecken von der City-West bis zum Alexanderplatz – und bieten auch **Thementouren** mit Informationen zu den Highlights an der Strecke, Tel. 28031609. www.velotaxi.de.

Aussichtspunkte
Die schönsten Aussichtspunkte → S. 21.
Berliner Dom, Am Lustgarten, 7/5 Euro (Ticket für Dombesichtigung). ● **S3, S5, S7, S9** Hackescher Markt, **U5** Museumsinsel, Karte **E10**. www.berlinerdom.de
Reichstagskuppel → S. 189
Fernsehturm am Alexanderplatz; tägl. 10–24 Uhr; 22,50/13 Euro. ● **S3, S5, S7, S9, U2, U5, U8** Alexanderplatz, Karte **E10**. www.tv-turm.de
Aussichtsterrasse Park Inn by Radisson, Alexanderplatz 7, 10178 Berlin; 4 Euro. ● **S3, S5, S7, S9, U2, U5, U8** Alexanderplatz, Karte E10.

Café in der Auguststraße

Kollhoff-Tower, Aussichtsplattform Panoramapunkt, Potsdamer Platz 1, 10785 Berlin, Tel. 25937080; tägl. 10–20 Uhr, im Winter 10–18 Uhr, letzte Auffahrt 17.30 Uhr, Panoramacafé 11–17 Uhr, 7,50/6 Euro. ● **S1, S2, S25, S26, U2** Potsdamer Platz, Karte F8. www.panoramapunkt.de
Siegessäule, im Tiergarten, Großer Stern; tägl. 9.30–18.30, im Winter bis 17.30. 3/2,50 Euro. ● **S3, S5, S7, S9**, Tiergarten, **U9** Hansaplatz, Karte E7.
Cafeteria Skyline TU, Ernst-Reuter-Platz 7; Mo–Fr 7.30–16.15 Uhr, in den Semesterferien eingeschränkte Öffnungszeiten. ● **U2** Ernst-Reuter-Platz, Karte F5.
Funkturm, Eingang Halle 16 gegenüber Busbahnhof (Masurenallee); Di–Fr 14–22, Sa, So 11–22 Uhr, 5/3 Euro. ● **Ringbahn S41/42** Messe Nord/ICC, **U2** Kaiserdamm, Karte F3. www.funkturm-messeberlin.de
Kreuzberg, im Viktoriapark. ● **U6** Platz der Luftbrücke, **U6, U7** Mehringdamm, Karte H9.
Müggelturm, Straße zum Müggelturm; tägl. 10–20 Uhr, Eintritt 4/2 Euro. ● **S3** Köpenick, dann Bus **169**, Fußweg. www.müggelturm.berlin
Glockenturm Olympiastadion, Am Glockenturm; April–Okt. tägl. 10–18 Uhr, 5/3 Euro. ● **S5, S9** Pichelsberg, Karte E1. www.glockenturm.de
Grunewaldturm, Havelchaussee 61, 14193 Berlin. ● **S1, S7** Wannsee, dann Bus **218**.

Teufelsberg, Teufelsseechaussee 10; tägl. 11 Uhr bis Sonnenuntergang, Eintritt 8 Euro, Führungen So 13 Uhr (dt.), 15 Uhr (engl.) 15 Euro. ● **S5, S9** Heerstraße, Fußweg, Karte G1. www.teufelsberg-berlin.de
Skywalk Marzahn, Raoul-Wallenberg-Straße; einstündige Führungen Di 10, 11, Do 14, 15, Sa 10, 11 Uhr, kostenlos. Anmeldung erforderlich unter marzahn@degewo.de oder Tel. 030/264852588. ● **S7** Raoul-Wallenberg-Straße.

Übernachten
Besondere Hotels → S. 133
Vom einfachen Backpacker-Hostel bis zu den Hotels der Luxuskategorie ist alles dabei und oft zu moderaten Preisen. In einfachen Pensionen kann man schon für 50 Euro im Doppelzimmer nächtigen. Frühstück ist nicht immer im Preis inbegriffen.
VisitBerlin – Berlins Service-Agentur für alle touristischen Belange – bietet unter Tel. 030/250025 eine telefonische Reservierungshotline an. Oder man bucht Hotels und Hostels im Internet unter www.visitberlin.de, Hostels auch unter www.hostelworld.com.
Preiswerte Hotelketten wie **Motel One** (www.motel-one.com), **Ibis** (https://ibis.accor.com) oder **Meininger** (www.meininger-hotels.com) gibt es natürlich auch, im Folgenden einige ausgefallenere Schlaf-

Hostelschiff an der Oberbaumbrücke

Mitten in Berlins Mitte: Das Circus-Hotel am Rosenthaler Platz

möglichkeiten. Die Hoteladressen sind nach Preisen aufsteigend sortiert.

■ Mitte
Park Inn by Radisson, Alexanderplatz 7, 10178 Berlin, Tel. 3023890; DZ ohne Frühstück ab 95 Euro (Frühstück 19 Euro/Pers.), verschiedene Pauschalangebote. Großes Viersterne-Hotel im Hochhaus aus den 1960er Jahren direkt am Alex. Gut ausgestattet, tolle Aussicht. ● **S3, S5, S7, S9, U2, U5, U8** Alexanderplatz, Karte E10.
www.parkinn-berlin.de
Honigmond Garden Hotel, Invalidenstr. 122, 10115 Berlin, Tel. 28445577; DZ ab 127 Euro. Denkmalgeschütztes Gebäude, liebevoll gestaltete und mit Himmelbetten bestückte Zimmer, hübscher Garten. ● **S1**, **S2, S25, S26** Nordbahnhof, **U6** Naturkundemuseum, Karte D9.
www.honigmond-berlin.de
Arte Luise Kunsthotel, Luisenstr. 19, 10117 Berlin, Tel. 284480; DZ ab 135 Euro. Origineller Altbau direkt an der Bahntrasse zwischen Friedrichstraße und Hauptbahnhof. Die Zimmer wurden von Künstlern individuell gestaltet. ● **S1, S2, S25, S26, S3, S5, S7, S9, U6** Friedrichstraße, Karte E9.
www.luise-berlin.com

■ Charlottenburg-Wilmersdorf (City West)

Hotel-Pension Funk, Fasanenstr. 69, 10719 Berlin, Tel. 8827193, DZ ab 52 Euro mit Frühstück. Wem ein gewisser Charme wichtiger ist als ein moderner Standard, wird sich im Funk wohl fühlen. Die Zimmer haben teilweise nur Etagenbad, und auch einen Fernseher sucht man vergeblich. Dafür genießen Gäste das Flair eines stilvollen Gründerzeithauses – und als Zugeständnis an heutige Bedürfnisse gibt's W-Lan zum Nulltarif. ❍ **S3, S5, S7, U2, U9** Zoologischer Garten, **U1, U9** Kurfürstendamm, Karte G6. www.hotel-pensionfunk.de

Q! Hotel, Knesebeckstr. 67, 10623 Berlin, Tel. 8100660; DZ ab 140 Euro, Frühstück 18 Euro. Das Designhotel bietet geschmackvollen Luxus. Ausgezeichneter Wellnessbereich. ❍ **S3, S5, S7, S9** Savignyplatz, **U1** Uhlandstraße, Karte F5. www.hotel-q.com

25hours Bikini, Budapester Str. 40, 10787 Berlin, Tel. 120221255, DZ ab 200 Euro. Die Zimmer sind nicht groß, aber witzig eingerichtet. Tolles Panorama in dem luftig leicht gestylten Glaspavillon im obersten Stock, der morgens Frühstückslounge ist, mittags und abends als Restaurant »Neni« mit orientalisch inspirierter Fusionküche lockt. ❍ **S3, S5, S7, S9, U2, U9** Zoologischer Garten, Karte F6. www.neniberlin.de, www.25hours-hotels.com,

■ Prenzlauer Berg

City Guesthouse Pension Berlin, Gleimstr. 24, 10437 Berlin, Tel. 4480792; DZ ab 69 Euro. Einzel-, Doppel- und Familienzimmer für bis zu fünf Personen, alle mit Bad, Dusche und WC, Kabel-TV mit DVD-Player, WLAN, Kühlschrank und Kaffeemaschine. Zudem sehr zentral. ❍ **Ringbahn S41/42, S8, S85, U2** Schönhauser Allee, Karte B10. www.pension-guesthouse-berlin.eu

Hotel Oderberger, Oderberger Str. 57, 10435 Berlin, Tel. 780089760, DZ ab 130 Euro. Teile des 1902 eröffneten Stadtbades dienen nach Sanierung als wunderschönes Hotel mit 70 Zimmern, 5 Turmsuiten und zwei Apartments auf Vier-Sterne-Niveau. Auch das historische Schwimmbad erstrahlt in alter Frische und wurde um Sauna- und Wellnessbereich erweitert. ❍ **U2** Eberswalder Straße. www.hotel-oderberger.berlin

■ Friedrichshain-Kreuzberg

Motel One Mitte, Prinzenstr. 40–42, 10969 Berlin; DZ ab 79 Euro, Frühstück 11,50 Euro. Schick designtes Hotel nahe der quirligen Oranienstraße. Die Zimmer sind nicht groß, aber tiptop gepflegt, und das Frühstück lässt kaum Wünsche offen. ❍ **U8** Moritzplatz, Karte G10. www.motel-one.com

Hotel nhow, Stralauer Allee 3, 10245 Berlin, Tel. 22388599; DZ ab 90 Euro. Direkt

Angebote für Stadtrundfahrten gibt es viele

Berlin-Informationen

am Spreeufer. Jeder Gast kann sich Gitarre, Keyboard oder ein DJ-Set beim Zimmerservice bestellen. **S3, S5, S7, S75, S9, U1, U3** Warschauer Straße, Karte G12. www.nh-hotels.de

■ **Schöneberg**
Hotel Lindemann's, Potsdamer Str. 171–173, 10783 Berlin, Tel. 5268540, DZ ab ca. 100 Euro, Frühstück 10 Euro. Business-Hotel, zentral an der quirligen Potsdamer Straße, in der Nähe des beliebten Winterfeldtmarktes. **U2** Kleistpark, Karte G9. www.lindemannhotels.de

Essen und Trinken
Die besten Restaurants und Cafés
→ S. 70. Zusätzlich zu den hier genannten Adressen finden sich weitere Tipps rund um die Berliner Gastronomie sowie zu Kneipen und Clubs im Kapitel »Ausgehen«, → S. 48.

■ **Mitte**
Borchardt, Französische Str. 47, 10117 Berlin, Tel. 81886262; ab 11.30 Uhr, Küche bis 24 Uhr. Das Berliner Promi-Lokal schlechthin, ambitionierte Küche mit französischem Einschlag zu Luxuspreisen. **U5, U6** Unter den Linden, Karte E9. www.borchardt-restaurant.de
Einstein, Unter den Linden 42, 10117 Berlin, Tel. 2043632; Mo–Fr 9.30–22, Sa 10–22, So 10–18 Uhr. Kaffeehaus und Restaurant der gehobenen Preisklasse. Bekannt für Wiener Schnitzel. **S1, S2, S25, S26, U5** Brandenburger Tor, Karte E9. http://einsteinudl.grillroyal.com
Chén Chè, Rosenthaler Str. 13, 10119 Berlin, Tel. 28884282; tägl. 12–24 Uhr. Das großartig eingerichtete vietnamesische Restaurant versteckt sich in einem lauschigen Innenhof. Unbedingt reservieren. **S3, S7, S5, S9** Hackescher Markt, **U8** Weinmeisterstraße, Karte D10. www.chenche-berlin.de
Cordo, Große Hamburger Str. 32, 10115 Berlin. Aus der Cordobar, einer der bekanntesten Bars der Stadt, wurde das Spitzenrestaurant Cordo, in dem Yannic Stockhau-

sen, der junge Stern am Kochhimmel, in der Küche steht, der direkt aus dem Drei-Sterne-Restaurant »Aqua« in Wolfsburg hierher kam. Schade trotzdem, dass der für jeden Fußballfan legendäre Name für die Umwandlung der Bar zum Restaurant geopfert werden musste. **S3, S5, S7, S9** Hackescher Markt, **U8** Weinmeisterstraße, Karte D10. www.cordo.berlin
Galeries Lafayette Gourmet, Friedrichstr. 76–78, Tel. 209480; Mo–Sa 10–20 Uhr. Egal ob köstlich belegtes Baguette, Elsässer Flammkuchen, Austern oder Steaks vom berühmten Charolais-Rind – die Restaurants im französischen Kaufhaus bietet die ganze Palette französischer Gaumenkitzel. **U5, U6** Unter den Linden, Karte E9. www.galerieslafayette.de
Schnitzelei Mitte, Chausseestr. 8 (im Hinterhof, Zugang auch über Novalisstr. 11), 10115 Berlin, Tel. 32519422; Mo–Sa 16–23, So 12–23 Uhr. In einem sehr angenehmen Ambiente werden hervorragende Schnitzel serviert. Aber auch Vegetarier finden auf der Speisekarte eine kleine Auswahl. **U6** Oranienburger Tor, Karte D9. https://schnitzelei.de/mitte
Zum Nußbaum, Am Nußbaum 3, 10178 Berlin, Tel. 2423095; tägl. 12–24 Uhr. Eines der ältesten Gasthäuser Berlins mit urigem Ambiente serviert Berliner Küche zu gemäßigten Preisen. Im Nikolaiviertel. **S3, S5, S7, S9, U2, U5, U8** Alexanderplatz, Karte E10.

■ **Charlottenburg-Wilmersdorf**
Paris Bar, Kantstr. 152, 10623 Berlin, Tel. 3138052. **S3, S5, S7, S9** Savignyplatz, **U1** Uhlandstraße, Karte F6. https://parisbar.net
Dicke Wirtin, Carmerstr. 9, 10623 Berlin, Tel. 3124952; Mi–Mo ab 11 Uhr. Die Namensgeberin der rustikalen Schenke war bekannt für ihr großes Herz und ihre deftigen Eintöpfe – die hat die Küche heute noch zu bieten. **S3, S5, S7, S9** Savignyplatz, Karte F5. www.dicke-wirtin.de
Lubitsch, Bleibtreustr. 47, 10623 Berlin, Tel. 88626660; tägl. 12–24 Uhr. Gemüt-

liches Restaurant, frische regionale Speisen und Klassiker der Berliner Küche. **S3, S7, S5, S9** Savignyplatz, Karte F5. www.restaurant-lubitsch.de

Zwiebelfisch, Savignyplatz 7, 10623 Berlin, Tel. 3127363; 12–2 Uhr. Einst Treffpunkt der 68er-Szene, bei den »Veteranen« noch immer beliebt und etwas aus der Zeit gefallen. Die bodenständige Küche ist im heutigen Berlin schon fast etwas Besonderes. **S3, S5, S7, S9** Savignyplatz, Karte F5 www.zwiebelfisch-berlin.de

■ Tiergarten und Umgebung
Café am Neuen See, Lichtensteinallee 2, 10787 Berlin, Tel. 2544930; tägl. ab 10 Uhr. Vielbesuchter Biergarten mitten im Tiergarten; mit Ruderbootverleih. **S3, S5, S7, S9** Tiergarten, Karte F7. www.cafeamneuensee.de

Café Einstein Stammhaus, Kurfürstenstr. 58, 10785 Berlin, Tel. 2639190; tägl. 8–24 Uhr. Wiener Kaffeehaus und Restaurant – eine Institution seit den 1970er Jahren; mit schönem Biergarten. **U1, U2, U3, U4** Nollendorfplatz, Karte G7. www.cafeeinstein.com

■ Prenzlauer Berg
Baden im Wein, Schönhauser Allee 155, Tel. 01577/5175795; Mo–Sa 19–2 Uhr. Kleines, originell designtes Lokal, das sich auf besondere Weine spezialisiert hat. Rund 90 Winzerweine bieten hocherfreuliche Abwechslung, leckere Vesperplatten. **U2** Eberswalder Straße, Karte C10. www.badenimwein.de

Kanaan, Kopenhagener Str. 17, 10437 Berlin, Tel. 01590/1348077; Mi, Do 18–22, Fr–So 12–22 Uhr. Es klingt ein bisschen nach Weltfrieden wenn ein Israeli und ein Palästinenser, wie hier geschehen, zusammen ein Restaurant eröffnen. Das gemütliche Lokal, auf dessen Speisekarte Hummus die zentrale Rolle spielt, ist zurecht Anlaufpunkt für Veganer und Vegetarier. **Ringbahn S41/42, S8, S85, U2** Schönhauser Allee, Karte B10. www.kanaan-berlin.de

Osmans Töchter, Pappelallee 15, 10437 Berlin, Tel. 0172/2744662, Mo–Sa 17.30–24 Uhr. Moderne türkische Küche im stylischen, aber gemütlichen Ambiente. Lecker und sympathisch. **U2** Eberswalder Straße, Karte C11. www.osmanstoechter.de

Prater Gaststätte und Biergarten, Kastanienallee 7–9, 10435 Berlin, Tel. 4485688; Mo–Sa ab 18 Uhr. Schöne Gaststätte mit Hausmannskost sowie eigenem Bier. Im Sommer einer der beliebtesten Biergärten der Stadt. **U2** Eberswalder Straße, Karte C10. www.pratergarten.de

■ Friedrichshain
Umspannwerk Ost, Palisadenstr. 48, 10243 Berlin, Tel. 42804242; tägl. ab 12 Uhr. Das Restaurant liegt in einem alten Umspannwerk und erstreckt sich über zwei Etagen mit großer Galerie und offener Küche. Interessante Einrichtung und gute internationale Küche, die von Pasta und Spätzle bis zu Wiener Schnitzel und Lammrücken reicht. **U5** Weberwiese, Karte E12. www.umspannwerk-ost.de

■ Kreuzberg
Bar Raval, Lübbener Str. 1, 10997 Berlin, Tel. 53167954; Mo–Do 18–22, Fr 18–23, Sa 12–23, So 12–22 Uhr. Angenehmes Lo-

Schön für lange Sommerabende: Der Prater-Biergarten

Berlin-Informationen

kal am Görlitzer Park, hier kann man sich durch die Vielfalt spanischer Tapas schlemmen. Eigner ist Daniel Brühl (genau: der von »Goodbye Lenin«). ➜ **U1, U3** Schlesisches Tor, Karte G12. www.barraval.de

Café Strauss, Bergmannstr. 42, 10961 Berlin, Tel. 69564453; Di–So ab 9 Uhr. Es ist sicherlich nicht falsch, wenn das Café Strauss mit seiner ruhigen Lage wirbt, liegt es doch in der ehemaligen Aussegnungshalle des Friedrichswerderschen Kirchhofs. Die Lage ist zweifellos skurril und entsprechend kontrovers waren die Reaktionen nach der Eröffnung. Kaffee und Kuchen schmecken hier jedoch ausgezeichnet. ➜ **U7** Gneisenaustraße oder Südstern, Karte H10. www.cafestraussberlin.de

Restaurantschiff Van Loon, Urbanhafen, An der Baerwaldbrücke, Carl-Hertz-Ufer 5, 10961 Berlin, Tel. 6926293; Mi–Fr 11.30–22, Sa 10–22, So 10–18 Uhr. Im Van Loon erwartet den Gast ein täglich wechselndes, marktfrisches Angebot von Küste und Binnenland auf schwankenden Planken oder auf der Terrasse vor dem Schiff. ➜ **U1, U3** Prinzenstraße, Karte G10. www.vanloon.de

Wirtshaus Max und Moritz, Oranienstr. 162, 10969 Berlin, Tel. 69515911; tägl. ab 17 Uhr. Berliner Küche zu angemessenen Preisen. Tolle Atmosphäre, beliebt bei Touristen und Kreuzbergern, die den Freun-

den aus der süddeutschen Heimat Eisbein oder Hoppelpoppel näherbringen möchten. ➜ **U8** Moritzplatz, Karte F10. www.maxundmoritzberlin.de

■ **Schöneberg**

Gottlob, Akazienstr. 17, 10827 Berlin, Tel. 78708095; Mo–Do 9–1, Fr, Sa 9–2, So 10–1 Uhr. Das Café gehört zu den Institutionen im Kiez. Neben Frühstück und Kuchen gibt es kleine Tagesgerichte – neudeutsch und mediterran. ➜ **U7** Eisenacher Straße, Karte H7.

La Cocotte, Vorbergstr. 10, 10823 Berlin, Tel. 78957658; Mo–Sa 9–23 Uhr. Kleines, feines französisches Lokal mit lauschigem Vorgärtchen und einem erfreulichen Preis-Leistungs-Verhältnis. ➜ **U7** Eisenacher Straße, Karte H7. www.lacocotte.de

Rocoto, Winterfeldtstr. 17, 10781 Berlin, Tel. 25320502, Di–Sa 17–23 Uhr. Ceviche, Pisco Sour, Fisch, Fleisch und Vegetarisches – das gemütliche kleine Restaurant im Souterrain entführt die Geschmacksnerven nach Peru und das ist eine willkommene Abwechslung in der gastronomischen Landschaft Berlins. Unbedingt reservieren! ➜ **U2** Bülowstraße, Karte G7. www.rocotoberlin.de

Osteria Ribaltone, Motzstr. 54, 10777 Berlin, Tel. 2143655; tägl. ab 17 Uhr. Gemüt-

Abendstimmung an der Spree, Blick von der Elsenbrücke

licher kleiner Italiener mit hausgemachter Pasta und richtig guter Fischküche. Von 18 bis 20 Uhr zelebriert man hier den Aperitivo –wie man es in Italien liebt. Bezahlt wird das Getränk, kleine Speisen gibt es dazu. ❍ **U4** Viktoria-Luise-Platz, **U1, U2, U3** Wittenbergplatz, Karte G7. www.ribaltone.de

■ **Wannsee**

Loretta am Wannsee, Kronprinzessinnenweg 260, 14109 Berlin, Tel. 80105333; Mi–So ab 12 Uhr, Küche bis 22, So bis 21 Uhr. Biergarten mit allem, was dazu gehört: Spielplatz, Brezeln, Deftiges vom Grill. Biergarten ab April bei guten Wetter, witterungsunabhängig läuft der Betrieb im kleinen Restaurant nebenan. ❍ **S1, S7** Wannsee. www.loretta-berlin.de

Clubs, Bars und Kneipen

Insbesondere die legendäre Berliner Clubszene leidet unter den coronabedingten Schließungen, viele Clubs kämpfen um ihr Überleben. Einige Clubs haben sich vorübergehend in reine Biergärten, Bars oder Restaurants verwandelt, andere sind weiterhin komplett geschlossen; vor dem Besuch sollte man sich auf der jeweiligen Website informieren.
Die schicksten Bars → S. 53.

■ **Mitte**

b-flat, Dircksenstr. 40, 10178 Berlin, Tel. 2833123. In dieser Jazzkneipe wird fast täglich Livemusik geboten. Egal, ob lokale Musikgrößen oder internationale Stars, die Stimmung ist immer gut. ❍ **S3, S5, S7, S9, U2, U5, U8** Alexanderplatz, Karte E10. www.b-flat-berlin.de
Clärchens Ballhaus, Auguststr. 24, 10117 Berlin, Tel. 2829295. Das legendäre Ballhaus mit Restaurant und Biergarten hat neue Betreiber. Auch Tanzkurse und Konzerte finden wieder statt. ❍ **S1, S2, S25, S26** Oranienburger Straße, Karte D10. https://claerchensball.haus
Hafenbar, Karl-Liebknecht-Str. 11, 10178 Berlin; Fr, Sa ab 21 Uhr Schlagerparty, Sa Disco-Klassiker und Schlager. Schon

Der Pfefferberg beherbergt mehrere Clubs und Restaurants

zu DDR-Zeiten in der Chausseestraße als Tanzgaststätte eine Institution, ist dies auch nach einem Umzug eine der für Berlin typischen Locations, bei deren Anblick man nicht genau weiß, ob man lachen oder weinen soll. Weil das viele spannend finden, stehen oft lange Schlangen vor der Tür. ❍ **S3, S5, S7, S9, U2, U5, U8** Alexanderplatz, Karte E10. www.hafenbar-berlin.de
Newton Bar, Charlottenstr. 57, 10117 Berlin. ❍ **U2, U6** Stadtmitte, Karte F9. www.newton-bar.de
Sage Club, Köpenicker Str. 76, im U-Bhf. Heinrich-Heine-Straße, 10179 Berlin, Tel. 2789830. Legendärer Club in den Katakomben des U-Bahnhofs mit vielfältigem Programm in labyrinthartigen Räumen. Auch ein Restaurant und eine Strandbar (Köpenicker Str. 18–20, www.sage-restaurant.de) gehören dazu. ❍ **U8** Heinrich-Heine-Straße, **S3, S5, S7, S9** Jannowitzbrücke, Karte F11. www.sage-club.de

■ **Prenzlauer Berg**

Dunckerclub, Dunckerstraße 64, 10439 Berlin, Tel. 4459509. Ein Klassiker im Herzen vom Prenzlauer Berg. Vor allem Inde-

Berlin-Informationen

pendent und Alternativerock, aber auch DJ, Tanzmusikpartys, Autorenlesungen und Trödelmarkt. Dark Monday und die Gnadenlos-Kostenlos-Konzerte sind stadtbekannt. **→ Ringbahn S41/42, S8, S85, U2** Schönhauser Allee, Karte C11. www.dunckerclub.de

Becketts Kopf, Pappelallee 64, 10437 Berlin; Mi–Sa ab 20 Uhr. **→ U2** Eberswalder Straße, Karte C11. http://becketts-kopf.de

Frannz Club, Schönhauser Allee 36, 10435 Berlin (in der Kulturbrauerei), Tel. 726279333. Fast täglich Musikveranstaltungen, ein Restaurant gehört ebenfalls zum Club. **→ U2** Eberswalder Straße, Karte C10. www.frannz.com

Kulturbrauerei, Knaackstr. 97, 10435 Berlin, Tel. 44315151. Der ehemalige Brauereikomplex ist heute ein Kulturzentrum mit Bühnen, Restaurants, Kneipen und Kinos. **→ U2** Eberswalder Straße, Karte C10. www.kulturbrauerei.de

Roadrunners Paradise, Saarbrücker Str. 24, 10119 Berlin. Rock, Rockabilly und Country, viele Konzerte. **→ U2** Rosa-Luxemburg-Platz oder Senefelderplatz, Karte D11. www.roadrunners-paradise.de

■ **Kreuzberg**

Galander Haifischbar, Arndtstr. 25, 10965 Berlin; Di–So 18–2 Uhr. **U7** Gneisenau-

Konzert in einem Schöneberger Club

straße, **U6** Platz der Luftbrücke, Karte H9. www.galander.berlin

Gretchen, Obentrautstr. 19–21, 10963 Berlin, Tel. 25922702. Vielseitiger Club von Electronic bis Jazz. **→ U7** Mehringdamm, Karte G9. www.gretchen-club.de

Paloma Bar, Skalitzer Str. 135, 10999 Berlin; Do, Fr, Sa ab 22 Uhr. Schräger kleiner Club direkt am Kottbusser Tor. Die Einrichtung ist eine Mischung aus Wohnzimmer und Partykeller, gute Stimmung, junges Publikum, meist überfüllt. **→ U1, U3, U8** Kottbusser Tor, Karte G11. www.palomabar.de

■ **Friedrichshain**

Berghain, Am Wriezener Bahnhof, 10243 Berlin (Friedrichshain), Tel. 29360210. Der angeblich beste Technoclub der Welt (→ S. 50). **→ U5** Weberwiese, **S3, S5, S7, S9** Ostbahnhof, Karte F12. www.berghain.de

Himmelreich, Simon-Dach-Str. 36, 10245 Berlin, Tel. 29369292. Kitschig eingerichtete Schwulenkneipe, in der auch Heteros willkommen sind. **→ S3, S5, S7, S75, S9, U1, U3** Warschauer Straße, **U5** Frankfurter Tor, Karte F13. www.himmelreich-berlin.de

Paules Metal Eck, Krossener Str. 15, 10245 Berlin. Alteingesessene Metal-Kneipe. **→ S3, S5, S7, S75, S9, U1, U3** Warschauer Straße, **U5** Frankfurter Tor, Karte F13.

Yaam, An der Schillingbrücke 3, 10243 Berlin, Tel. 6151354. Club und Strandbar, hauptsächlich Reggae. **→ S3, S5, S7, S9** Ostbahnhof, Karte F11. www.yaam.de

■ **Tiergarten/Schöneberg**

Kumpelnest 3000, Lützowstr. 23, 10785 Berlin, Tel. 2616918. Skurril-kitschige kleine Kneipe in einem ehemaligen Puff, kleine Tanzfläche, eine Institution des Berliner Nachtlebens. **→ U1** Kurfürstenstraße, Karte F8. www.kumpelnest3000.com

Victoria Bar, Potsdamer Str. 102, 10785 Berlin, Tel. 25759977; tägl. ab 18 Uhr. Sehr schöne Cocktailbar. **→ U1, U3** Kurfürstenstraße, Karte G8. www.victoriabar.de

Das Bode-Museum

Green Door Bar, Winterfeldtstr. 50, 10718 Berlin. ➲ **U1, U2, U3, U4** Nollendorfplatz, Karte G7. www.greendoor.de

■ Tempelhof
Ufa-Fabrik, Viktoriastr. 10, 12105 Berlin (Tempelhof), Tel. 755030. Alternatives Refugium mit Bäckerei und dem Café Olé im biederen Tempelhof. ➲ **U6** Ullsteinstraße, Karte L9. www.ufafabrik.de

■ Charlottenburg-Wilmersdorf
Monkey Bar, im 25hours Hotel, Budapester Str. 40, 10787 Berlin. ➲ **S3, S5, S7, S9, U2, U9** Zoologischer Garten, Karte F6.
Quasimodo, Kantstr. 12a, 10623 Berlin, Tel. 31804560. Top-Adresse für Live-Jazz und -Blues. ➲ **S3, S5, S7, S9, U2, U9** Zoologischer Garten, **U9** Kurfürstendamm, Karte F6. www.quasimodo.de

Sehenswürdigkeiten und Museen
Museen für Berliner Geschichte → S. 46

■ Mitte
Akademie der Künste, Pariser Platz 4, Tel. 200570. ➲ **S1, S2, S25, S26, U5** Brandenburger Tor, Karte E8. www.adk.de
Altes Museum, Am Lustgarten, 10178 Berlin, Tel. 266424242; Di–So 10–18 Uhr. ➲ **S3, S5, S7, S9** Hackescher Markt, **U5** Museumsinsel, Karte E10. www.smb.museum
Alte Nationalgalerie, Bodestr. 1–3, 10178 Berlin, Tel. 266424242; Di–So 10–18 Uhr. ➲ **S3, S5, S7, S9** Hackescher Markt, **U5** Museumsinsel, Karte E10. www.smb.museum
Anne-Frank-Zentrum, Rosenthaler Str. 39, 10178 Berlin, Tel. 288865610; Di–So 10–18 Uhr. ➲ **S3, S5, S7, S9** Hackescher Markt, Karte E10. www.annefrank.de
Berliner Dom, Am Lustgarten 1, Berlin, Tel. 209136; Mo–Mi, Fr 10–17, Do 12–16, Sa 10–16 Uhr. ➲ **S3, S5, S7, S9** Hackescher Markt, **U5** Museumsinsel, Karte E10. www.berlinerdom.de
Bode-Museum, Am Kupfergraben 1, 10178 Berlin, Tel. 266424242; Di–So 10–18 Uhr. ➲ **S3, S5, S7, S9** Hackescher Markt, Karte E9. www.smb.museum
DDR-Museum, Karl-Liebknecht-Str. 1, 10178 Berlin, Tel. 847123730; tägl. 9–21 Uhr. ➲ **S3, S5, S7, S9** Hackescher Markt, **U5** Museumsinsel, Karte E10. www.ddr-museum.de
Denkmal für die ermordeten Juden Europas, Cora-Berliner-Str. 1, 10117 Berlin, Tel. 2007660; Denkmal 24 Std. geöffnet, Ort der Information April–Sept. Di–So 10–20, sonst 10–19 Uhr. ➲ **S1, S2,**

Berlin-Informationen

Eingang zum DDR-Museum

S25, S26, U2 Potsdamer Platz, Karte E9. www.stiftung-denkmal.de

Deutscher Dom, Dauerausstellung »Wege, Irrwege, Umwege – die Entwicklung der parlamentarischen Demokratie in Deutschland«, Gendarmenmarkt 1, 10117 Berlin; April–Okt. Di–Do u. Feiertage 10–18, Mai–Sept. 10–19 Uhr, Eintritt frei. ◉ **U2** Hausvogteiplatz, Karte F9. www.bundestag.de

Deutsche Kinemathek – Museum für Film und Fernsehen, Potsdamer Str. 2 (im Sony Center), 10785 Berlin, Tel. 3009030; Mi–Mo 10–18, Do 10–20 Uhr. ◉ **S1, S2, S25, S26, U2** Potsdamer Platz, Karte F8. www.deutsche-kinemathek.de

Deutsches Historisches Museum, Unter den Linden 2, 10117 Berlin, Tel. 203040; Fr–Mi 10–18, Do 10–20 Uhr. ◉ **U5** Museumsinsel, Karte E10. www.dhm.de

Deutsches Spionagemuseum, Leipziger Platz 9, Tel. 398200451; tägl. 10–20 Uhr. ◉ **S1, S2, S25, S26, U2** Potsdamer Platz, Karte F9. www.deutsches-spionagemuseum.de

Ephraim-Palais, Poststr. 16, 10178 Berlin, Tel. 24002162; Di, Do–So 10–18, Mi 12–20 Uhr. ◉ **U2** Klosterstraße, Karte E10. www.stadtmuseum.de

Fernsehturm am Alexanderplatz, Panoramastr. 1a, 10178 Berlin, keine Telefon-auskunft; April–Okt. tägl. 9–23, sonst 10–23 Uhr. Erwachsene ab 15,50, Kinder ab 9,50 Euro. ◉ **S3, S5, S7, S9, U2, U5, U8** Alexanderplatz, Karte E10. www.tv-turm.de

Forum Willy Brandt, Behrenstr. 15, 10117 Berlin, Tel. 7877070; tägl. 11–17 Uhr, Eintritt frei. ◉ **S1, S2, S25, S26, U5** Brandenburger Tor, **U5, U6** Unter den Linden, Karte E9. www.willy-brandt.de

Französischer Dom, Gendarmenmarkt 5, 10117 Berlin, Tel. 20674690; Aussichtsplattform April–Okt. 10–19, sonst 10–18 Uhr, Hugenotten-Museum Di–So 12–17 Uhr. ◉ **U2** Hausvogteiplatz, Karte E9. www.franzoesischer-dom.de

Friedrichswerdersche Kirche (Schinkelmuseum), Werderscher Markt 1, 10117 Berlin, Tel. 266424242; Di–So 10–18 Uhr. ◉ **U2** Hausvogteiplatz, **U5** Museumsinsel, Karte E10. www.smb.museum

Futurium, Alexanderufer 2, 10117 Berlin, Tel. 408189777; Mo, Mi, Fr–So 10–18, Do 10–20 Uhr, Eintritt frei. ◉ **S3, S5, S7, S9, U5** Hauptbahnhof, Karte D8. https://futurium.de

Hamburger Bahnhof – Museum für Gegenwart – Berlin, Invalidenstr. 50, 10557 Berlin, Tel. 266424242; Di–So 10–18, Do bis 20 Uhr. ◉ **S3, S5, S7, S9, U5** Hauptbahnhof, **U6** Naturkundemuseum, Karte D8. www.smb.museum

Hanf Museum, Mühlendamm 5, 10178 Berlin, Tel. 2424827; Di–Fr 10–20, Sa, So 12–20 Uhr. ◉ **S3, S5, S7, S9, U2, U5, U8** Alexanderplatz, **U2** Klosterstraße, Karte E10. www.hanfmuseum.de

Heinrich-Zille-Museum, Probststr. 11 (Nikolaiviertel), 10178 Berlin, Tel. 24632500; Di–So 11–18 Uhr. ◉ **S3, S5, S7, S9, U2, U5, U8** Alexanderplatz, **U2** Klosterstraße, Karte E10. www.zillemuseum-berlin.de

Humboldt Forum, Schloßplatz, 10178 Berlin, Tel. 992118989; So–Do 10–20, Fr, Sa 10–22 Uhr. Museum für Asiatische Kunst, Ethnologisches Museum und Ausstellung »Berlin global«. ◉ **U5** Museumsinsel, Karte E10. www.humboldtforum.org

Illuseum Berlin, Karl-Liebknecht-Str. 9, 10178 Berlin, Tel. 25784117; Mo–Fr 10–

18, Sa, So 10–20 Uhr. ➲ **S3, S5, S7, S9, U2, U5, U8** Alexanderplatz, Karte E10. www.illuseum-berlin.de

Knoblauchhaus, Poststraße 23 (Nikolaiviertel), 10178 Berlin, Tel. 24001162; Di–So 10–18 Uhr. ➲ **S3, S5, S7, S9, U2, U5, U8** Alexanderplatz, **U2** Klosterstraße, Karte E10. www.stadtmuseum.de

KW Institute for Contemporary Art, Auguststr. 69, 10117 Berlin, Tel. 24345969; Mi–Sa 11–21, So–Mi 11–18 Uhr. ➲ **S1, S2, S25, S26** Oranienburger Straße, Karte D9. www.kw-berlin.de

Madame Tussauds, Unter den Linden 74, 10117 Berlin, Tel. 0180/5545800 (Ticketkauf mit Preisnachlass im Internet); tägl. 10–19 Uhr (letzter Einlass 18 Uhr). ➲ **S1, S2, S25, S26, U5** Brandenburger Tor, Karte E9. www.madametussauds.com

Märkisches Museum, Am Köllnischen Park 5, 10179 Berlin, Tel. 24002162; Di–Fr 12–18, Sa, So 10–18 Uhr. ➲ **U2** Märkisches Museum, **S3, S5, S7, S9, U8** Jannowitzbrücke, Karte F11. www.stadtmuseum.de

Max-Liebermann-Haus, Pariser Platz 7, 10117 Berlin, Tel. 22633016; Mi–So 11–18 Uhr, Änderungen je nach Ausstellung möglich. ➲ **S1, S2, S25, S26, U5** Brandenburger Tor, Karte E8/9. www.stiftungbrandenburgertor.de

Haus am Checkpoint Charlie → S. 193.

Medizinhistorisches Museum, Charitéplatz 1, 10117 Berlin, Tel. 450536122; Di, Do, Fr und So 10–17, Mi, Sa 10–19 Uhr (bis Anfang 2023 geschlossen). ➲ **S3, S5, S7, S9, U5** Hauptbahnhof, Karte D8. www.bmm-charite.de

Museum für Naturkunde, Invalidenstr. 43, 10115 Berlin, Tel. 20938591; Di–Fr 9.30–18 Uhr, Sa, So und feiertags 10–18 Uhr. ➲ **U6** Naturkundemuseum, Karte D9. www.museumfuernaturkunde.berlin

Neue Synagoge/Centrum Judaicum, Oranienburger Str. 28–30, Tel. 88028300; April–Sept. Mo–Fr 10–18, So 10–19, sonst So–Do 10–18, Fr 10–15 Uhr. ➲ **S1, S2, S25, S26** Oranienburger Straße, Karte D9. https://centrumjudaicum.de

Neue Wache, Unter den Linden 4, 10117 Berlin. ➲ **U5** Museumsinsel, Karte E9/10.

Neues Museum, Bodestr. 1–3, 10178 Berlin, Tel. 266424242; Di–So 10–18, Do bis 20 Uhr. ➲ **S3, S5, S7, S9** Hackescher Markt, **U5** Museumsinsel, Karte E9/10. www.smb.museum

Nikolaikirche, Nikolaikirchplatz, 10178 Berlin, Tel. 24002162; tägl. 10–18 Uhr. ➲ **U5** Rotes Rathaus, **U2** Klosterstraße, Karte E10. www.stadtmuseum.de

PalaisPopulaire, Unter den Linden 5, 10117 Berlin; Fr–Mi 11–19, Do 11–21 Uhr. ➲ **U5** Museumsinsel, Karte E9/E10. https://palaispopulaire.db.com

Pergamonmuseum, Besuchereingang über die James-Simon-Galerie, Bodestraße, 10178 Berlin, Tel. 266424242; Di–So 10–18, Do 10–20 Uhr. Der berühmte Pergamonaltar wird derzeit restauriert und frühestens ab 2023 wieder zu sehen sein. Im Ausweichquartier gegenüber der Museumsinsel (**Pergamonmuseum. Das Panorama**, Am Kupfergraben 2) werden rund 80 Ausstellungsstücke und ein 360°-Panorama gezeigt. ➲ **S3, S5, S7, S9** Hackescher Markt, **U5** Museumsinsel, Karte E10. www.smb.museum

Reichstagsgebäude/Sitz des Deutschen Bundestages, Platz der Republik 1, 11011 Berlin, Tel. 22732152 (Besucherdienst); Besichtigung von Dachgarten und Kuppel

Museum für Film und Fernsehen

Picknickkoffer im Kunstgewerbemuseum

für angemeldete Besucher, tägl. 8–24 Uhr, letzter Einlass 22 Uhr, Hausführungen und Besuch von Debatten ebenfalls nach Anmeldung, sämtliche Angebote und Anmeldung unter www.bundestag.de, Anfrage per Fax: 22736436. Kurzentschlossene können sich auch an der Außenstelle des Besucherdienstes (vor dem Gebäude an der Scheidemannstraße) für einen Termin am gleichen Tag anmelden. **Reservierung im Dachgartenrestaurant** (ermöglicht Kuppelbesichtigung), Tel. 2262990, berlin@feinkost-kaefer.de. ◆ **S1, S2, S25, S26, U5** Brandenburger Tor, **U5** Bundestag, Karte E8.
www.bundestag.de
Rotes Rathaus, Rathausstr. 15, 10178 Berlin, Tel. 90262032; Mo–Fr 9–18 Uhr. ◆ **U5** Rotes Rathaus, **S3, S5, S7, S9, U2, U5, U8** Alexanderplatz, Karte E10. www.berlin.de
Sammlung Hoffmann, Sophienstr. 21, Sophie-Gips-Höfe, Aufgang C, 10178 Berlin, Tel. 28499120, Führungen für angemeldete Besucher samstags zwischen 11 und 16 Uhr. ◆ **S3, S5, S7, S9** Hackescher Markt, **U8** Weinmeisterstraße, Karte D10.
www.sammlung-hoffmann.de
Schinkelmuseum → Friedrichswerdersche Kirche, S. 188.
Sophienkirche, Große Hamburger Str. 31, Tel. 3087920. ◆ **S3, S5, S7, S9** Hackescher Markt, Karte D10.
www.gemeinde-am-weinberg.de

Staatsbibliothek, Haus Unter den Linden, Eingang Dorotheenstr. 27, 10117 Berlin (Mitte); kostenlose Besichtigungsführungen (1 Std.) Fr 17 Uhr sowie jeden 1. Samstag im Monat 10.30 Uhr (Feiertage ausgenommen), Gruppen auf Anfrage. ◆ **S1, S2, S25, S26, S3, S5, S7, S9, U6** Friedrichstraße, Karte E9.
www.staatsbibliothek-berlin.de
St.-Hedwigs-Kathedrale, Hinter der Katholischen Kirche 3, 10711 Berlin, Tel. 2034810; wegen Sanierung geschlossen. ◆ **U5** Museumsinsel, Karte E9.
www.hedwigs-kathedrale.de
St.-Marien-Kirche, Karl-Liebknecht-Str. 8, 10178 Berlin, Tel. 2424467 (10–12 Uhr); tägl. 10–18 Uhr ◆ **S3, S5, S7, S9, U2, U5, U8** Alexanderplatz, Karte E10.
www.marienkirche-berlin.de

■ Tiergarten und Umgebung
Bauhaus-Archiv, Klingelhöferstr. 14, 10785 Berlin. Wegen Sanierung und Neubau geschlossen. In der Knesebeckstraße 1–2, 10625 Berlin, Tel. 2540200, befindet sich das **Temporary Bauhaus Archiv**; Mo–Fr 10–18 Uhr ◆ **U1, U2, U3, U4** Nollendorfplatz, Karte F7, F5. www.bauhaus.de
Gedenkstätte Deutscher Widerstand, Stauffenbergstr. 13–14, 10785 Berlin, Tel. 26995000; Mo–Fr 9–18, Sa, So 10–18 Uhr, Eintritt frei. ◆ **U1, U3** Kurfürstenstraße, ◆ **S1, S2, S25, S26, U2** Potsdamer Platz, Karte F8. www.gdw-berlin.de
Gemäldegalerie, Matthäikirchplatz, 10785 Berlin, Tel. 266424242; Di–Fr 10–18, Sa, So 11–18 Uhr. ◆ **S1, S2, S25, S26, U2** Potsdamer Platz, Karte F8. www.smb.museum
Haus der Kulturen der Welt, John-Foster-Dulles-Allee 10, Tel. 397870; Mi–Mo 12–20 Uhr. ◆ **U5** Bundestag, Karte E8.
www.hkw.de
Kupferstichkabinett, Matthäikirchplatz, 10785 Berlin, Tel. 266424242; Di–Fr 10–18, Sa, So 11–18 Uhr. ◆ **S1, S2, S25, S26, U2** Potsdamer Platz, Karte F8.
www.smb.museum
Kunstgewerbemuseum, Matthäikirchplatz, 10785 Berlin, Tel. 266424242; Di–Fr 10–

18, Sa, So 11–18 Uhr. ➔ **S1, S2, S25, S26, U2** Potsdamer Platz, Karte F8. www.smb.museum

Musikinstrumenten-Museum, Tiergarten-str. 1, 10785 Berlin, Tel. 25481178; Di–Fr 9–17, Do 9–20, Sa, So 10–17 Uhr. ➔ **S1, S2, S25, S26, U2** Potsdamer Platz, Karte F8. www.simpk.de

Neue Nationalgalerie, Potsdamer Str. 50, 10785 Berlin, Tel. 266424242; Di–So 10–18, Do bis 20 Uhr. ➔ **S1, S2, S25, S26, U2** Potsdamer Platz, Karte F8. www.smb.museum

Philharmonie, Herbert-von-Karajan-Str. 1, 10785 Berlin, Tel. 25488999. ➔ **S1, S2, S25, S26, U2** Potsdamer Platz, Karte F8. www.berliner-philharmoniker.de

Schwules Museum, Lützowstr. 73, 10785 Berlin, Tel. 69599050, Mo, Mi, Fr 12–18, Do u. 1. So im Monat 12–20, Sa 14–19, So 14–18 Uhr. ➔ **U1, U3** Kurfürstenstra-ße, Karte F7. www.schwulesmuseum.de

Staatsbibliothek, **Haus Potsdamer Straße**, Potsdamer Str. 33, 10785 Berlin; Führungen (60 min) jeden 3. Sa im Monat 10.30 Uhr. ➔ **S1, S2, S25, S26, U2** Potsdamer Platz, Karte F8. www.staatsbibliothek-berlin.de

Zoo und Aquarium, Löwentor, Harden-bergplatz 8, 10787 Berlin, Elefantentor und Aquarium, Budapester Str. 34, Tel. 254010; Zoo mind. tägl. 9–16.30 Uhr, im Sommer bis 18/18.30 Uhr, Aquarium tägl. 9–18 Uhr. ➔ **S3, S5, S7, S9, U2, U9** Zoolo-gischer Garten, Karte F6. www.zoo-berlin.de, www.aquarium-berlin.de

■ **Charlottenburg-Wilmersdorf**

Bröhan-Museum, Schloßstr. 1a, 14059 Berlin, Tel. 32690600; Di–So 10–18 Uhr. ➔ **Ringbahn S41/42, S46** Westend, **U7** Richard-Wagner-Platz, Karte E4. www.broehan-museum.de

C/O Berlin, Ausstellungshaus für Fotogra-fie, Hardenbergstr. 22–24, Tel. 28444160; tägl. 11–20 Uhr. ➔ **S3, S5, S7, S9, U2, U9** Zoologischer Garten, Karte F6. www.co-berlin.org

Käthe-Kollwitz-Museum, im Seitenflügel von Schloss Charlottenburg, Spandauer Damm 10, 14059 Berlin, Tel. 8825210, Öffnungszeiten siehe Website. ➔ **Ring-bahn S41/42, S46** Westend, **U7** Richard-Wagner-Platz, **U2** Sophie-Charlotte-Platz, Karte E4. www.kaethe-kollwitz.de

Kaiser-Wilhelm-Gedächtniskirche, Breit-scheidplatz, 10789 Berlin, Tel. 2185023; tägl. 9–19 Uhr, Anmeldung zu Führungen unter fuehrungen@gedaechtniskirche-berlin.

C/O Berlin: Fotoausstellungen im ehemaligen Amerikahaus am Bahnhof Zoo

Berlin-Informationen

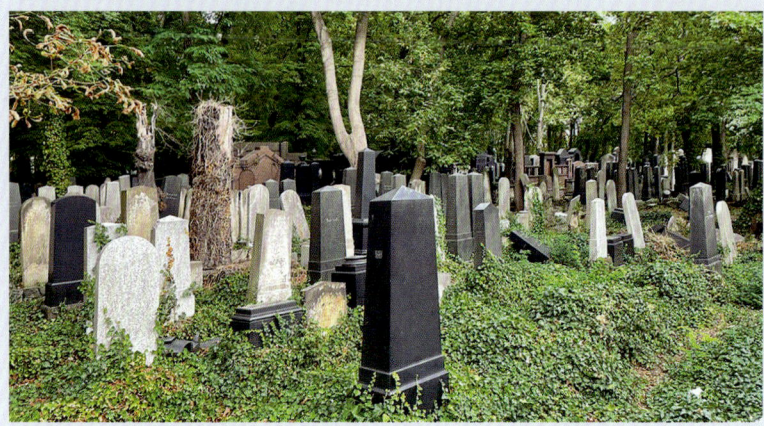

Jüdischer Friedhof in der Schönhauser Allee

de (Termine siehe Website). **⊘ S3, S5, S7, S9, U2, U9** Zoologischer Garten, Karte F6. www.gedaechtniskirche-berlin.de
Königliche Porzellan-Manufaktur, Wegelystr. 1, 10623 Berlin, Tel. 390090; KPM-Welt und Verkaufsgalerie: Mo–Sa 10–18 Uhr, Führungen Sa 15 Uhr. **⊘ S3, S5, S7, S9** Tiergarten, Karte E6. www.kpm.de
Museum Berggruen, Schloßstr. 1, Tel. 3269580; Di–Fr 10–18, Sa, So 11–18 Uhr (wegen Sanierung bis voraussichtlich 2025 geschlossen). **⊘ Ringbahn S41/42, S46** Westend, **U7** Richard-Wagner-Platz, **U2** Sophie-Charlotte-Platz, Karte E4. www.smb.museum
Museum für Fotografie, Jebensstr. 2, 10623 Berlin, Tel. 31864825; Di–So 11–19, Do bis 20 Uhr. **⊘ S3, S5, S7, S9, U2, U9** Zoologischer Garten, Karte F6. www.smb.museum
Sammlung Scharf-Gerstenberg, Schloßstr. 70, 14059 Berlin, Tel. 34357315; Di–Fr 10–18, Sa, So 11–18 Uhr. **⊘ Ringbahn S41/42, S46** Westend, **U7** Richard-Wagner-Platz, **U2** Sophie-Charlotte-Platz, Karte E4. www.smb.museum
Schloss Charlottenburg, Spandauer Damm 20–24, 14059 Berlin, Tel. 320911; Altes Schloss und Neuer Flügel April–Okt. Di–So 10–17.30, Nov.–März 10–16.30 Uhr; Neuer Flügel; Belvedere im Schlosspark April–Okt. Di–So 10–17.30, Nov.–März geschlossen; Schlosspark tägl. ab 8 Uhr bis Einbruch der Dunkelheit. **⊘ Ringbahn S41/42, S46** Westend, **U7** Richard-Wagner-Platz, **U2** Sophie-Charlotte-Platz, Karte E4. www.spsg.de
Story of Berlin, Kurfürstendamm 207–208, 10719 Berlin, Tel. 88720100; wegen Umbau bis auf Weiteres geschlossen. **⊘ U1** Uhlandstraße, **S3, S5, S7, S9** Savignyplatz, Karte G5. www.story-of-berlin.de

■ Prenzlauer Berg

Gethsemanekirche, Stargarder Str. 77, 10437 Berlin; Mai–Sept. 17–19 Uhr. **⊘ Ringbahn S41/42, S8, S85, U2** Schönhauser Allee, Karte B11.
Jüdischer Friedhof, Schönhauser Allee 23, 10435 Berlin; Mo–Do 8–16, Fr 7.30–13 Uhr. **⊘ U2** Senefelderplatz, Karte D10. www.jg-berlin.org
Synagoge Rykestraße, Rykestr. 53, 10405 Berlin. **⊘ U2** Senefelderplatz, Karte D11. www.jg-berlin.org

■ Friedrichshain

Computerspielemuseum, Karl-Marx-Allee 93a, 10243 Berlin, Tel. 60988577; tägl. 10–20 Uhr. **⊘ U5** Weberwiese, Karte E12. www.computerspielemuseum.de

Stasi-Museum, Ruschestr. 103, Haus 1, 10365 Berlin, Tel. 5536854, Mo–Fr 10–18, Sa, So 11–18 Uhr. ❍ **U5** Magdalenenstraße, Karte E14. www.stasimuseum.de

■ **Kreuzberg**
ANOHA – die Kinderwelt des Jüdischen Museums, Fromet-und-Moses-Mendelssohnplatz 1, 10969 Berlin, Tel. 25993300; Di–Fr 9–13, Sa, So, feiertags 10.30–16 Uhr. ❍ **U1, U3, U6** Hallesches Tor, Karte G9. https://anoha.de
Berlinische Galerie, Alte Jakobstr. 124, 10999 Berlin, Tel. 78902600, Mi–Mo 10–18 Uhr. Wechselnde Ausstellungen mit Schwerpunktthemen Kunst, Fotografie und Architektur. ❍ **U1, U3, U6** Hallesches Tor, Karte F10.
www.berlinischegalerie.de
Deutsches Technikmuseum, Trebbiner Str. 9, 10963 Berlin, Tel. 902540; Di–Fr 9–17.30, Sa, So 10–18 Uhr. ❍ **U1, U2, U3** Gleisdreieck, **U1, U7** Möckernbrücke, Karte G8. www.sdtb.de
Dokumentationszentrum Flucht, Vertreibung, Versöhnung, Stresemannstr. 90, 10963 Berlin, Tel. 20629980; Di–So 10–19 Uhr. ❍ **S1, S2, S25, S26** Anhalter Bahnhof, Karte F9.
www.flucht-vertreibung-versoehnung.de
FHXB Friedrichshain-Kreuzberg Museum, Adalbertstr. 95a; Di–Fr 12–18, Sa, So 10–18 Uhr. ❍ **U1, U3, U8** Kottbusser Tor, Karte G11. www.fhxb-museum.de
Jüdisches Museum Berlin, Lindenstr. 9–14, 10969 Berlin, Tel. 25993300; tägl. 10–20 Uhr. ❍ **U1, U3, U6** Hallesches Tor, Karte G9. www.jmberlin.de
Martin-Gropius-Bau, Niederkirchner Str. 7, 10963 Berlin, Tel. 254860, Mi–Mo 10–19 Uhr. Wechselnde, oft hochkarätige Ausstellungen. ❍ **S1, S2, S25, S26, U2** Potsdamer Platz, Karte F9.
www.berlinerfestspiele.de
Mauermuseum – Haus am Checkpoint Charlie, Friedrichstr. 43–45, 10969 Berlin, Tel. 2537250; tägl. 9–22 Uhr. ❍ **U6** Kochstraße, Stadtmitte, Karte F9.
www.mauermuseum.de

Berlin Story Museum und Bunker, Schönebergerstr. 23a, 10963 Berlin, Tel. 26555546; tägl. 10–19 Uhr (letzter Einlass 18 Uhr). ❍ **S1, S2, S25, S26** Anhalter Bahnhof, Karte F9. www.berlinstory.de
Topographie des Terrors, Niederkirchnerstr. 8, 10963 Berlin; tägl. 10–20 Uhr, Eintritt frei. ❍ **S1, S2, S25, S26, U2** Potsdamer Platz, Karte F9. www.topographie.de

■ **Außerhalb des Zentrums**
Botanischer Garten, Königin-Luise-Str. 6–8, 14195 Berlin; tägl. 9–20, Gewächshäuser 9–19 Uhr. ❍ **S1** Botanischer Garten, Karte K4/L5. www.bgbm.org
Brücke-Museum, Bussardsteig 9, 14195 Berlin (Zehlendorf), Tel. 8312029; Mi–Mo 11–17 Uhr, Führung sonntags um 11.30 (im Eintrittspreis enthalten). ❍ **U3** Dahlem-Dorf, Karte K3. www.bruecke-museum.de
Domäne Dahlem (Landgut und Museum für Agrargeschichte und Ernährungskultur), Königin-Luise-Str. 49, 14195 Berlin, Tel. 6663000; Museum Mi–So 10–17 Uhr, Hofladen Mo–Fr 10–18, Sa 8–13 Uhr, Ökomarkt Sa 8–13 Uhr. ❍ **U3** Dahlem-Dorf, Karte K4. www.domaene-dahlem.de
Ehemaliger Flughafen Tempelhof, Platz der Luftbrücke 1, 12101 Berlin, Tel. 200037441; Führungen zu spannenden Themen nach Anmeldung unter www.thf-berlin.de/fuehrungen. Treffpunkt am Tempelhofer Damm 1–7 (GAT-Bereich). ❍ **U6** Paradestraße oder Platz der Luftbrücke, Karte H9. www.thf-berlin.de
Gedenkstätte Berliner Mauer, Besucherzentrum Bernauer Str. 111–119, 13355 Berlin, Tel. 467986666, Gedenkstättenareal tägl. 8–22, Besucherzentrum Di–So 10–18 Uhr. ❍ **S1, S2, S25, S26** Nordbahnhof, **U8** Bernauer Straße, Karte D9.
www.berliner-mauer-gedenkstaette.de
Gedenkstätte Hohenschönhausen, Genslerstr. 66, 13055 Berlin, Tel. 98608230, Besucherzentrum Genslerstr. 13a; tägl. 9–18 Uhr, Besichtigung im Rahmen von Führungen. Touren durch die Haftanstalt mit unterschiedlichen Themenschwerpunkten. Infos und Anmeldung auf der Website,

Berlin-Informationen

Besucherdienst Tel. 98608230. ➔ **Ringbahn S41/42, S8, S85** Landsberger Allee, weiter mit **Tram M5.** www.stiftung-hsh.de
Haus der Wannseekonferenz, Gedenk- und Bildungsstätte, Am Großen Wannsee 56–58, 14109 Berlin, Tel. 8050010; tägl. 10–18 Uhr, Eintritt kostenlos. ➔ **S1, S7** Wannsee, weiter mit **Bus 114.** www.ghwk.de
Jüdischer Friedhof Weißensee, Herbert-Baum-Str. 31, 13088 Berlin, Tel. 9253330; April–Sept. Mo–Do 7.30–17 (Winter 7.30–16 Uhr), Fr 7.30–14.30, So 8–17, Okt.–März Mo –Do 7.30–16, Fr 7.30–14.30, So 8–16 Uhr, Sa und an jüdischen Feiertagen geschlossen. Führungen nach Anmeldung unter fuehrungen@jewish-cemetery-weissensee.org. ➔ **Ringbahn S41/42, S8, S85** Greifswalder Straße, weiter mit **Tram M4** oder **M13**, Karte C13.
www.jewish-cemetery-weissensee.org
Liebermann-Villa, Museum und Künstlerhaus, Colomierstr. 3, 14109 Berlin, Tel. 80585900; April–Sept. Mi–Mo 10–18 Uhr, Okt.–März Mi–Mo 11–17 Uhr. ➔ **S1, S7** Wannsee, weiter mit **Bus 114.**
www.liebermann-villa.de
Müggelturm, Straße zum Müggelturm 1, südlich des Müggelheimer Damms, 12559 Berlin; tägl. 10–18 Uhr, Restaurant »Müggelturm-Baude« tägl. 10–20 Uhr. ➔ **S3** Köpenick, weiter mit **Bus 169** bis Chausseehaus. www.müggelturm.berlin
Museum für Kunstgewerbe, im Schloss Köpenick, Schloßinsel 1, 12557 Berlin, Tel. 266424242; April–Sept. Di–So 11–18, Okt.–März Do–So 11–17 Uhr. ➔ **S47** Spindlersfeld. www.smb.museum
Museumsdorf Düppel (Entwicklungsgeschichte des mittelalterlichen Dorfes), Clauertstr. 11, 14163 Berlin, Tel. 8026671; Ende März–Ende Okt. Sa, So, feiertags 10–18 Uhr, während der Berliner Schulferien tägl. ➔ **S1** Zehlendorf, weiter mit **Bus 115** Richtung Neuruppiner Straße.
www.dueppel.de
Olympiastadion, Olympischer Platz, 14053 Berlin, Besichtigung/Führungen Tel. 25002322. ➔ **S3, S9, U2** Olympiastadion, Karte E1. www.olympiastadion.berlin

Pfaueninsel, Nikolskoer Weg/Pfaueninselchaussee, 14109 Berlin; März tägl. 10–18, April–Okt. Mo–Fr 10–18, Sa, So 9–19 Uhr, keine Hunde. Parklandschaft mit Schloss (voraussichtlich bis 2024 wegen Sanierung geschlossen) und Meierei. Im Wirtshaus zur Pfaueninsel gegenüber der Anlegestelle gibt es Deftiges, im Sommer lockt ein Biergarten an der Havel. ➔ **S1, S7** Wannsee, weiter mit **Bus 218**, die **Fähre** (4 Euro, Familienkarte 8 Euro) legt direkt an der Bushaltestelle ab und fährt nach Bedarf. www.pfaueninsel.info
Rathaus Schöneberg, John-F.-Kennedy-Platz 1, 10825 Berlin, Tel. 75600; Sa–Do 10–18 Uhr, Eintritt frei. Dauerausstellung »Wir waren Nachbarn«. ➔ **U4** Rathaus Schöneberg, **U7, U4** Bayerischer Platz, Karte H7.
Tempelhofer Feld, Eingänge: Tempelhofer Damm (2), Columbiadamm (2), Oderstraße (6), Tel. 90251273; Juni–Juli 6–22.30, Mai, Aug. 6–21.30, April, Sept. 6–20.30, Okt. 7–19, Nov., Feb. 7–18, März 6–19, Dez.–Jan. 7.30–17 Uhr. Infos zu Führungen unter Tel. 28018162. ➔ **Ringbahn S41/42, S45, S46** Tempelhof, **U6** Paradestraße oder Tempelhof, **U8** Boddinstraße oder Leinestraße, Karte J9/10/11.
www.thf-berlin.de
Tierpark Berlin, Am Tierpark 125, 10319 Berlin, Tel. 30515310, April–Mitte Sept. 9–18.30, Sept.–Okt. 9–18, Nov.–Dez. 9–16.30, Jan.–Feb. tägl. 9–16.30, März 9–18 Uhr, Kassenschluss jeweils eine Stunde vorher. ➔ **U5** Tierpark.
www.tierpark-berlin.de

Oper, Konzert und Theater

Bar jeder Vernunft, Schaperstr. 24, 10719 Berlin (City-West), Tel. 3906650. Theater, Cabaret und Musik. ➔ **U3, U9** Spichernstraße, Karte G6.
www.bar-jeder-vernunft.de
Berliner Ensemble, Bertolt-Brecht-Platz 1, 10117 Berlin (Mitte), Tel. 28408155. Traditionsbühne unter der Leitung von Oliver Reese. ➔ **S1, S2, S25, S26, S3, S5, S7, S9, U6** Friedrichstraße, Karte E9.
www.berliner-ensemble.de

BKA, Mehringdamm 34, 10961 Berlin (Kreuzberg) Tel. 2022007. Die »Berliner Kabarettanstalt« bietet Comedy und Musik im Kreuzberger Szenerevier. ⊘ **U6, U7** Mehringdamm, Karte G9.
www.bka-theater.de

Bluemax Theater, Marlene-Dietrich-Platz 4, 10785 Berlin (Mitte), Tel. 01805/4444. Die Blue Man Group am Potsdamer Platz. ⊘ **S1, S2, S25, S26, U2** Potsdamer Platz, Karte F8.
www.stage-entertainment.de

Deutsches Theater und Kammerspiele, Schumannstr. 13a, 10117 Berlin (Mitte), Tel. 28441225. Im Traditionshaus und ehemaligen Staatstheater der DDR werden vor allem bekannte Klassiker aufgeführt. ⊘ **U6** Oranienburger Tor, **S1, S2, S25, S26, S3, S5, S7, S9, U6** Friedrichstraße, Karte E9.
www.deutschestheater.de

Deutsche Oper, Bismarckstr. 35, 10627 Berlin (City-West), Tel. 34384343. Ein Haus für Oper, aber auch für Ballett und Musiktheater. ⊘ **U2** Deutsche Oper, **U2, U7** Bismarckstraße, Karte F5.
www.deutscheoperberlin.de

Friedrichstadtpalast, Friedrichstr. 107, 10117 Berlin (Mitte), Tel. 23262326. Shows mit viel Glamour und einem Großaufgebot an modernster Bühnentechnik. ⊘ **U6** Oranienburger Tor, **S1, S2, S25, S26, S3, S5, S7, S9, U6** Friedrichstraße, Karte E9.
www.show-palace.eu

Komische Oper, Behrenstr. 55–57, 10117 Berlin (Mitte), Tel. 47997400. Hier wird beileibe nicht nur Lustiges geboten, sondern innovative Operndarbietungen auf Weltniveau. ⊘ **U5, U6** Unter den Linden, **S1, S2, S25, S26, U5** Brandenburger Tor, Karte E9.
www.komische-oper-berlin.de

Komödie am Kurfürstendamm im Schiller Theater, Bismarckstr. 110, Tel. 88591188. Die Institution für niveauvolle Komödie ist wegen des Abrisses ihrer angestammten Spielstätte ins Schiller Theater umgezogen. Comedy und Boulevard, oft mit bekannten Schauspielern. ⊘ **U2** Ernst-Reuter-Platz, Karte F5.
www.komoedie-berlin.de

Konzerthaus Berlin, Gendarmenmarkt, 10117 Berlin (Mitte), Tel. 203092101. Klassik in kleiner und großer Besetzung. ⊘ **U2** Hausvogteiplatz, Karte F9.
www.konzerthaus.de

Maxim-Gorki-Theater, Am Festungsgraben 2, 10117 Berlin (Mitte), Tel. 20221115. Topadresse für Theaterfans. Hier werden Klassikerinterpretationen und Neuentdeckungen gezeigt und ein vielfältiges Rahmenprogramm geboten. ⊘ **S3, S5, S7, S9** Hackescher Markt, **S1, S2, S25, S26, S3, S5, S7, S9, U6** Friedrichstraße, Karte E9. www.gorki.de

Philharmonie, Herbert-von-Karajan-Str. 1, 10785 Berlin (Tiergarten), Tel. 254880. Der wichtigste Konzertsaal der Stadt. ⊘ **S1, S2, S25, S26, U2** Potsdamer Platz, Karte F8.
www.berliner-philharmoniker.de

Prime-Time-Theater, Müllerstr. 163, 13353 Berlin (Wedding), Tel. 49907958. Das Stück »Gutes Wedding, Schlechtes Wedding« ist ein echter Dauerbrenner mit Kultpotenzial. ⊘ **Ringbahn S41/42, U6** Wedding, Karte C8.
www.primetimetheater.de

Renaissance-Theater, Knesebeckstr. 100 (City West), 10623 Berlin, Tel. 3124202.

Klassiker auf hohem Niveau: das Deutsche Theater in Berlin-Mitte

Die Schaubühne am Lehniner Platz

Ausgezeichnete kleine Bühne mit Gastspielen bekannter Schauspieler. **⊙ U2** Ernst-Reuter-Platz, Karte F6/7.
www.renaissance-theater.de
Schaubühne, Kurfürstendamm 153, 10709 Berlin (City-West), Tel. 890023. Bekannte Stücke in modernem Gewand sowie zeitgenössische Dramatik. **⊙ U7** Adenauerplatz, Karte G4. www.schaubuehne.de
Staatsoper, Unter den Linden 7, 10117 Berlin, Ticketservice Tel. 20354555. **⊙ U5** Museumsinsel, Karte E9.
www.staatsoper-berlin.de
Stage Theater des Westens, Kantstr. 12, 10625 Berlin (City-West), Tel. 01805/4444. Musicalbühne mit Stücken für das Massenpublikum. **⊙ S3, S5, S7, S9, U2, U9** Zoologischer Garten, **U1, U9** Kurfüstendamm, Karte F6.
www.stage-entertainment.de
TIPI am Kanzleramt, Große Querallee, 10557 Berlin (Mitte/Tiergarten), Tel. 39066550. Die Zeltbühne am Kanzleramt bietet ganzjährig Varieté, Tanz, Chansons oder Musical-Comedy. **⊙ U5** Bundestag, **S1, S2, S25, S26, U5** Brandenburger Tor, Karte E8.
www.tipi-am-kanzleramt.de
Volksbühne Berlin, Linienstr. 227, 10178 Berlin, Tel. 3024065. Traditionsreiches Haus am Rosa-Luxemburg-Platz. **⊙ U2** Rosa-Luxemburg-Platz, Karte D10.
www.volksbuehne.berlin
Wintergarten Varieté, Potsdamer Str. 96, 10785 Berlin, Tel. 588433. Berlins bekannteste Varietébühne mit Artistik, Show, Musik; nachmittags Familienprogramm. **⊙ U1, U3** Kurfürstenstraße, Karte G8.
www.wintergarten-berlin.de

Kino

In Berlin gibt es fast 100 Kinos mit gut 250 Sälen. Das aktuelle Kinoprogramm findet man unter www.berlin-online.de. Wer es genau wissen will, wird auf der Cineasten-Seite www.kinokompendium.de fündig.
Im Sommer verwandeln sich Parks, aber auch Hinterhöfe und Freiflächen in **Freilichtkinos** vor teilweise großartiger Kulisse. Alle Vorführungen unter www.berlin.de.
Kino International, Karl-Marx-Allee 33, 10178 Berlin. Prachtvolles 60er-Jahre-Kino, Spielort der Berlinale, Festivals, jeden Montag schwul-lesbische Filmreihe »MonGay«. **⊙ U5** Schillingstraße. Karte E11.
www.yorck.de
Arsenal, im Sony Center, Potsdamer Str. 2, 10785 Berlin, Tel. 26955100. Anspruchsvolle Filme für Cineasten; im selben Gebäude befinden sich das Filmmuseum und eine öffentliche Filmbibliothek. **⊙ S1, S2, S25, S26, U2** Potsdamer Platz, Karte F8.
www.arsenal-berlin.de

Veranstaltungen und Feste

In Berlin finden täglich hunderte von Veranstaltungen statt; Infos in den großen Tageszeitungen **Berliner Zeitung, Tagesspiegel** und **Berliner Morgenpost** sowie im Stadtmagazin **Tip** (14-tägig). Auch unter www.visitberlin.de oder www.berlin.de wird man fündig. Ob alle hier aufgeführten Veranstaltungen auch nach der Corona-Pandemie wie gewohnt stattfinden, bleibt abzuwarten.

Januar

Berlin Fashion Week, Januar und September. Modeschauen und Modemesse. https://fashionweek.berlin

Februar
Berlinale, in verschiedenen Kinos im Stadtgebiet, die Hauptspielstätten sind am Potsdamer Platz. Internationales Filmfestival. www.berlinale.de

März
MaerzMusik, Mitte–Ende März, die meisten Veranstaltungen finden im Haus der Berliner Festspiele statt. Festival moderner Musik. ❍ **U3**, **U9** Spichernstraße, Karte G6. www.maerzmusik.de

Mai
DFB-Pokalendspiel, Olympiastadion. www.dfb.de.
Karneval der Kulturen, Pfingsten, Straßenfest rund um den Blücherplatz. Höhepunkt ist der Umzug am Pfingstsonntag. www.karneval.berlin
Theatertreffen, jährliche Leistungsschau der deutschen Bühnen im Rahmen der Berliner Festspiele. Vorverkauf ab Anfang April. www.berlinerfestspiele.de

Juni
Berliner Volksfestsommer, Mitte Juni–Ende Juli, auf dem Zentralen Festplatz am Kurt-Schumacher-Damm. Rummel mit allem Drum und Dran. https://volksfest-berlin.de
Fête de la Musique, 21. Juni, verschiedene Spielorte im Stadtgebiet, gratis. www.fetedelamusique.de
Kreuzberg-Festival (ehem. Bergmannstraßenfest), letztes Juniwochenende. Legendäres Jazz-Straßenfest. https://kreuzberg-festival.de
48 Stunden Neukölln, ein Wochenende im Juni. Freies Kunstfestival mit Ausstellungen, Konzerten und Events an vielen Orten Neuköllns. www.48-stunden-neukoelln.de

Juli
Lesbisch-schwules Stadtfest (Motzstraßenfest), rund um den Nollendorfplatz, ein Wochenende Mitte Juli. www.stadtfest.berlin
Christopher Street Day. Schwul-lesbischer Straßenumzug. www.csd-berlin.de

August
Tanz im August, internationales Tanzfest von Mitte bis Ende August, verschiedene Veranstaltungsorte. www.tanzimaugust.de

September
Berlin-Marathon, Ende September, Start auf der Straße des 17. Juni, Ziel am Brandenburger Tor. Größtes Laufereignis in Deutschland.
www.bmw-berlin-marathon.com
Internationales Literaturfestival, zehn Tage Mitte September. Lesefest der Berliner Festspiele mit den besten und bekanntesten Schriftstellern der Welt an verschiedenen Veranstaltungsorten.
www.literaturfestival.com
Musikfest Berlin, Festival der Orchestermusik, drei Wochen im September. www.berlinerfestspiele.de

Oktober
Pyronale, Mitte Oktober, auf dem Maifeld neben dem Berliner Olympiastadion. Zweitägiges Gipfeltreffen der besten Feuerwerker der Welt. www.pyronale.de

Auf dem Karneval der Kulturen

Berlin-Informationen

Festival of Lights und **Berlin leuchtet**, Lichtkünstler verwandeln zahlreiche Berliner Sehenswürdigkeiten für zwei Wochen in leuchtende Kunstwerke.
www.festival-of-lights.de,
www.berlinleuchtet.com
Jazzfest Berlin, Ende Oktober, Anfang November. Tickets: www.berlinerfestspiele.de.

Dezember
Silvester am Brandenburger Tor. Angeblich die größte Silvesterparty der Welt.
www.berliner-silvester.de

Einkaufen
■ Mitte
Absinthdepot Berlin, Weinmeisterstr. 4, 10178 Berlin, Tel. 2816789; Mo–Do 14–20, Fr, Sa 13–24 Uhr. Liebhaber der »grünen Fee« können hier nachtanken. ➜ **U8** Weinmeisterstraße, Karte D10.
https://absinthdepot.de
Dussmann – Das Kulturkaufhaus, Friedrichstr. 90, 10117 Berlin, Mo–Fr 9–24 Uhr, Sa 9–23.30 Uhr. Riesiges Angebot an Büchern, Musik, fremdsprachiger Literatur, Landkarten und Reiseführern, häu-

Vive la France: die Galeries Lafayette in der Friedrichstraße

fig Veranstaltungen. ➜ **S1, S2, S25, S26, S3, S5, S7, U6** Friedrichstraße, Karte E9.
www.kulturkaufhaus.de
Galeries Lafayette, Friedrichstr. 76–78, 10117 Berlin, Tel. 209480, Mo–Sa 11–19 Uhr. Mode, Kosmetik, Feinkost und Literatur – Edles aus Frankreich. ➜ **U5, U6** Unter den Linden, Karte E9.
www.galerieslafayette.de
Grober Unfug, Torstr. 75, Tel. 2817331; Mo–Fr 11–19, Sa 11–18 Uhr. Ein Paradies für Comicliebhaber. Auch in Kreuzberg (Zossener Str. 32/33). ➜ **U8** Weinmeisterstraße, Karte D10.
www.groberunfug.de
Schönhauser Design, Kastanienallee 55, 10119 Berlin, Tel. 48625606; Mi, Fr, Sa 12–19, Do 13–19 Uhr. Second-Hand-Möbel und Design-Klassiker aus den Siebzigern, aber auch Nippes und Kitsch aus der Neuzeit. ➜ **U8** Rosenthaler Platz, Karte D10. www.schoenhauser-design.de
Quartier 206, Friedrichstr. 71, 10117 Berlin, Tel. 20946800. Internationale Designlabel, edle Kleidung und Schuhe, Schmuck, Kosmetik und Accessoires. ➜ **U2, U6** Stadtmitte, Karte F9. www.q206berlin.de
Mehr oder weniger interessante **Shoppingmalls** gibt es in Mitte natürlich auch:
Mall of Berlin am Leipziger Platz (gigantomanisch, ➜ Karte F9.
Alexa südlich des Alexanderplatzes (für manche das hässlichste Gebäude der Stadt, ➜ Karte E11.
Die **Potsdamer Platz Arkaden** werden umgebaut und eröffnen voraussichtlich 2022 als **The Playce** wieder, ➜ Karte F8.

■ City-West (Charlottenburg-Wilmersdorf)
Bikini Berlin, Budapester Str. 38–50, 10787 Berlin. Außen eine denkmalgeschützte 60er-Jahre-Ikone, innen sehenswerte im Industriedesign gestaltete kleinere Mall mit hochwertigem Angebot. ➜ **S3, S5, S7, S9, U2, U9** Zoologischer Garten, Karte F6.
www.bikiniberlin.de
KaDeWe, Tauentzienstr. 21, 10789 Berlin, Tel. 21210; Mo–Do, Sa 10–20, Fr bis

21 Uhr. Größtes Kaufhaus Europas. Mit den meisten Superlativen kann die Lebensmittelabteilung aufwarten. **➲ U1, U2, U3** Wittenbergplatz, Karte G6.
www.kadewe.de

■ **Prenzlauer Berg**
Biblioteca Culinaria, Zehdenicker Str. 16, 10119 Berlin, Tel. 47377570. Eine Schatzkammer für alle, die gern kochen, in dem Kochbuchantiquariat sind mehr als 30 000 Titel mit Rezepten für alle Gelegenheiten versammelt. **➲ U8** Rosenthaler Platz, Karte A6. www.bibliotheca-culinaria.de

■ **Friedrichshain**
Broke und Schön, Krossener Str. 9–10, 10245 Berlin, Tel. 77906534, Mo–Fr 11.30–20 Uhr. Angesagter Klamotten- und Accessoire-Laden für die hippe Großstädterin. Filialen: Kastanienallee 19–20, Alte Schönhauser Str. 35 (beide Prenzlauer Berg). **➲ U5** Samariterstraße, Karte F13.
www.brokeundschoen.de
Freak Out, Grünberger Str. 63, 10245 Berlin, Tel. 68963411; Mo–Sa 11–19 Uhr. Kleider, Mützen, Geschenke, Scherzartikel, Krimskrams, Souvenirs – unbeschreiblich. **➲ U5** Frankfurter Tor, Karte F13.
www.freakbutik.de

■ **Kreuzberg**
Bürstenmanufaktur, Oranienstr. 26, 10999 Berlin, Tel. 285030112; Mo–Fr 8–16 Uhr. Hinter der Manufaktur steht ein gemeinnütziger Verein zur beruflichen Förderung von Menschen mit Behinderung, die Produkte (vor allem Haushaltswaren) sind praktisch und qualitativ hochwertig. **➲ U8** Moritzplatz, **U1, U3** Görlitzer Bahnhof, Karte G11.
www.dim-berlin.de
Kadó, Graefestr. 20, 10967 Berlin, Tel. 69041638; Di–Fr 9.30–18.30, Sa–15.30 Uhr. Im einzigen Lakritzfachgeschäft Deutschlands werden 235 unterschiedliche Sorten aus vielen Ländern Europas und in allen erdenklichen Geschmacksrichtungen angeboten. **➲ U8** Schönleinstraße, Karte G11. www.kado.de

■ **Schöneberg**
Das alte Bureau, Habsburger Str. 4, 10781 Berlin, Tel. 21005807; Di–Sa 14–18.30 Uhr. Antike Arbeits- und Studiermöbel, Schatullen und Truhen. **➲ U4** Viktoria-Luise-Platz, Karte G7.
www.dasaltebureau.de
Kochen & Würzen, Goltzstr. 51, 10781 Berlin, Tel. 21996669, Di–Fr 14–19, Sa 12–16 Uhr. Kochbücher und Küchenaccessoires sowie weit über 100 Gewürze und Gewürzmischungen machen Lust auf die nächste Koch-Session. **➲ U7** Eisenacher Straße, Karte H7.
www.kochenundwuerzen.de
Mimi – textile Antiquitäten, Goltzstr. 5, 10781 Berlin, 23638438, Mi–Fr 12–19, Sa 11–16 Uhr. Mimi ist Ausstatterin für Film und Theater, fertigt aber auch Kostüme nach historischen Vorlagen, Originale sind auch im Sortiment. **➲ U7** Eisenacher Straße, Karte H7.
www.mimi.berlin
Winterfeldt Schokoladen, Goltzstr. 23, 10781 Berlin, Tel. 23623256, Mo–Fr 10–19, Sa 10–18, So 12–18 Uhr. Schokoladenspezialitäten aus aller Welt in einer denkmalgeschützten ehemaligen Apotheke mit kleinem Cafébetrieb direkt am Winterfeldtplatz. **➲ U1, U2, U3, U4** Nollendorfplatz, Karte G7.
www.winterfeldt-schokoladen.de

■ **Flohmärkte**
Flohmarkt am Arkonaplatz, So 10–16 Uhr. Fundgrube für Plattensammler. **➲ U8** Bernauer Straße, Karte C10.
Flohmarkt am Mauerpark, So 10–18 Uhr. **➲ U2** Eberswalder Straße, **U8** Bernauer Straße, Karte C10.
Flohmarkt an der Straße des 17. Juni, Sa, So 10–17 Uhr. Berlins größter Trödelmarkt. schöne Stücke, hohe Preise. **➲ S3, S5, S7, S9** Tiergarten, Karte E6.
www.berlinertroedelmarkt.com
Antik- und Buchmarkt am Bode-Museum, Sa, So, feiertags 10–17 Uhr. Souvenirs, Kunst und Krempel. **➲ S1, S2, S25, S26, S3, S5, S7, S9, U6** Friedrichstraße, Karte E10.

Berlin-Informationen

■ **Wochenmärkte**
Eine kleine Auswahl an besonders schönen und lebhaften Wochenmärkten:
Ökomarkt am Kollwitzplatz, Prenzlauer Berg; Do 12–19, im Winter 12–18 Uhr. ➲ **U2** Senefelderplatz oder Eberswalder Straße, Karte C11.
Ökomarkt am Chamissoplatz, Kreuzberg; Sa 9–15 Uhr. ➲ **U7** Gneisenaustraße, Karte H9. www.oekomarkt-chamissoplatz.de
Ökomarkt am Lausitzer Platz, Kreuzberg; Fr 12–18 Uhr. ➲ **U1**, **U3** Görlitzer Bahnhof, Karte G11.
Wochenmarkt am Winterfeldtplatz, Schöneberg; Mi 8–14 Uhr, Sa 8–16 Uhr. ➲ **U1**, **U2**, **U3**, **U4** Nollendorfplatz, Karte G7.
Markt am Hackeschen Markt, Mitte; Do 9–18, Sa 10–18 Uhr. ➲ **S3**, **S5**, **S7**, **S9** Hackescher Markt, Karte E10.
Wochenmarkt Boxhagener Platz, Friedrichshain; Sa 9–15.30 Uhr. ➲ **U5** Samariterstraße, Karte F13. www.boxhagenerplatz.org
Türkischer Markt, am Maybachufer, Neukölln, Lebensmittel, Stoffe und Kunsthandwerk; Di und Fr 11–18.30 Uhr. ➲ **U8** Schönleinstraße, Karte G11.

Sport
■ **Schwimmbäder**
Badeschiff, an der Arena, Eichenstr. 4, 12435 Berlin. Ein umgebauter Frachtkahn als Pool in der Spree: Eigentlich ein toller Ort, aber leider völlig übernutzt. ➲ **U1**, **U3** Schlesisches Tor, Karte G13.
Strandbad Wannsee, Wannseebadweg 24, 14129 Berlin, Tel. 8035612; April–Ende Aug. (bei gutem Wetter bis Ende Sept.). Pack die Badehose ein, und dann nix wie raus ... Der Klassiker unter den Strandbädern! ➲ **S1**, **S7** Nikolassee. www.berlinerbaeder.de
Alle **Frei- und Hallenbäder** der Stadt findet man unter www.berlinerbaeder.de.

■ **Pferderennen**
Karlshorst im Osten und **Marienfelde** im Westen sind die beiden Berliner Trabrennbahnen.

www.pferdesportpark-berlin-karlshorst.de
https://rennbahn-berlin.de

■ **Wellness**
Vabali Spa, Seydlitzstr. 6, 10557 Berlin, Tel. 9114860. Sauna-Oase im Stil eines balinesischen Dorfes (derzeit nur Außenbereich). ➲ **S3**, **S5**, **S7**, **S9**, **U5** Hauptbahnhof, Karte D7. www.vabali.de
Liquidrom, Möckernstr. 10, 10963 Berlin, Tel. 258007820; Badetempel am Tempodrom mit umfangreichem Massageangebot (derzeit geschlossen). ➲ **U1**, **U7** Möckernbücke, Karte G9. www.liquidrom-berlin.de

■ **Fußball**
Hertha BSC, Olympiastadion, Olympischer Platz, 14053 Berlin, Tel. 3009281892. ➲ **S3**, **S9**, **U2** Olympiastadion, Karte E1. www.herthabsc.de
Union Berlin, Alte Försterei, An der Wuhlheide 263, 12555 Berlin, Tel. 64897026. ➲ **S3** Köpenick. www.fc-union-berlin.de

■ **Eishockey**
Eisbären Berlin, Mercedes-Benz Arena, Mühlenstr. 12–30, 10243 Berlin, Kartentel. 97184040. ➲ **S3**, **S5**, **S7**, **S75**, **S9**, **U1**, **U3** Warschauer Straße, Karte F12. www.eisbaeren.de

■ **Basketball**
Alba Berlin, Mercedes-Benz Arena, Mühlenstr. 12–30, 10243 Berlin, Tel. 30090546, Tickethotline 01806/570011, ➲ **S3**, **S5**, **S7**, **S75**, **S9**, **U1**, **U3** Warschauer Straße, Karte F12. www.albaberlin.de

■ **Handball**
Füchse Berlin, Max-Schmeling-Halle, Am Falkplatz 1, 10437 Berlin, Tel. 01806/999000350. ➲ **U2** Eberswalder Straße, Karte C10. www.fuechse-berlin.de

■ **Volleyball**
SSC Berlin, Max-Schmeling-Halle, Am Falkplatz 1, 10437 Berlin, Tel. 48825670. ➲ **U2** Eberswalder Straße, Karte C10. www.scc-volleyball.de

Potsdam-Informationen

Vorwahl: 0331.
Tourist Information Am Alten Markt, Humboldtstr. 1–2, 14467 Potsdam, Tel. 0331/27558899.
www.potsdamtourismus.de

Anreise

Ab Berlin – je nach Ziel in Potsdam – mit der S-Bahn ➲ **S7** bis Griebnitzsee, Babelsberg oder Potsdam Hauptbahnhof. In Potsdam gelten die Tickets des **Berliner ABC-Tarifs**, mit diesem Ticket kann auch der **RE1 Richtung Magdeburg** genutzt werden (z.B. ab Zoologischer Garten, Friedrichstraße oder Alexanderplatz). Eine schöne Alternative ist auch die Anreise mit dem Ausflugsschiff, z.B. ab Berlin-Wannsee. www.sternundkreis.de

Unterwegs in Potsdam

Öffentlicher Nahverkehr: Wie man in Potsdam mit Bus oder Tram von A nach B kommt, lässt sich auf www.vbb-fahrinfo.de ermitteln.
Ausflugsdampfer, Anleger Lange Brücke, Tel. 0331/27592-10, -20, -30. 90-minütige Schlösserrundfahrten und andere Touren, mehrmals täglich ➲ **S7** Potsdam Hauptbahnhof. www.schifffahrt-in-potsdam.de

Sehenswertes

Jan-Bouman-Haus, Mittelstr. 8, 14467 Potsdam, Tel. 0331/2803773, Mo–Fr 13–18 Uhr, Sa, So und feiertags 11–18 Uhr, Führungen nur nach Voranmeldung. ➲ **S7** Potsdam Hauptbahnhof, weiter mit **Bus 605** bis Platz der Einheit.
www.jan-bouman-haus.de
Filmpark Babelsberg, Großbeerenstr., 14482 Potsdam, Tel. 0331/7212750; Ende März bis Anf. Nov. Mi–So 10–18 Uhr, im Okt. 10–17 Uhr, Ausnahmen siehe Online-Kalender. ➲ **S7, R1** Babelsberg, weiter mit **Bus 601, 690**.
www.filmpark-babelsberg.de
Museum Barberini, Alter Markt, Humboldtstr. 5–6, 14467 Potsdam; Mi–Mo 10–

19 Uhr. ➲ **S7, R1** Potsdam Hauptbahnhof, weiter mit **Bus 695** bis Alter Markt/Landtag. www.museum-barberini.com
Schloss Cecilienhof, Im Neuen Garten 11, 14469 Potsdam, Tel. 0331/9694200; April–Okt. Di–So 10–17.30, Nov.–März Di–So 10–16.30. ➲ **S7, R1** Potsdam Hauptbahnhof, weiter mit **Bus 695** bis Rathaus, dann **Bus 603** bis Cecilienhof.
www.spsg.de
Schloss Sanssouci, Maulbeerallee, 14469 Potsdam, Tel. 0331/9694200; April–Okt. Di–So 9–17.30, Nov.–März 10–16.30 Uhr. ➲ **S7, R1** Potsdam Hauptbahnhof, weiter mit **Bus 606** oder **614** bis Schloss Sanssouci. www.spsg.de
Schlosspark Sanssouci, Eingänge z.B. in der Maulbeerallee, Am Neuen Palais und an der Geschwister-Scholl-Straße, gebührenpflichtige Parkplätze An der Historischen Mühle und Am Neuen Palais. Infos zu Führungen im Besucherzentrum an der Historischen Mühle, An der Orangerie 1, 14469 Potsdam, Tel. 0331/9694200.➲ **S7, R1** Potsdam Hauptbahnhof, weiter mit **Bus 695, X15** bis Schloss Sanssouci. www.spsg.de

Restaurant

Meierei Brauhaus, Im Neuen Garten 10, 14469 Potsdam, Tel. 0331/7043211; Mi, Do, So 12–20, Fr, Sa 12–22 Uhr. Zu selbstgebrauten Bieren gibt's Deftiges aus der Berlin-Brandenburgischen Regionalküche, und der Biergarten versüßt die Einkehr mit einem traumhaften Blick über den Jungfernsee. ➲ **S7, R1** Potsdam Hauptbahnhof, weiter mit **Bus 638** bis Rathaus, dann **Bus 603** bis Glumestraße. www.meierei-potsdam.de
Villa Schöningen, Berliner Str. 86, 14467 Potsdam, Tel. 0331/70209921; Do–So 12–18 Uhr. Die weiße Villa liegt (von Berlin kommend) gleich hinter der Glienicker Brücke. Kuchen und kleine Speisen kann man drinnen oder unter alten Bäumen im herrlichen Park genießen. ➲ **S1, S7** Wannsee, weiter mit **Bus 316** bis Glienicker Brücke. www.villa-schoeningen.de

Die Autoren

Susanne Kilimann, Jahrgang 1963, lebt und arbeitet seit 1991 in Berlin, berichtet in Büchern, Magazinen und Radioreportagen aus aller Welt und immer wieder gerne aus Berlin.

Rasso Knoller, Jahrgang 1959, lebt und arbeitet als freier Reisejournalist seit 1999 in Berlin. Er hat mehr als 100 Sachbücher verfasst; darüber hinaus schreibt er regelmäßig für deutsche und österreichische Zeitungen und Magazine. Berlin und seine Kulturszene durchstreift er nicht nur zu Recherchezwecken.

Christian Nowak, Jahrgang 1954, lebt und arbeitet als freier Reisejournalist und Fotograf in Berlin. Er ist Autor von mehr als drei Dutzend Reiseführern und Bildbänden, außerdem schreibt er für Magazine und Zeitungen. Als gebürtiger Berliner möchte er in keiner anderen Stadt leben.

Alle drei Autoren gehören dem Büro »Die Reisejournalisten« (www.die-reisejounalisten.de) an, Christian Nowak und Rasso Knoller betreiben das Internetreiseportal www.weltreisejournal.de.

Literaturtipps

Die Liste der Buchtitel zu Berlins Geschichte und Kultur ist mindestens ebenso lang wie die der Romane und Geschichten, in denen die Stadt eine Hauptrolle spielt. Hier eine kleine Auswahl.

Geschichte

Bienert, Michael; Buchholz, Elke Linda: Die Zwanziger Jahre in Berlin. Ein Wegweiser durch die Stadt, Berlin Story, Berlin 2005.

Glatzer, Ruth: Das Wilhelminische Berlin, Berlin 1997.

Hartmann, Rainer: Berlin. Ein Rundgang vor und nach dem Mauerfall, Edition Braus, Berlin 2008.

Heinrich, Gert: Kulturatlas Berlin. Ein Stadtschicksal in Karten und Texten. Berlin 2007.

Neugebauer, Wolfgang: Die Geschichte Preußens. Von den Anfängen bis 1947. Piper, München 2006.

Oster, Uwe A.: Preußen. Geschichte eines Königreichs. Piper, München 2010.

Rott, Wilfried: Die Insel. Eine Geschichte West-Berlins 1948-1990, C.H. Beck, München 2009.

Stöver, Bernd: Geschichte Berlins. C.H. Beck Wissen, München 2010.

Viergutz, Volker: Die Berliner Mauer 1961–1989. Fotografien aus den Beständen des Landesarchivs Berlin, Berlin Story, Berlin 2011.

Winteroll, Michael: Die Geschichte Berlins. Ein Stadtführer durch die Jahrhunderte, Nicolai, Berlin 2007.

Belletristik

Bienert, Michael (Hrsg): Joseph Roth in Berlin. Ein Lesebuch für Spaziergänger, Kiepenheuer & Witsch, Köln 2010.

Bienert, Michael: Wege durch den Text der Stadt, Klett-Cotta, München 2004.

Döblin, Alfred: Berlin Alexanderplatz, dtv, München 1965.

Evers, Horst: Wedding. 37 Geschichten über die Perle unter Berlins Stadtteilen, Fahner Verlag 2001.

Fontane, Theodor: Frau Jenny Treibel, dtv, München 2007.

Gommel, Julia und Steffen (Hrsg.): Berlin. Eine Lese-Verführung, Fischer, Frankfurt a.M. 2009.

Hannemann, Uli: Neulich in Neukölln. Notizen von der Talsohle des Lebens, Ullstein, Berlin 2008.

Ders.: Hipster wird's nicht. Berlin Verlag, Berlin 2014. Der ultimative Roman zur Wandlung Neuköllns vom Problembezirk zum internationalen Hipster-Paradies.

Gröschner, Annett: Parzelle Paradies. Berliner Geschichten, Edition Nautilus, Hamburg 2008.

Hein, Jakob: Gebrauchsanweisung für Berlin, Piper, München 2009.

Kaminer, Wladimir: Ich bin kein Berliner. Ein Reiseführer für faule Touristen, Goldmann, München 2007.

Kutscher, Volker: Der nasse Fisch. Gereon Raths erster Fall. Kiepenheuer & Witsch, Köln 2008. Der erste Band der mittlerweile siebenteiligen Krimireihe um den im Berliner der späten 1920er Jahre ermittelnden Kommissar Rath wurde 2017 unter dem Titel »Babylon Berlin« verfilmt.

Lenze, Nele (Hrsg.): Tucholsky in Berlin. Gesammelte Feuilletons 1912–1930, Berlin Story, Berlin 2007.

Seiler, Lutz: Stern 111, Suhrkamp Verlag, Berlin 2020.

Sparschuh, Jens: Ich dachte, sie finden uns nicht, Kiepenheuer & Witsch, Köln 1997.

Tergit, Gabriele: Atem einer anderen Welt. Berliner Reportagen. Suhrkamp, Frankfurt a. M. 1994.

Dies.: Käsebier erobert den Kurfürstendamm. Schöffling, Frankfurt am Main 2017.

Zimmer, Dieter: Für'n Groschen Brause. Eine liebenswerte Familienchronik aus unliebsamen Zeiten. Bastei Lübbe, Köln 2003.

Im Weinbergspark

Anhang

Bildnachweis

Alexander Binder: S. 13o.r.
Bernd Chill: Titelbild, hintere Umschlagklappe, S. 4, 12o.l., 12o.r., 12u.l., 15,
19, 21, 22/23, 27, 33, 37, 38, 41, 42,
43, 44, 45, 47, 49, 52, 53, 58, 60, 61,
66, 67, 68, 72, 73, 81, 82, 83, 87, 89,
90, 91, 92, 93, 94, 101, 102, 105, 107,
109, 110, 111, 123, 134/135, 137,
140, 141, 142, 145, 164 (2), 165, 166,
176, 179, 180o., 183, 185, 187, 188,
189, 192, 196, 197, 203
Claudio Divizia/shutterstock.com:
S. 69u.
Sabine Fach: S. 62, 170, 190, 195
fuxart, Fotolia.com: S. 171
GagliardiImages/shutterstock.com:
S. 56/57
Corinna Grulich: S. 12u.r., 54, 69o., 80,
86, 106, 147, 156u., 157, 173, 178,
180u., 184
Volker Hagemann: vordere Umschlagklappe, S. 10, 48, 112/113, 117, 119u.,

120, 121, 125, 126, 127, 128, 129 (2),
160/161, 168o., 181, 191
Kristine Jaath: S. 172
Jüdisches Museum: S. 153
Johann Maria Just: S. 156o.
Susanne Kilimann: S. 84, 198
Rasso Knoller: S. 13l., 50, 96/97, 139,
146, 148, 169, 186
Bernd Krüger, Fotolia.com: S. 130
Luciano Mortula/Shutterstock.com:
S. 151
Ulla Nickl: S. 77
Christian Nowak: S. 36, 100, 115, 118,
119o., 133, 150, 162
Detlev von Oppeln: S. 78
Werner Popp: S. 31, 74, 124, 168u.,
174, 177
Ben Saitenmacher: S. 55, 159, 167
Nicole Scott: S. 108
360b/shutterstock.com: S. 13 u.r.

Kartenregister

BVG-Netz Rückseite Faltkarte
    © Berliner Verkehrsbetriebe (BVG)
    Fahrgastinformation 2022
Friedrichshain 144
Hackescher Markt und Spandauer
    Vorstadt 88
Kreuzberg, Viktoriapark und Berg-
    mannstraße 152
Kreuzberg, vom Moritzplatz zum
    Schlesischen Tor 155
Kulturforum 116
Mauerweg in der Innenstadt 163
»Kreuzkölln« 158
Potsdam, Übersicht 175
Potsdamer Platz 98

Prenzlauer Berg 136
Regierungsviertel 103
Rund um das Nikolaiviertel 76
Rund ums Rote Rathaus 71
Humboldt Forum und Gendarmen-
    markt 65
Tiergarten, Bahnhof Zoo, Kurfürsten-
    damm 114
Vom Brandenburger Tor zum
    Alexanderplatz 59*
Westliches Kreuzberg 149

* unter Verwendung von Daten von
© OpenStreetMap-Mitwirkende /
www.openstreetmap.org

MEHR WISSEN. BESSER REISEN.
REISEFÜHRER AUS DEM TRESCHER VERLAG

TRESCHER VERLAG

RÜGEN
HIDDENSEE
STRALSUND

Mit zahlreichen Hinweisen
für Aktivurlauber

Grazyna und Wolfgang Kling

TRESCHER VERLAG

FELDBERGER SEENLANDSCHAFT
Mit Feldberg, Carwitz und Luzin-Seen sowie Boitzenburg, Lychen, Neustrelitz, Fürstenberg und Prenzlau
Kristine Jaath

GRÜNES BAND DER NORDEN
Auf dem Fernwanderweg entlang der ehemaligen innerdeutschen Grenze
33 TAGESTOUREN
Von Walkenried ins Ostseebad Boltenhagen
Anne Haertel

MECKLENBURGISCHE SEENPLATTE
Mit Schwerin, Ludwigslust, Neubrandenburg und Rheinsberg
Kerstin Sucher, Bernd Wurlitzer

OSTSEEKÜSTE MECKLENBURG-VORPOMMERN
Mit Rostock und Stralsund, Rügen und Usedom
Kerstin Sucher, Bernd Wurlitzer

FISCHLAND DARSS ZINGST
Mit zahlreichen Hinweisen für Aktivurlauber
Mit Hansestadt Stralsund
Grażyna und Wolfgang Klinig

USEDOM WOLLIN
Mit Wolgast, Anklam und Ueckermünde
Grażyna und Wolfgang Klinig

trescher-verlag.de

MEHR WISSEN. BESSER REISEN.
REISEFÜHRER AUS DEM TRESCHER VERLAG

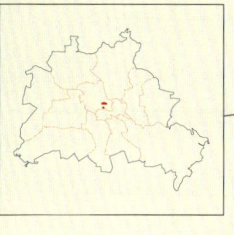
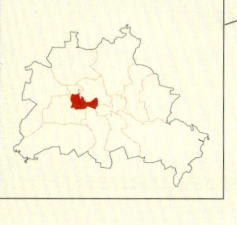
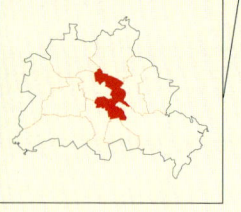
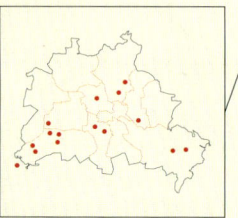

Spiegelung des Fernsehturms in der Fassade des Park-Inn-Hotels am Alexanderplatz